# aus steigen

# um steigen

MATHIAS MORGENTHALER
MARCO ZAUGG

WEGE ZWISCHEN JOB
UND BERUFUNG

ZYTGLOGGE

**Bildnachweise**
Fotoatelier Haldemann, S. 147
Beatrice Hermann, S. 103
Christoph Hoigné, S. 77
Cordula von Martha, S. 119
Daniel Martinek, S. 247
Mathias Morgenthaler, S. 58
Adrian Moser, S. 138, 182/183
Marcel Studer, S. 263
Toni Suter, S. 227
Volker Umbreit, Leipzig, S. 39, 307
Marco Zaugg, S. 281, 288, 294, 319
Alle anderen ZVG/PD


Lektorat: Hugo Ramseyer
Korrektorat: Monika Künzi, Jakob Salzmann
Umschlagfoto: fotolia.de
Gestaltung/Satz: Franziska Muster Schenk, Zytglogge Verlag
Druck: CPI Books GmbH, Ulm
ISBN 978-3-7296-0864-1

Zytglogge Verlag · Schoren 7 · CH-3653 Oberhofen am Thunersee
info@zytglogge.ch · www.zytglogge.ch

Inhalt

## Vorwort

Das Wichtigste im Leben ist, frei und glücklich zu sein – viele von uns würden das wahrscheinlich unterschreiben. Nicht wie alt wir werden, wie wichtig wir sind oder welche Hürden wir überwinden müssen, sondern dass wir glücklich sind. Und wir alle träumen, nachts, manchmal auch tags, vom Glück. Bewusst oder weniger bewusst. Träume brauchen eine gewisse Aussicht auf Erfüllung, sonst schmerzen sie uns und wir vergessen oder verdrängen sie früher oder später. Die Zuversicht, dass unsere Träume wahr werden können, ist nicht nur eine Frage des Selbstvertrauens, des Wissens um unsere Fähigkeiten und des festen Glaubens daran, sondern vor allem eine Frage unseres Muts, zu neuen Ufern aufzubrechen – unabhängig davon, was andere darüber denken mögen, wie lange wir suchen müssen und ob wir auch scheitern können. Frei von Ängsten.

Bedenken wie «Was denken andere darüber?», «Wie sehe ich dabei aus?», «Ich kann mich damit doch nicht outen!», «Das habe ich nicht gelernt!», «Jetzt ist es zu spät dafür!», «Das Risiko ist zu gross!» oder «Der Preis ist zu hoch!» blockieren uns. Sie hindern uns daran, unseren Träumen zu folgen und, wer weiss, unser Glück zu finden. Immer wieder, auch in kleinen Dingen im Alltag. Dabei haben wir häufig keine Ahnung, was für immense Fähigkeiten in uns stecken, was alles gelingen würde, wenn wir es nur probierten.

Ich selber habe geglaubt, die Welt erobern zu können, auf der Suche nach dem Glück. Als Medizinstudent, auf dem Weg zum Duathlon-Weltmeister, nebenbei Pianist und frisch verliebt. Ein Trainingsunfall hat auf einen Schlag alle meine Träume zerstört. Paraplegie, Rollstuhl für den Rest des Lebens, «die ultimative Herausforderung», wie ich es im Bewusstsein des totalen Verlusts nannte. Das Wieder-Aufstehen in dieser Situation, das Neuorientieren und Unter-Beweis-Stellen hat vor allem Mut gebraucht. Mut, es trotz allen Bedenken zu probieren. Und nochmals zu probieren. Und hartnäckig ein drittes Mal. Ich brauchte die feste Überzeugung, dass es Wege gab, auch wenn ich sie oft nicht sah. Den Glauben, dass es in den allermeisten Fällen eine Frage des Willens war, ob ich meine Träume realisieren konnte, und nicht eine Frage der Machbarkeit. Rückblickend kann ich mit Verwunderung feststellen, dass ich auch als sogenannt Behinderter praktisch alles erreichen konnte, was mir wirklich wichtig und was theoretisch machbar war: Wieder komplett selbständig zu werden, mich neu zu verlieben, als Arzt das volle Vertrauen der Patienten zu gewinnen, am Klavier mich selbst und andere zu berühren, mit dem Handbike Alpenpässe zu überqueren, Menschen Mut zu machen, ja sogar wieder ein wenig wie damals die Welt zu erobern.

Wo wäre ich heute, wenn ich damals nicht in den Hörsaal zurückgekehrt wäre? Es hat unendlich viel Überwindung gebraucht.

«Wo wäre ich, wenn ...?» Fragen Sie sich selbst einmal! Es sind häufig nicht grosse Barrieren, sondern unsichtbare, innere Hindernisse, die uns am stärksten behindern. Solche, die nüchtern betrachtet gar keine sind. Und umgekehrt macht uns kaum etwas glücklicher, als mit Mut und Hingabe ein grosses Hindernis überwunden zu haben. Hand aufs Herz: Bereuen Sie Dinge, die Sie gewagt haben? Oder ist es nicht vielmehr so, dass wir am meisten bereuen, wenn wir etwas gar nicht versucht haben, was wir im Herzen wirklich wollten?

Dieses Buch erzählt von ungewöhnlichen Lebensgeschichten, von Menschen, die kleine und grosse Hindernisse überwunden haben, und macht vor allem Mut. Lassen Sie sich mitreissen!

*Christian Wenk*

## Einleitung

Karriereratgeber gibt es viele. Wie man aufsteigt in grösseren Organisationen, wie man mehr Lohn herausholt in zähen Verhandlungen, wie man dank einwandfreier Bewerbung, beharrlichem Networking und geschicktem Verhalten im Vorstellungsgespräch eine neue, bessere Stelle findet: All das ist hundertfach beschrieben, alle paar Wochen erscheint ein neues Buch mit altem Inhalt dazu.

Selbstverwirklichungs-Bücher gibt es vermutlich noch mehr. Sie tragen Titel wie «Tu was du willst, und du musst nie wieder arbeiten» und machen uns weis, dass sich die Dinge ganz von selber arrangieren, wenn wir nur fest genug auf unser Bauchgefühl oder unsere innere Stimme hören. Wer zu seiner Mitte gefunden hat, so lautet der Tenor dieser Bücher, ist alle Sorgen los, alle Türen stehen ihm offen zum Paradies auf Erden.

Das Buch, das Sie hier in den Händen halten, ist weder ein Karriereratgeber noch ein Selbstverwirklichungs-Buch.

Denn mit Karriere allein ist nichts gewonnen – schon deshalb nicht, weil man nie die oberste Stufe der Leiter erreicht. Es gibt immer andere, die es weiter gebracht haben, die mehr verdienen, grössere Anerkennung bekommen. Und weil sich karrierebewusste Menschen eher gegen oben als gegen unten vergleichen, liegt die Frustration immer näher als die Befriedigung. Kommt dazu, dass Karriere nie umsonst zu haben ist. Vielen dämmert mit der Zeit, dass der Preis, den sie für ihren Aufstieg bezahlt haben und noch bezahlen, hoch ist. Manch glänzende Karriere ist mit Einsamkeit, Verzicht auf Freizeit und Hochstapelei erkauft worden – kein Wunder, melden sich früher oder später Zweifel, Ängste, Sinnfragen, Stress oder Krankheiten.

Auch die Selbstverwirklichung ist eine tückische Sache, denn sie führt leicht in versteckte Abhängigkeiten. Viele Trainer und Gurus, die uns zurufen, alles sei möglich, wenn wir nur genug auf unsere ureigenen Kräfte vertrauten, erreichen mit ihren suggestiven Botschaften genau das Gegenteil von dem, was sie propagieren: teuer bezahlte Gefolgschaft statt Eigenständigkeit. Zudem ist das Märchen, der Erfolg stelle sich von selber ein, wenn man seine wahre Berufung gefunden habe, zu schön, um wahr zu sein. Soll die Arbeit genug Geld für den Lebensunterhalt und Resonanz über den Freundeskreis hinaus einbringen, ist es mit Selbstverwirklichung allein selten getan.

Dieses Buch richtet sich an Menschen, die sich beruflich verändern wollen oder müssen und die auf diesem Weg Orientierung, Inspiration und Unterstützung gebrauchen können – ganz egal, ob Sie Ihre Stelle verloren haben, eine Erkrankung zur Neuorientierung zwingt, Sie sich zunehmend schwertun, im gewohnten Umfeld zu funktionieren, oder Sie sich ohne akuten Leidensdruck mit der Frage auseinandersetzen, worauf es Ihnen ankommt im Leben.

Schliesslich richtet sich dieses Buch auch an jene, die sich zunächst vielleicht gar nicht angesprochen fühlen, weil bei ihnen scheinbar keine Veränderung ansteht. Gemeint sind die vielen Angestellten, die ständig am Jammern sind, obwohl sie einen Job haben und ihr Arbeitgeber sie anständig entlöhnt – nur wissen sie nicht so genau, wofür eigentlich. Sie stellen sich von Zeit zu Zeit die Frage, was ihre Arbeit am Ende bewirkt und ob sie nicht im falschen Film sitzen, weil sie im Grunde etwas ganz anderes machen möchten. Es ist nicht nötig, hier die Gallup-Studien zu zitieren, die uns Jahr für Jahr vorrechnen, wie viele Milliarden den Unternehmen durch unmotivierte Mitarbeiter entgehen. Jeder kann in seinem Umfeld austesten, wie hoch der Anteil jener ist, die mit innerem Feuer zur Arbeit gehen – es sind in der Regel höchstens zwei von zehn Befragten. Bei den anderen acht stellt sich die Frage, ob sie wirklich zufrieden sind mit dem beruflichen Alltagstrott oder ob sie sich in ruhigen Momenten überlegen: War das schon alles? Hatte ich nicht einmal ganz andere Pläne? Wofür möchte ich mich mit ganzer Energie einsetzen? Und was müsste sich ändern, damit dies möglich wäre?

Bei Veränderungen hilft Theorie nur bedingt weiter. Man kann am Beckenrand noch so viele Bücher übers Schwimmen lesen – Irgendwann muss man ins kalte Wasser springen, sonst lernt man es nie. Gleichwohl kann es hilfreich sein, die eigene Situation erst einmal von aussen zu betrachten und sich eine ungefähre Vorstellung davon zu machen, welche Phasen wir in Veränderungsprozessen durchlaufen, welche Ängste auftauchen können und wie wir das Ziel auch in kritischen Momenten im Auge behalten.

**Teil 1** des Buches, der eine Einführung ins Thema vermittelt und Orientierung verschafft, beruht auf den Erfahrungen, die Marco Zaugg in den letzten zehn Jahren in seiner Coachingpraxis bei der Begleitung vieler Klienten gesammelt hat. So unterschiedlich die Klienten und ihre Anliegen auch waren, manche Themen tauchten immer wieder auf. Deshalb schien es uns sinnvoll, sie im ersten Teil zu benennen und zu skizzieren, was uns bremst in Veränderungen, und welche Ressourcen uns voranbringen.

**Teil 2** steht im Zeichen der Inspiration. Wer Stelleninserate liest, könnte meinen, es gebe nur diese engen Jobprofile und es komme darauf an, sich in so ein Profil zu zwängen oder sich die fehlenden Kompetenzen dafür anzueignen. Die 45 in diesem Buch versammelten Interviews von Mathias Morgenthaler – eine Auswahl von über 800 Gesprächen, die er in den letzten 15 Jahren zu diesem Thema veröffentlicht hat – zeigen das Gegenteil: Da begegnen wir einem Bundesliga-Fussball-Torhüter, der heute als Designmöbel-Produzent in 80 Ländern erfolgreich ist, obwohl er als Unternehmer zunächst kolossal gescheitert war. Wir lernen eine Immobilienmaklerin kennen, die heute in St. Moritz die luxuriösesten Objekte verkauft – an jenem Ort, wo sie vor Jahrzehnten als Putzfrau und alleinerziehende Mutter schwierige Startbedingungen vorfand. Und wir machen Bekanntschaft mit einem ehemaligen Bank-Filialleiter, der heute Tee und Gewürze importiert und glücklich ist, mit greifbaren, wunderbar duftenden Produkten zu tun zu haben statt nur mit Nullen und Einsen. Die 45 Porträts in Interviewform zu lesen, ist ein Unterfangen mit Risiken und Nebenwirkungen. Es ist durchaus möglich, dass der Mut und die Leidenschaft dieser Aus- und Umsteiger auf Sie, liebe Leserinnen und Leser, abfärbt und Sie daran erinnert, was durch Sie noch alles in die Welt kommen könnte.

Wo aber anfangen, wenn das Ziel oder der Weg im Nebel liegen? In **Teil 3** des Buches stehen Sie dann im Mittelpunkt. Sie finden dort Fragen, Aufgaben und Empfehlungen, die Sie darin unterstützen, die nächsten Schritte jener Veränderung in Angriff zu nehmen, die bei Ihnen gerade ansteht. Diesen Teil nicht nur zu lesen, sondern wirklich durchzuarbeiten, ist anstrengender, als die Erfolgsgeschichten anderer zu lesen, aber der Effort kann sich lohnen. Wer sich nicht nur den Kopf darüber zerbricht, was er ändern möchte, sondern sein Vorhaben systematisch anpackt, riskiert, einiges zu bewegen: zunächst bei sich und bald auch in seinem Umfeld.

So ist es gut möglich, dass dieses Buch Ihre Karriere beflügelt und Ihre Selbstverwirklichung vorantreibt, gerade weil es weder auf das eine noch auf das andere abzielt. In erster Linie geht es uns darum, dass Sie ambitioniert unterwegs sind und Ihre Träume, Talente, Bedürfnisse und Werte ernst nehmen.

Wir wünschen Ihnen eine Lektüre voller Entdeckungen und gutes Gelingen in allem, was Ihnen wirklich wichtig ist.

*Mathias Morgenthaler und Marco Zaugg, im April 2013*

aus
steigen

# Teil 1:
# Zeit, etwas Neues zu beginnen

*Marco Zaugg*

um
steigen

## Der Auslöser für Veränderungen – Leidensdruck oder Sehnsucht?

Veränderungen sind etwas ganz Natürliches, sollte man meinen. Unser ganzes Leben besteht aus kleineren und grösseren Veränderungen, das können Biologen ebenso bezeugen wie Paartherapeuten oder Unternehmensberater. Ohne Veränderung kein Stoffwechsel, kein Wachstum, kein Leben. Auch Beziehungen bleiben nicht lebendig ohne Veränderung. Wer das gegenwärtige Glück krampfhaft festzuhalten versucht, riskiert die Erstarrung. Es gilt das Paradox: Wenn es gut läuft, muss man etwas verändern, damit es gut bleibt. Oder mit den Worten von *Tomasi di Lampedusa*: «Wenn wir wollen, dass alles bleibt, wie es ist, muss sich alles ändern.» Das zeigt sich auch in Unternehmen: Wenn ein Patron, der eine Firma aufgebaut und erfolgreich gemacht hat, zu lange am Bewährten festhält, zu stark nur auf die eigene Erfahrung hört statt auch auf die Impulse der nachrückenden Generation, dann krankt die Firma eher früher als später an mangelnder Veränderungsbereitschaft. Wer das Bewährte kopiert, verpasst die Erneuerung und findet sich irgendwann auf dem Abstellgleis wieder. Dort hat er zwar scheinbar die Kontrolle, aber keine Perspektiven.

Veränderungen sind etwas Natürliches, Alltägliches – und gleichzeitig sind sie etwas Bedrohliches, dem wir oft genug so lange als möglich aus dem Weg gehen. Denn Veränderungen bedeuten stets auch Abschied, Kontrollverlust, Verwirrung, Unsicherheit, Risiko. Wer sich verändert, exponiert sich, erfindet sich neu, im Kleinen oder im Grossen, und er begibt sich auf einen Weg, den er selber nicht kennt.

> *Nichts fürchtet der Mensch mehr als die Berührung durch Unbekanntes.*
> ELIAS CANETTI

Was also veranlasst uns, uns zu verändern, obwohl es riskant und oft schmerzhaft ist?
Am Anfang jeder Veränderung steht ein Leidensdruck oder eine Sehnsucht. Meistens ist das allerdings kein Entweder-Oder, sondern es sind zwei Seiten einer Medaille. Wer über längere Zeit einen starken Wunsch, eine unerfüllte Sehnsucht vernachlässigt, wird früher oder später daran leiden, unzufrieden, vielleicht sogar krank werden. Und wer sich permanent energielos fühlt, frustriert ist, keinen Sinn sieht in dem, was er tut, wird vielleicht irgendwann in sich hineinhorchen und sich fragen, was es sonst noch gäbe, von was er geträumt hat früher und was von diesen Träumen übrig geblieben ist. Leidensdruck und Sehnsucht sind keine Gegensätze, sondern unterschiedliche Erscheinungsformen desselben Unbehagens.

Oft ist es ein akuter Leidensdruck, der Menschen zum Handeln veranlasst und einen Coach, Berater oder Psychologen aufsuchen lässt. Jemand verliert die Stelle, einer wird krank, ein anderer geht durch eine Beziehungskrise oder leidet unter depressiven Verstimmungen. Oder, niederschwelliger: Jemand fühlt sich leer, sieht keinen Sinn in seiner Arbeit, ist gestresst und permanent unter Druck, leidet unter Schlaf- und Verdauungsproblemen, hat chronische Rückenschmerzen oder steigt jeden Morgen nur widerwillig und mit bleierner Müdigkeit aus dem Bett. Das sind handfeste Gründe, die nach Veränderungen rufen. Unsere Sehnsucht und unsere Träume dagegen nehmen wir meistens weniger ernst, speziell dann, wenn sie diffus sind – was zu Beginn meistens der Fall ist. Irgendwann manifestiert sich ein Wunsch, manchmal sogar erstaunlich klar und konkret, aber wir trauen ihm selber nicht und finden ohne viel Aufwand eine Handvoll Gründe, die dagegen sprechen, ihn ernst zu nehmen. «Träume sind Schäume», heisst es – kein Wunder, bekennt sich praktisch niemand gerne dazu, ein Träumer zu sein.

> *Die grösste Verführung im Leben ist, aus Angst nichts zu verändern, nichts zu fühlen, nichts zu riskieren, nicht zu leben.*
> UNBEKANNT

Ich spreche hier nicht nur aus meiner Erfahrung als Coach, sondern auch als Betroffener, der seine Träume lange abgewertet und weit von sich geschoben hat. Als Kind war ich das, was Eltern einen Träumer nennen, ich konnte nachmittagelang mit einem Buch draussen sitzen, Landschaft und Himmel betrachten und Tagträumen nachhängen. Obwohl ich spürte, wie gut mir das tat, schwörte ich dem Träumen später mehr und mehr ab, taxierte es als minderwertige Tätigkeit, als Zeitverlust. Dann studierte ich Rechtswissenschaften und machte so etwas wie Karriere als Jurist. Ich war am Ende stellvertretender Chef der Rechtsabteilung eines Bundesamts und stand vor der Frage, ob ich mittelfristig gerne den Chefposten meines sieben Jahre älteren Vorgesetzten übernehmen möchte. Vernünftig betrachtet war das eine Chance, aber gleichzeitig gab es einen nicht zu leugnenden Leidensdruck: Ich litt seit Jahren unter depressiven Verstimmungen, fühlte mich gelähmt, neigte zum Jammern und Lamentieren. Mein Leitsatz war: «Das passt mir zwar nicht, aber so ist das halt – da kann man nichts machen.» Meine Energie steckte ich mit Vorliebe in die Vorbereitung von Ferien: Ich tüftelte monatelang Reiserouten aus und lernte mit grossem Einsatz Fremdsprachen wie Norwegisch oder Schwedisch. Ich lachte selber über mich und beschimpfte mich im Stillen dafür, ein typischer kleinkarierter Jurist geworden zu sein.

Irgendwann hatte ich genug von diesem Zustand und wandte mich an einen Psychologen, den ich an einem Seminar über Entscheidungsfindung kennengelernt hatte. Er riet mir zu einer Standortbestimmung und schrieb mir vier Namen auf. Ein Jahr später kam mir der Zettel wieder in die Hand und ich rief kurz darauf jenen Berufsberater an, der mit den unkonventionellsten Methoden arbeitete. Durch die Standortbestimmung wurde mir bewusst, dass es mich in etwas Neues drängte und dass ausserhalb des vorgezeichneten Karrierewegs noch andere Möglichkeiten offenstanden. In kurzer Zeit weitete sich mein Blickfeld: Es ging nicht mehr um die Frage, ob ich entweder in der bisherigen Position bleibe oder Chef werde, sondern es gab auch die Alternative, selber etwas aufzubauen.

Für mich hatte dieser Gedanke gleichzeitig etwas Befreiendes und etwas Bedrohliches. Ich löste mich vom Bisherigen und spürte, wie mir ein Stein vom Herzen fiel. Und ich fiel zwischen Stuhl und Bank, da es offensichtlich keinen Weg zurück gab und das Neue noch nicht trug. Spätestens nachdem ich in einem Zeitungsartikel über ein Seminar des bekannten Coaches *Tim Gallwey* in Grindelwald gelesen hatte, wusste ich, dass ich Coach werden wollte – gleichzeitig hatte ich keine Ahnung, wie ich das bewerkstelligen sollte und ob es funktionieren würde. Das ist das Verrückte in tief greifenden Veränderungsprozessen: Man schneidet Fäden durch, die einem Halt gegeben haben, und hat gleichzeitig keine Ahnung, wo der neu eingeschlagene Weg hinführt – so sehr man sich Orientierung wünschte in dieser Phase. Ich erzählte meinem Chef von meinen Plänen, verzichtete auf die Option, später Chef zu werden, und konnte in der Folge auf eine Teilzeitstelle wechseln. Das erleichterte mir den Übergang.

In den letzten zehn Jahren habe ich sehr viele Klienten in Umbruchsphasen begleitet. Immer wieder habe ich mich gefragt, wovon es abhängt, ob Veränderungen gelingen – ob Menschen diese im Gefühl erleben, sie beeinflussen zu können, oder ob sie sie primär erleiden oder sich sogar dagegen sträuben.

Der chilenische Coach *Julio Olalla* hat den Erfolg von Veränderungen in einer verblüffend einfachen Formel dargestellt:

**Wille × Anziehungskraft × Zuversicht × Klarheit › Aufwand**

Das Produkt aus Wille mal Anziehungskraft mal Zuversicht mal Klarheit muss grösser sein als der erforderliche Aufwand.

Entscheidend sind also vier Faktoren, die für Veränderungen unentbehrlich sind:
Der Wille, eine Sache anzugehen; die Anziehungskraft der Zielvorstellung; die Zuversicht in die Machbarkeit; und die Klarheit über die nächsten konkreten Schritte.

Wichtig ist, dass es sich um eine Mal-Verknüpfung handelt. Das bedeutet: Jeder einzelne Faktor muss eine gewisse Grösse aufweisen, damit das Resultat positiv ausfällt.

Beginnen wir mit dem letzten Punkt: die **Klarheit** über die nächsten konkreten Schritte. Sie geht oft vergessen, weil dieser Aspekt scheinbar unspektakulär ist. In Veränderungsprozessen stellt man sich tief schürfende Fragen, man möchte das Ziel kennen, beschäftigt sich mit grundsätzlichen Fragen, lässt sich abschrecken, weil vieles im Nebel liegt. Oder man überfordert sich mit dem Anspruch, sämtliche Schritte bis zum Ziel festgelegt haben zu müssen, bevor man sich auf den Weg macht.

Zahlreiche Beispiele zeigen, dass sich etwas entscheidend verändert, sobald man die ersten paar Schritte gegangen ist. Wer sich in Bewegung setzt, erste Schritte wagt und Fussabdrücke hinterlässt, sieht unverhofft klarer und gewinnt eine andere Sicht der Dinge. Sobald man unterwegs ist, empfängt man Zeichen, nimmt neue Möglichkeiten wahr, die vorher gar nicht vorstellbar waren, und begegnet der Umgebung mit einer neuen Offenheit.

Diese Form der Offenheit erlangt man meistens erst dann, wenn man bereit ist, vertraute Dinge wegzugeben. Das können alte Kleider sein, Bücher, Möbel oder andere Gegenstände, die nicht länger von Bedeutung sind, aber auch Gefühle, Gewohnheiten und Einstellungen. Entscheidend ist, dass wir unserem Hirn und unserer Umgebung ein Signal übermitteln, dass da Platz ist für Neues. Erst eine regelmässige «systematische Müllentsorgung», die *Fredmund Malik* Führungspersonen empfiehlt, macht den Weg frei für neue Ideen und Projekte.

*Das Leben antwortet mit Zufällen, wenn ein Wunsch aufsteigt, der stark genug ist.*
HANNA SCHYGULLA, SCHAUSPIELERIN

Nicht weniger wichtig ist die **Anziehungskraft** der Zielvorstellung. Während die nächsten Schritte klar umrissen sein sollen, muss das Fernziel nicht in der gleichen Verbindlichkeit formuliert sein. Entscheidend ist, dass die Zielvorstellung eine hohe emotionale Qualität hat, eine Sogkraft, die uns bewegt. Sie muss eine innere Ausrichtung, einen Fokus ermöglichen. Hilfreich sind hier Imaginationsübungen: Stellen wir uns vor, alles sei möglich, malen wir uns den Idealzustand aus: Wie würde das aussehen, was würden wir fühlen, wenn wir dort angelangt wären? Welche Gerüche, welche Klänge, welche Farben sehen wir dann? Oder, prosaischer: Wie soll unsere Visitenkarte aussehen, wie unser Büro?

Hilfreich bei der Annäherung an die Zielvorstellung kann auch sein, sich auf folgendes Gedankenexperiment einzulassen: «Nehmen wir an, über Nacht geschieht ein Wunder; alles, womit wir uns schwertun, ist aus unserem Leben verschwunden, wir können uneingeschränkt aus dem Vollen schöpfen. Wer merkt etwas davon? Und woran ist die Veränderung am nächsten Morgen ersichtlich?

Solche Techniken werden im lösungsorientierten Coaching eingesetzt. Sie haben den Vorteil, dass sie den Fokus nicht auf die Probleme, sondern auf die Lösung, den erwünschten Zustand legen. Im Alltag tendieren viele von uns dazu, sich mit ihren Schwierigkeiten und Begrenzungen zu identifizieren. Es spricht nichts dagegen, Dinge zu analysieren, die schiefgelaufen sind. Wer aber zu sehr in seinen Problemen kreist, übersieht unter Umständen wichtige Entwicklungsmöglichkeiten. Wenn wir uns intensiv mit einem erwünschten Zustand auseinandersetzen, dann senden wir starke Signale an unser Hirn und an unsere Umgebung – wir sind auf Veränderung ausgerichtet.

Der Psychiater *Roberto Assagioli* hat in seinen Schriften wiederholt darauf hingewiesen, wie wichtig die Entscheidung ist, wohin wir unsere Aufmerksamkeit lenken und mit welchen Menschen wir uns umgeben. Als ich noch in meiner alten Position war, neigte ich zum Jammern, und ich hatte keine Probleme, Gleichgesinnte zu finden, die mich in meiner Haltung bestärkten. Heute interessiere ich mich ungleich stärker für Entwicklungsmöglichkeiten als für Beschränkungen, und es ist kein Zufall, dass ich in schöner Regelmässigkeit Menschen begegne, die eher zu den Mutmachern als zu den Jammerern gehören.

Es soll hier nicht wie in einigen Motivations-Seminaren der Eindruck erweckt werden, positives Denken sprenge alle Grenzen. Ich halte es für unverantwortlich, den Leuten zuzurufen: «Wenn du fest genug daran glaubst, ist alles möglich!» Ich bin aber überzeugt, dass es unsere freie Entscheidung ist, auf was wir unsere Aufmerksamkeit lenken – ob eher auf die Probleme oder eher auf die Lösungen. Wer bewusst oder unbewusst die erste Perspektive wählt, neigt dazu, die Probleme grösser zu machen, als sie sind. Wer sich eher mit den Lösungen beschäftigt, riskiert, die Probleme ein wenig aus den Augen zu verlieren. Viele von ihnen lösen sich ohnehin auf, wenn wir einer Lösung einen Schritt näher gekommen sind.

Als dritter Faktor spielt die **Zuversicht** in die Machbarkeit eine wichtige Rolle. Diese hängt stark mit der Klarheit über die ersten Schritte und der Anziehungskraft der Zielvorstellung zusammen. Darüber hinaus kommt hier die Fähigkeit zum Tragen, mit Ängsten konstruktiv umzugehen.

In Umbruchphasen werden wir früher oder später mit Widerständen konfrontiert, die uns herausfordern, zweifeln lassen, Angst machen. Auch hier hängt viel von der inneren Einstellung ab. Wer die erstbesten Schwierigkeiten als Zeichen deutet, dass das Unterfangen offensichtlich nicht zu bewerkstelligen ist, wird stets gute Gründe fürs Scheitern finden. Wer hingegen stark daran glaubt, am Ende sein Ziel zu erreichen, der lässt sich durch ein paar Rückschläge nicht entmutigen, sondern zusätzlich anspornen.

Wohl nirgendwo erkennt man deutlicher, welche Bedeutung die Zuversicht in die Machbarkeit hat, als im Sport. Bei populären Sportarten wie Tennis sind die Leistungsunterschiede zwischen den Besten minim. Gleichwohl ist es Roger Federer gelungen, während Jahren eine unglaubliche Dominanz auszuüben. Das hat nicht nur mit seiner Technik und Fitness zu tun (andere schlagen die Bälle härter und sind körperlich stärker), sondern mit seinem lange Zeit beinahe unerschütterlichen Glauben an die eigenen Fähigkeiten. In nicht wenigen Sätzen musste sich Federer von einem starken Gegner dominieren lassen. Kam der Satz oder das Spiel in die entscheidende Phase, hob er fast immer sein Niveau an und machte praktisch keine Fehler mehr. Hatte er zuvor zehn Mal die einhändige Rückhand verschlagen, spielte er sie beim Matchball plötzlich traumhaft sicher der Linie entlang ins Feld. Solche Spitzenleistungen sind nicht mehr in erster Linie eine Frage des Talents oder der Ausdauer, sondern der Zuversicht in die Machbarkeit und der konkreten Schritte beim Umgang mit schwierigen Situationen. Grosse Sportler und herausragende Unternehmer sind dafür bekannt, dass sie Herausforderungen lieben. Wenn sie in scheinbar ausweglose Situationen geraten, zeigen sie ihr ganzes Können.

Solche mentale Stärke ist bei Veränderungen unverzichtbar. Das gilt nicht nur für eine einzelne herausfordernde Phase, sondern auch für einen längeren Zeitraum. Bei beruflichen Neuausrichtungen ist es meistens schwieriger, das Ziel vor Augen zu sehen, als in einem Tennismatch. Oft irrt man durch ein Zwischenland – das Alte trägt nicht mehr, das Neue ist noch nicht klar erkennbar. In solchen Momenten kommt die Aushaltefähigkeit oder Resilienz zum Tragen. Vielen von uns fehlt eine wichtige Fähigkeit, die sich Sportler und Unternehmer früh aneignen müssen: der professionelle Umgang mit Rückschlägen und Niederlagen.

Wer sich auf seine nächsten Schritte konzentriert und von einem inspirierenden Ziel angezogen wird, der wird seine Zuversicht auch nach Misserfolgen nicht so leicht einbüssen.

Bleibt als vierter Faktor der **Wille**, eine Sache anzugehen, und die Beharrlichkeit, sie auch durchzuziehen. Wer die Geschichte der wichtigsten Erfindungen studiert, findet zahlreiche Beispiele von beeindruckender Willensstärke, aber auch solche, die sich scheinbar zufällig oder auf Umwegen ergeben haben. Thomas Edison, der Erfinder der Glühbirne, galt in seinem Umfeld längst als ziemlich verrückt, als ihm der Durchbruch gelang – so soll er ungefähr 2000 Substanzen ausprobiert haben, ehe er den Kohlendraht für seine elektrische Birne fand. Es hätte sicher gute Gründe gegeben, nach dem 500. oder 1000. Mal aufzugeben. Am Ende wurde aber seine Beharrlichkeit von einer glänzenden Erfindung gekrönt. Als Jules Verne, der Science-Fiction-Pionier, als 25-Jähriger seinen ersten Roman vollendet hatte, klopfte er mit dem Manuskript unter dem Arm bei 14 Verlegern an – und alle lachten ihn aus. Der 15. war endlich bereit, das Manuskript zu lesen. Nach zehn Tagen versprach er Verne nicht nur, den Roman zu verlegen, sondern bot ihm einen Vertrag an mit einem Buch pro Jahr. Sein Vermögen und auch dasjenige von Verne waren gesichert.

Angesichts solcher Vorbilder kommt man sich selber leicht ziemlich willensschwach vor. Und auch hier stellt sich die Frage, ob wir uns eher auf unsere Stärken oder Schwächen konzentrieren. Unser Wille ist keine einheitliche feste Grösse, er ist aus mehreren Teilaspekten zusammengesetzt, die alle Wesentliches bewegen können. *Roberto Assagioli* unterscheidet acht Dimensionen des Willens. Ich habe in den letzten 20 Jahren keinen einzigen Klienten kennengelernt, der nicht in einigen dieser Teilaspekte grosses Potenzial gehabt hätte. Eine genaue Betrachtung der verschiedenen Teilaspekte des Willens kann die Selbsteinschätzung verändern und damit die Intensität des Willens verstärken (mehr dazu im dritten Teil auf S. 318).

Das Produkt der vier Faktoren Wille, Anziehungskraft, Zuversicht und Klarheit muss also grösser sein als der Aufwand, wenn Veränderungen gelingen sollen. Worin dieser Aufwand im Einzelnen besteht, welche Hürden sich Veränderungsprozessen in den Weg stellen, sei im Folgenden genauer beleuchtet.

Vorerst ist auf ein Missverständnis hinzuweisen, das viele Veränderungen erschwert. Es zeigt sich nie deutlicher als jeweils zum Jahreswechsel. Regelmässig fassen Menschen in dieser Zeit zahlreiche Vorsätze, was sie im neuen Jahr alles anders machen möchten: mehr Sport, weniger rauchen, mehr Zeit mit der Familie, weniger Süssigkeiten, mehr lesen, weniger TV schauen etc. Doch allzu schnell stellt sich bei den meisten die Ernüchterung ein: Man hat es nicht geschafft, der Wille war nicht stark genug, man bleibt inkonsequent und unfähig, sich ernsthaft zu verändern. Das Missverständnis besteht hier darin, dass wir Veränderung als Folge eines Ausnahmebeschlusses erwarten: Wir fällen eine mutige Entscheidung und machen es fortan besser. Es gibt Menschen, bei denen das funktioniert, die etwas dauerhaft verändern infolge eines plötzlichen Entscheids.

Bei vielen anderen jedoch bedarf es einer längeren Gärzeit, eines Prozesses, der aus vielen kleinen bewussten und unbewussten Entscheiden besteht. Sie brüten an einer Sache herum, lange passiert scheinbar nichts, und plötzlich – niemand weiss, warum gerade jetzt – schlägt etwas um und die Veränderung kommt in Gang.

Manchmal spüre ich im Coaching, dass sich ein Kunde gelähmt fühlt wie das Kaninchen vor der Schlange. Es sollte eine Entscheidung her, für oder gegen eine Stelle, aber der Betroffene ist nicht in der Lage, einen Schritt in die eine oder andere Richtung zu machen. In solchen Situationen ist es entscheidend, dass jemand überhaupt einmal in Bewegung kommt, dass er sich öffnet, sich austauscht, schon nur im Gespräch verschiedene Möglichkeiten ausprobiert. Über das Gespräch und über Kontakte eröffnen sich meistens neue Wege, die man allein im stillen Kämmerchen nie gefunden hätte. Deswegen halte ich es für gefährlich, sich vor schwierigen Entscheidungen zurückzuziehen und womöglich ins Grübeln zu verfallen. Nichts gegen intensives Nachdenken, aber unter Druck hat man meistens ein stark eingeschränktes Blickfeld.

Deshalb ermutige ich meine Klienten, sich nicht zu sehr unter Druck setzen zu lassen und die Situation mit Distanz neu zu betrachten. Ein früherer Lehrer hat es so formuliert: «Mache dich weiter als deine Probleme!» Das bedeutet zum Beispiel, sich nicht einfach von einem Ultimatum nach dem Motto «Wähle jetzt A oder B!» unter Druck setzen zu lassen. Wenn man – vielleicht mit professioneller Hilfe – die Situation in Ruhe betrachtet, sieht man meistens: Es gibt viel mehr Möglichkeiten, sobald man das Blickfeld öffnet. Nicht nur das Eine oder das Andere, sondern auch «weder noch», «beides» oder sogar «das ganz Andere». Wenn man sich in einem ultimativen Entweder-Oder festgebissen hat, setzt man sich derart unter Druck, dass man gar nicht mehr handlungsfähig ist. In solchen Momenten rufen mich gelegentlich Kunden an und sagen: «Ich muss mich in drei Tagen entscheiden, ob ich den Job will oder nicht.» Manchmal ist das möglich, oft jedoch müssen sich die unter Entscheidungsdruck stehenden Personen erst einmal Luft verschaffen, damit sie wieder atmen und die Situation in Ruhe betrachten können.

*Roberto Assagioli* hat beschrieben, wie sehr wir dazu neigen, uns mit unseren jeweiligen Zuständen zu identifizieren – mit Stressgefühlen, mit Angst, mit Problemen, mit Krankheiten. Doch wer sich Raum gibt und gelegentlich einen Schritt zurücktritt, kann feststellen: «Ich habe Angst, aber ich bin nicht meine Angst.» Diese einfache Unterscheidung verhilft zu Distanz und verschafft Entscheidungsspielraum. Ohne diesen innerenFreiraum ist es schwierig, die ersten Schritte in Richtung Veränderung zu gehen.

## Wie laufen Veränderungen ab?

Obwohl Veränderungen unser Leben prägen, mobilisieren wir immer wieder erstaunliche Kräfte, um uns dagegen zu wehren. Erstaunlicherweise halten viele lieber an einem bekannten Unglück fest, als im Unbekannten das Glück zu suchen. Das mag bis zu einem gewissen Grad eine Frage des Charakters sein. Ein Bertrand Piccard oder ein Nick Hayek haben den Entdecker- und Unternehmergeist quasi mit der Muttermilch aufgesogen. Die Neugier war in diesen Familien traditionell viel grösser als die Angst. Sicherheit und Kontrolle waren nie die dominierenden Faktoren. Es wäre unsinnig, aus jedem Menschen einen Piccard oder einen Hayek machen zu wollen. Umgekehrt ist es schade, wenn viele Menschen im Gewohnten verharren, obwohl sie darunter leiden und ihre Talente dabei verkümmern. Oft hat das damit zu tun, dass sie sich falsche Vorstellungen machen von Veränderungen und dass sie sich in wichtigen Momenten abkapseln und keine Unterstützung suchen.

> *Mancher ertrinkt lieber, als dass er um Hilfe ruft.*
> WILHELM BUSCH

Gibt es so etwas wie Gesetzmässigkeiten, nach denen Veränderungen ablaufen?

Veränderungsprozesse verlaufen selten gradlinig. Man kann sie deshalb nur bedingt managen oder planen. Trotzdem haben sie eine innere Logik. Sie durchlaufen Phasen, die wir stark vereinfacht als *vier Zimmer der Veränderung* darstellen können:

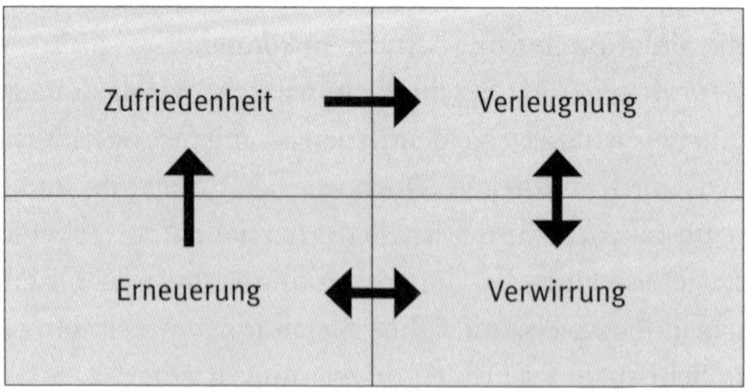

Dieses Modell, ursprünglich vom Berater *Hansueli Eugster* entwickelt, erleichtert das Verständnis privater Veränderungen ebenso wie jenes komplexer Veränderungen in Firmen und Organisationen. Wer diese innere Logik versteht, tut sich leichter damit, auch die schwierigen Momente auszuhalten, ohne den Sinn des Ganzen in Frage zu stellen.

Zu Beginn befinden wir uns im **Zimmer der Zufriedenheit** (oben links in der Abbildung). Dort hat alles seinen Platz, seine Ordnung. Wir wissen, wie es läuft und was wir zu tun haben. Nicht immer herrscht in diesem Zimmer wirkliche Zufriedenheit, aber es dominiert in jedem Fall die Sicherheit des Gewohnten und Bekannten. Man könnte auch vom Zimmer der Routine oder der Selbstverständlichkeit sprechen.

Eines Tages wirft uns ein Ereignis aus dem Zimmer der Zufriedenheit hinaus. Meist kommt dieses Ereignis unvermittelt von aussen – als würde plötzlich aus heiterem Himmel ein Blitz einschlagen. So legen wir es uns zumindest zurecht. In Wirklichkeit hätten wir schon vorher Anzeichen für ein heraufziehendes Gewitter sehen können. Und doch trifft es uns unvorbereitet, weil wir uns sicher fühlten im Gewohnten. Der Blitz kann viele Formen haben: ein neuer Chef, ein dramatischer Umsatzrückgang, neue Spielregeln oder Technologien, eine Fusion, eine negative Mitarbeiterbeurteilung, ein Unfall oder eine schwere Krankheit, die Entlassung, Arbeitsunfähigkeit wegen akuter Erschöpfung oder Burn-out, der Tod einer nahestehenden Person, Trennung oder Scheidung.

Klar ist in allen Fällen: Sobald der Blitz eingeschlagen hat, ist nichts mehr wie vorher. Wir werden unweigerlich in das nächste Zimmer gestossen, ins **Zimmer der Verleugnung**. Je heftiger die Umstände, desto stärker fällt unsere Reaktion aus. Wir wehren uns, ignorieren die neue Situation, lehnen alles, was damit zu tun hat, instinktiv ab und versuchen, am Gewohnten festzuhalten. Wut, Aggression, Schuldzuweisungen und Eifersucht dominieren. Wir wollen nicht wahrhaben, dass das Vertraute und Gewohnte nicht mehr funktioniert, wir wünschen uns das Alte zurück, müssen aber feststellen, dass die Tür zum Zimmer der Zufriedenheit vom Zimmer der Verleugnung aus nicht zu öffnen ist. Es gibt also kein Zurück, aber einen Ausweg: Eine Drehtür erlaubt uns, ins **Zimmer der Verwirrung** zu treten.

Wir können dieses Zimmer betreten, wenn wir eingesehen haben, dass es keinen Sinn hat, sich gegen das Unabänderliche zu sträuben. Besonders angenehm ist es dort aber nicht, wir sind zwischen Stuhl und Bank, haben keinen Boden unter den Füssen und keine Ahnung, wie es weitergehen soll. Wir sind voller Angst, Ambivalenz, Misstrauen und Unsicherheit, die Wände sind voller Fragezeichen, wir hören widersprüchliche Stimmen, sind ratlos, unsicher, ohne klare Perspektive. In dieser qualvollen Situation ist die Versuchung gross, durch die Drehtür wieder zurück ins Zimmer der Verleugnung zu gehen. Dort hat man wenigstens ein Feindbild. Manche richten sich darin dauerhaft ein in Resignation, Jammern und Verbitterung.

Wer es im Zimmer der Verwirrung aushält, übt sich im Abschiednehmen, im Trauern und in Akzeptanz. Er lernt, sich mit der Tatsache anzufreunden, dass es niemals mehr so sein wird, wie es war. Mit der Zeit tauchen dann neue Ideen auf, verwirrend auch sie, unzählige Puzzleteilchen, die sich zunächst nicht zu einem sinnvollen Ganzen zusammenfügen lassen. Das Zimmer der Verwirrung ist der beste Ort zum Fantasieren, Brainstormen, Staunen, Träumen, Planen, wieder Verwerfen. Alles hat Platz, nichts wird bewertet.

*Wie oft sind es erst die Ruinen, die den Blick freigeben auf den Himmel.*
VIKTOR E. FRANKL

Die Türfalle zum **Zimmer der Erneuerung** ist versteckt. Lange sieht es so aus, als sei die Tür nicht zu öffnen. Erst wenn das Alte wirklich verabschiedet ist und das Neue ausreichend gegärt hat, können wir die Tür aufstossen, und es zeigt sich ein Silberstreifen am Horizont. Oft wechseln sich Erneuerung und Verwirrung zunächst ab, auch diese Tür kann in beiden Richtungen wiederholt durchschritten werden. Ist jemand aber richtig angekommen im Zimmer der Erneuerung, wirkt das wie ein Zauber. Das Selbstvertrauen kehrt zurück, mit ihm Energie und Tatkraft. Was vorher mühsam und anstrengend war, wird jetzt ganz leicht, wir kommen zielstrebig und zügig voran, die Zweifel treten in den Hintergrund.

So gerne wir für immer in diesem Zimmer bleiben würden, auch hier ist die Aufenthaltsdauer beschränkt. Früher oder später finden wir uns im

*Und plötzlich weisst du: Es ist Zeit, etwas Neues zu beginnen und dem Zauber des Anfangs zu vertrauen.*
MEISTER ECKHART

Zimmer der Zufriedenheit wieder, das Neue ist zur Gewohnheit geworden. Und irgendwann schlägt wieder ein Blitz ein, der bedrohlich, aber gleichzeitig auch heilsam sein kann. Er entwurzelt uns und setzt uns in Bewegung.

Warum ist dieses simple Modell so wichtig für das Verständnis von Veränderungen?

Wer schon Change-Prozesse in Organisationen miterlebt hat, weiss, dass Führungskräfte am liebsten den direkten Weg vom Zimmer der Zufriedenheit ins Zimmer der Erneuerung nehmen würden. Viele von ihnen empfinden die Phasen der Verleugnung und Verwirrung als Zeitverschwendung und Zumutung, statt sie als notwendigen Teil der Veränderung zu begreifen. Sie täten gut daran, sich an das afrikanische Sprichwort zu erinnern, das besagt: «Das Gras wächst nicht schneller, wenn man daran zieht.» Denn wenn wir nicht Abschied nehmen können vom liebgewordenen Alten, wenn kein Platz da ist für Trauer und Wut, keine Zeit für Verwirrung, Chaos und Kreativität, ist auch keine echte Erneuerung möglich.

Es gibt also in Veränderungsprozessen keine Abkürzungen, das gilt für Organisationen ebenso wie für Individuen.

In der Coaching-Arbeit zeigt sich immer wieder, wie sehr die Klienten das Zimmer der Verwirrung fürchten, obwohl darin der Grundstein zur Erneuerung gelegt wird. Viele verweilen lieber im Zimmer der Verleugnung, bei ihrer Wut, die wenigstens einen klaren Adressaten hat. Statt sich dem Unbekannten zu öffnen, steigen einige gar über eine Treppe in den Keller unter dem Zimmer der Verleugnung hinab, wo sie sich in der Opferrolle einrichten und dunkle Gedanken wälzen.

Andere versuchen, durchs Zimmer der Verwirrung zu stürmen und direkt zur Erneuerung zu gelangen. Wenn Klienten, die sich durch äussere Umstände ungerechtfertigterweise aus dem Zimmer der Zufriedenheit gestossen fühlen, den Fokus einseitig darauf richten, möglichst rasch einen neuen Job zu finden, hat das oft damit zu tun, dass sie die Verwirrung nicht aushalten. Oft findet bei solchem Aktivismus keine Erneuerung statt, sondern es kommt nur zu einer Schein-Veränderung, die zu schmerzhaften Wiederholungen des gleichen Musters führt.

Sich auf eine Veränderung einlassen bedeutet deshalb auch: Abschied nehmen vom Bestreben, alles zu managen; das Tempo drosseln, den Blick gegen innen richten und Neues wahrnehmen statt krampfhaft versuchen, alles im Griff zu haben. In der Hektik des Alltags und unter grossem Druck gelingen selten tief greifende Veränderungen. Und doch wünschen viele Klienten genau das, wenn sie in meine Coaching-Praxis kommen: einen Ratschlag, der zu einer schnellen Lösung führt, zu einem Ausweg aus dem aktuellen Dilemma.

Ich brauche deshalb oft zunächst eine Art Stopp-Tafel, um zu signalisieren: «Nehmen wir uns Zeit, genau hinzuschauen. Wenn wir uns dieser Aufgabe stellen, kommen wir nachher schneller und besser voran.» Nur ein Stopp ermöglicht uns, aus den Automatismen des Überlebensmodus, die in unserem Reptilienhirn gespeichert sind, herauszutreten. Denn oft funktionieren wir rein reaktiv: Wir nehmen einen Impuls auf und reagieren aufgrund unserer automatisierten Verhaltensmuster, nach denen wir äussere Impulse blitzschnell beurteilen (gut oder schlecht für mich?). Dieser Überlebensmodus, der im entwicklungsgeschichtlich ältesten Teil unseres Hirns abläuft, kommt vor allem bei Druck und Stress zum Tragen. Genaues Hinschauen hingegen ermöglicht bewusste Veränderung. In diesem Fall müssen zwischen den Neuronen im Hirn neue Synapsen gebildet werden, vergleichbar den Verschaltungen in einem Stromkreis. Nicht von ungefähr reden die Hirnforscher davon, dass es beim Lernen darum geht, neue Synapsen zu «pfaden». Bis eine neue Synapse wirklich die alten Pfade ersetzen kann, also ein neues Verhalten wirklich integriert ist, muss die neue Verschaltung wiederholt gepfadet werden. Das allein erklärt, warum Veränderungen nicht von heute auf morgen gelingen. Beim Lernen einer Sprache ist uns klar, dass Fortschritt nicht ohne Wiederholung zu erzielen ist. Bei Verhaltens- oder Einstellungsänderungen vergessen wir oft, dass auch diese Wiederholung brauchen, bis sie sich gefestigt haben.

Meist kommen die Klienten mit eigenen Theorien, mit Erklärungsmustern und Glaubenssätzen. Dann ist es meine Aufgabe, diese scheinbaren Gewissheiten zu hinterfragen, den Klienten mitzunehmen auf eine Reise zu sich selber.

In der Mythologie gibt es das Motiv der Heldenreise: Wenn der junge Held die Komfortzone von Häuslichkeit, Gewohnheit und Bequemlichkeit verlässt, muss er zunächst buchstäblich durch die Asche gehen und sich in vielen gefährlichen Situationen bewähren, bevor er als strahlender Held zurückkehren kann.

Hier geht es nicht darum, Helden zu formen, aber es ist eminent wichtig, auch die Verwirrung und den scheinbaren Stillstand auszuhalten. Denn die Verwirrung ist ein ebenso qualvoller wie produktiver Zustand. Unterschwellig passiert viel, auch wenn sich zunächst nichts davon an der Oberfläche zeigt. Oft kommt es dann wie aus dem Nichts zu einem erstaunlichen Wandel: War lange Zeit alles mühsam und unklar, ist man plötzlich mit erstaunlicher innerer Sicherheit unterwegs. Und nicht nur das: Haben wir den Wendepunkt erreicht, ziehen wir die unglaublichsten Zufälle an, die Ideen und Angebote fallen uns buchstäblich zu. Spätestens dann wissen wir: Das vorher war keine Stagnation, sondern die Vorbereitung auf die Erneuerung.

## Was hält uns zurück?

Das Modell der vier Zimmer macht klar, warum Veränderungen selten gradlinig verlaufen. Was hält Menschen davon ab, ein Ziel mit aller Entschlossenheit anzupeilen oder einen lange gehegten Traum zu verwirklichen? Die Gründe fürs Zögern, Zaudern und Verschieben sind individuell sehr verschieden, aber es gibt einen gemeinsamen Nenner: die Angst.

Die Angst kann sich auf vieles beziehen: Angst vor dem Verlust an Sicherheit und Ordnung, Angst vor Verarmung, Angst vor dem Versagen, Angst vor Spott und Ablehnung, Angst vor dem Alleinsein, Angst vor dem Unbekannten, Fremden, ja sogar Angst vor dem Tod – und sei es nur das Abschiednehmen von überholten Selbstbildern, mit denen wir uns lange identifiziert haben. Jeder und jede

> *Es gibt keine Grenzen.*
> *Nicht für den Gedanken,*
> *nicht für die Gefühle.*
> *Die Angst setzt die Grenzen.*
> INGMAR BERGMANN

hat seine Objekte der Angst, hinter denen sich meistens eine tiefer liegende Angst verbirgt. Im Coaching zeigt sich oft früher oder später die Grundangst, dass sich eine schmerzhafte Erfahrung aus der Vergangenheit wiederholen könnte. Ein Klient wurde in einer Cheffunktion entlassen und arbeitet nun in seiner neuen Stelle ohne Pause und in grossem Stress. Er versucht, sich unersetzlich zu machen aus Angst, die Erfahrung des Nicht-mehr-gebraucht-Werdens könnte ihn noch einmal einholen.

Es ist wichtig, die eigenen Ängste wahrzunehmen und zu benennen, damit wir in der Folge konstruktiv mit ihnen umgehen können. Ängste haben verschiedene Funktionen: Es gibt die schützende Angst, die überlebenswichtig sein kann, und die einschränkende, entwicklungshemmende Angst. Leider neigen wir dazu, sehr viele Ängste der ersten Kategorie zuzuordnen, obwohl kein echtes Risiko besteht und wir uns aus einem diffusen Gefühl heraus bremsen lassen: zum Beispiel aus der Angst vor der Angst, die uns weismachen will, es sei generell besser, im geschützten Rahmen zu bleiben. Wir leben in einer Gesellschaft der extremen Absicherung, der Über-Versicherung, und halten die Unsicherheit entsprechend schlecht aus. Es gibt zwar weniger starre gesellschaftliche Restriktionen als zur Zeit unserer Grosseltern, aber sehr viele unsichtbare Barrieren in unseren Köpfen.

Ich ermutige meine Klienten wenn immer möglich, in die konkrete Erfahrung hineinzugehen, statt aufgrund negativer Kopfszenarien im Gewohnten zu verharren. Wachstum und Entwicklung finden im Grenzbereich statt, dort, wo wir weder vor unseren Ängsten flüchten noch sie zu ignorieren und überspringen versuchen, sondern uns ihnen behutsam annähern. Erst wenn wir eine konkrete Erfahrung machen – vielleicht auch die, dass alles viel weniger schlimm ist als in unseren Projektionen und Befürchtungen –, finden wir heraus, wie begründet eine Angst tatsächlich ist.

*Und es kam der Tag,*
*da das Risiko, in der*
*Knospe zu verharren,*
*schmerzlicher wurde*
*als das Risiko, zu blühen.*
ANAÏS NIN

Immer wieder stelle ich fest, wie stark wir von Glaubenssätzen, die wir teilweise von unseren Eltern übernommen haben, geprägt werden. Meine Eltern sind bäuerlicher Herkunft. Von ihnen habe ich oft den Satz gehört: «Das ist nichts für unsereinen.» Oder: «Wer den Rappen nicht ehrt, ist des Frankens nicht wert.» Es war klar, was sich gehört, was einem zusteht und dass das Sparen eine der wichtigsten Tugenden ist. Diese Prägungen behinderten mich zeitweise in meinem Veränderungsprozess. Ich musste mir ihrer bewusst werden und sie relativieren, um mich in die gewünschte Richtung verändern zu können. Denn in Entwicklungsphasen sollte man sich mehr daran orientieren, was einem gut tut, als daran, was einem zugestanden wird vom Umfeld. Da kann es zum Beispiel wichtig sein, Geld auszugeben im Vertrauen darauf, dass diese Form der Energie wieder zurückkommt.
Und es ist entscheidend, sich selber in den Mittelpunkt zu stellen, auch wenn man noch so sehr zu Bescheidenheit und Anpassung erzogen wurde.

*Mögen hätten wir schon wollen, aber trauen haben wir uns nicht dürfen.*
KARL VALENTIN

Wer sich verändern will, tut gut daran, auf Distanz zu gehen zu einengenden Selbstbildern. Ich denke dabei im Wesentlichen an die fünf Antreibersätze:

Die meisten Menschen sind mehr oder weniger stark auf einen oder mehrere dieser Imperative programmiert. Sie wirken unglaublich stark, gerade dann, wenn wir uns ihrer nicht bewusst sind, weil sie für die Art und Weise stehen, wie wir gelernt haben, uns Anerkennung zu holen. In Veränderungsprozessen sind diese Antreiber oft kontraproduktiv, weil sie immer dann stark greifen, wenn wir unter Stress sind (mehr dazu im dritten Teil S. 316).

Das lässt sich deutlich am Antreiber «Machs den anderen recht!» zeigen. Viele meiner Klienten tun sich schwer mit gewünschten Veränderungen, weil sie sich immer wieder von der einen Frage bremsen lassen, die lautet: «Was denken da die Leute über mich?»

> *Ich kenne keinen sicheren Weg zum Erfolg, nur einen zum sicheren Misserfolg – es jedem recht machen zu wollen.*
>
> PLATON

Dass wir so gemocht werden, wie wir sind, ist normalerweise ein Zeichen guter Beziehungen. Es bedeutet aber auch: Wenn wir aus dem gewohnten Verhalten ausscheren und nicht mehr den Erwartungen entsprechen, bringt uns das meistens nicht in erster Linie Anerkennung, sondern es sorgt für Irritation. Vielleicht bekommen wir gar zu hören, wir seien nicht mehr der Alte, nicht mehr uns selbst. Lassen wir uns dadurch bremsen, gewichten wir die Gedanken anderer, die wir ohnehin nicht kontrollieren können, höher als unsere eigene Wahrnehmung. Letztlich läuft es auch auf die Frage hinaus, wofür wir Anerkennung bekommen wollen: dafür, uns mustergültig allen anderen anzupassen? Oder dafür, dass wir unseren Weg gehen?

Im Coaching ist es hilfreich, zu den Antreibersätzen Erlaubnissätze zu formulieren. Statt «Beeil dich!» also: «Du darfst dir Zeit nehmen.» Oder statt «Machs den anderen recht!»: «Du darfst deinen Weg gehen, auch wenn das nicht allen passt.» Oft zeigt sich, dass die befürchtete Ablehnung in der Wirklichkeit ausbleibt. Der Chef eines KMU, der kurz vor einem Burn-out zu mir kam, erklärte mir, dass es in seiner schnelllebigen Branche unmöglich sei, Mails länger als 30 Minuten unbeantwortet zu lassen. Seine Angst vor dem Verlust an Anerkennung, vor abwandernden Kunden und finanziellen Problemen war deutlich spürbar. Schliesslich vereinbarten wir doch die Regel, dass die Mails fortan noch drei Mal pro Tag gecheckt und alle Kunden darüber informiert werden. Es gab nicht nur keine Proteste und keine Auftragseinbussen, sondern sehr positive Rückmeldungen von den wichtigsten Kunden.

Dieses Beispiel zeigt, wie fatal es ist, sich zu stark von den vermuteten Erwartungen anderer abhängig zu machen. Darüber hinaus illustriert es noch etwas anderes: Es hat stark mit unserem Sicherheitsgefühl zu tun, wie viel Freiheiten wir uns herausnehmen können. Der Firmenchef fühlte sich unsicher, weil er fürchtete, er könnte Kunden verlieren. Er lebte in einem Gefühl des Mangels und wurde so zum Getriebenen. Mit seiner Entscheidung, dem entgegenzuwirken, signalisierte er Stärke – und so wurde die Veränderung bei den Kunden auch wahrgenommen.

Es lohnt sich in diesem Zusammenhang auch, das eigene Verhältnis zum Geld etwas genauer anzuschauen. Bei tief greifenden Veränderungen wird Geld fast immer früher oder später zum Thema. Im Umgang mit Geld zeigt sich sehr deutlich, wie es um unser Grundvertrauen steht. Man kann ein Leben lang sparen, Millionen anhäufen und trotzdem permanent in einem Mangelgefühl leben. Andere haben praktisch nichts und fühlen sich trotzdem sicher und reich. Gerade Klienten, die sich aus einem gut bezahlten Angestelltenverhältnis lösen und sich selbständig machen möchten, sind oft unsicher, ob sie finanziell über die Runden kommen. Manche stellen fest, dass sie grösste Mühe haben, einen ähnlichen Betrag per Rechnung einzufordern wie den, den sie vorher als Lohn selbstverständlich bezogen haben.

Natürlich muss man bei der beruflichen Neuausrichtung auch die Finanzen berücksichtigen. Das Argument, man würde sich schon verändern wollen, könne sich dies finanziell aber gerade nicht leisten, ist jedoch trügerisch. Geld ist eine immense Projektionsfläche, wir sollten daher nicht jede Aussage darüber für bare Münze nehmen. Oft neigen wir dazu, den Einfluss von materieller Sicherheit auf unsere Zufriedenheit zu überschätzen. Sicherheitsstreben – auch im Finanziellen – ist der grösste Feind des Neuen.

Das bringt mich zum letzten Faktor, der viele Menschen davon abhält, Veränderungsprojekte in die Tat umzusetzen: die Illusion, die Umstände seien im Moment gerade nicht besonders günstig, aber wenn erst einmal der perfekte Zeitpunkt gekommen sei, gehe alles ganz leicht. Den perfekten Zeitpunkt gibt es bekanntlich nicht, und unser Leben ist – auch wenn wir das gerne verdrängen – endlich. Das Modell «Nach der Pensionierung mache ich alles, wozu ich nie gekommen bin» bewährt sich in der Regel nicht. Manche sterben vor oder unmittelbar nach der Pensionierung, viele andere stellen fest, dass man mit 65 Jahren sein Leben nicht mehr so leicht auf den Kopf stellt, wenn man das vorher nie getan hat. Beginnen wir also besser frühzeitig damit. Suchen wir nicht nach Ausreden, zeigen wir nicht auf die Eltern, den Partner, die Kinder, die Wirtschaftslage oder sonst etwas, um unsere geringe Veränderungsbereitschaft zu rechtfertigen, sondern richten wir den Blick zuerst einmal nach innen.

## ➔ Was bringt uns in Bewegung?

Es sind in letzter Zeit mehrere Bücher über die Bedürfnisse sterbenskranker Patienten erschienen. Oft kam dabei zur Sprache, was Menschen vor dem Sterben am meisten beschäftigt. Erstaunlicherweise bereuen nur ganz wenige etwas, das sie getan haben und mit dem sie vielleicht gescheitert sind. Bedeutend mehr hadern damit, gewisse Dinge nicht versucht, nicht in Angriff genommen zu haben. Auf dem Sterbebett lässt sich das nicht mehr ändern, da kann man höchstens noch Frieden schliessen mit dem, was war.

Stellen wir uns vor, wir sind am Ende unseres Lebens, schauen zurück und fragen uns: Was war mir wichtig? Worauf war ich stolz? Was haben andere in mir gesehen? Was hätte ich gerne getan und habe es nie gewagt? Oder wir sind zu Gast an unserer eigenen Beerdigung und hören unsere Grabrede: Welches sind die wichtigsten Elemente dieses Nachrufs? Wie möchten wir erinnert werden? Oder stellen wir uns vor, wir hätten noch ein Jahr zu leben: Was würden wir auf jeden Fall noch machen? Was wäre uns wichtig, welche Dinge würden komplett an Bedeutung verlieren? Eine Volksweisheit besagt, dass heute der erste Tag vom Rest unseres Lebens ist. Wir wissen nicht, wie viel Zeit uns bleibt – besinnen wir uns also frühzeitig auf die wichtigen Dinge, und machen wir uns auf den Weg.

*Zukunft, das ist die Zeit, in der du bereust, dass du das, was du heute tun kannst, nicht getan hast.*
ARTHUR LASSEN

Bekanntlich gibt es kein Erfolgsrezept für Veränderungen. Gleichwohl verbindet Menschen, die sich erfolgreich auf Neues einlassen, eine Eigenschaft: Sie sind bereit, Verantwortung zu übernehmen für das, was ihnen widerfährt. Denn auch wenn Veränderungen Geduld und Demut erfordern, so ist es doch entscheidend, sein Leben in die Hand zu nehmen, sich als gestaltenden Akteur zu verstehen und nicht als machtloses Opfer. Man kann sich mit Jammern und Schuldzuweisungen gegen andere und die widrigen Umstände als bedauernswertes Opfer darstellen oder mit Anwälten auf juristischem Parkett gegen unliebsame Veränderungen zur Wehr setzen, aber oft sind das Nebenschauplätze, die vom eigentlichen Problem ablenken: dass jemand reaktiv statt aktiv durchs Leben geht, dass er nicht bereit ist, als Unternehmer in eigener Sache aufzutreten (mehr dazu im dritten Teil S. 278).

Was hilft uns also, mit Veränderungen aktiv umzugehen, statt sie bloss zu erleiden?

Am Anfang steht oft ein spezifisches Problem im Vordergrund, ein akuter Leidensdruck. Jemand kommt zu mir in die Praxis und möchte beispielsweise wissen, wie er seine Zeit besser einteilen kann. Nicht selten weitet sich dann die Fragestellung aus, das Problem erweist sich als Indiz eines grösseren Unbehagens, und bald geht es um die viel grundlegendere Frage: «Was will ich tun? Was ist stimmig für mich?» Der Coach ist dabei Begleiter und Katalysator, der dort andockt, wo die Energie des Klienten spürbar wird. Oft ist das anderswo, als der Klient meint. Oder jemand redet stundenlang von einem Problem, um dann in einem Nebensatz, dem er selber keine Bedeutung schenkt, den Kern der Sache zu streifen. Es geht nicht darum, Ratschläge zu erteilen, sondern darum, einen Raum zu schaffen, in dem der Klient erst einmal wahrnehmen kann, was ist. Schon das allein ist für viele sehr hilfreich und kann eine Dynamik in Gang setzen.

Oft hilft es in einer frühen Phase, Druck wegzunehmen und sich von der fixen Idee zu lösen, es müssten sofort spektakuläre Resultate sichtbar werden. Veränderungsprozesse laufen nicht linear ab, und ein radikaler Bruch mit dem Gewohnten ist nicht für jeden der richtige Weg. Diese Alles-oder-Nichts-Erwartung blockiert viele Klienten. Sie erwarten den grossen Befreiungsschlag, und wenn dieser ausbleibt, deuten sie das als Zeichen ihrer Unfähigkeit.

Mehr Erfolg verspricht die Strategie der kleinen Schritte. Es braucht deshalb nebst Ausdauer vor allem bewusstes Selbstmanagement und ein positives Selbstbild. Im dritten Teil dieses Buches (vgl. S. 269) sind zahlreiche Fragen und Übungen aufgeführt, die sich in Umbruchphasen als hilfreich erwiesen haben. Deshalb beschränke ich mich hier darauf, die wichtigsten Katalysatoren zu nennen:

- **Bewusstheit gegen innen:** Vielen Klienten fällt es zunächst schwer, einfach wahrzunehmen, was ist. Sie sind getrieben von Hektik, fühlen sich unter Druck, gefangen im starren System ihrer Bewertungen. So ist es schwierig, mit sich selber, auch mit dem unbewussten Teil, in Kontakt zu kommen. Es ist deshalb wichtig, neu hinzuschauen, mit einer phänomenologischen Aufmerksamkeit, die möglichst viele Eindrücke registriert, ohne zu werten. Dabei sind scheinbar simple Fragen hilfreich wie «Was fühle ich gerade jetzt?», «Was tut mir gut?» oder «Wo schöpfe ich Kraft?», aber auch «Was beschäftigt mich im Moment?» oder «Welche Menschen, Themen und Sachen sind wichtig für mich?» Es kommt nicht auf die einzelne Antwort an, sondern auf die Haltung.
- **Bewusstheit gegen aussen:** Wenn wir den Dingen nur durch Nachdenken auf den Grund zu kommen versuchen, laufen wir Gefahr, immer in die gleichen Bahnen abzudriften und Probleme zu wälzen ohne Ergebnis. Ich empfehle all meinen Klienten, sich ein Heft anzuschaffen und es permanent auf sich zu tragen. Es geht nicht darum, Tagebuch zu führen im klassischen Sinn, sondern jene Eindrücke festzuhalten, die uns anspringen: Gedanken, Gefühle, Träume, Sinneseindrücke, Personen, die uns beeindrucken oder nerven, verrückte Ideen, auch völlig unpassend Scheinendes, das unsere Aufmerksamkeit erregt. So erfahren wir mehr darüber, wo wir stehen, jenseits aller Pflichten und Selbstbilder.
- **Würdigung:** Es ist wichtig, auch kleine Schritte zu benennen und damit zu würdigen. Die meisten von uns sind Meister darin, sich schlecht zu machen – wir messen uns an anderen oder an unserer Idealvorstellung und bleiben stets hinter diesen Ansprüchen zurück. So entsteht leicht der Eindruck, wir würden an Ort treten und es sei sinnlos, weitere Schritte zu wagen. Umso wichtiger ist es, wie mit einer Lupe auf die kleinen Bewegungen zu schauen. Meistens

> *Wer immer tut,*
> *was er schon kann,*
> *bleibt immer das,*
> *was er schon ist.*
> HENRY FORD

frage ich nach der zweiten oder dritten Sitzung meine Klienten, was sich denn verändert habe. Viele antworten wie aus der Pistole geschossen: «Gar nichts!» Erst wenn ich nachhake und nach Details frage, kommen kleine Fortschritte zur Sprache: Jemand hat sich besser abgegrenzt, eine Frau hat sich gewehrt, statt wie sonst zu verstummen, ein Dritter hat sich eine halbe Stunde für einen Spaziergang Zeit genommen. Meist kommt dann gleich der Nachsatz: «Aber sonst ist alles noch beim Alten.» Ich sehe diese kleinen Schritte als Vorboten einer grösseren Veränderung, die in Bewegung kommt. Es ist, wie wenn Holzspäne Feuer fangen, so dass man bald schwerere Scheite nachlegen kann. Es hilft, sich im Kleinen auf Veränderung einzustimmen: andere Wege zu gehen, wieder einmal ein Instrument zu spielen, eine neue Sportart auszuprobieren. Es sind wichtige Signale an unser Unbewusstes, dass es keinen Grund gibt für übertriebene Ängstlichkeit.

- **Vernetzung:** Sich zu verändern, kann harte Arbeit sein. Sie gelingt eher, wenn man dabei nicht alleine ist. Verbringen Sie Ihre Zeit möglichst mit Menschen, die Ihnen gut tun. Das klingt selbstverständlich, aber nicht selten legen uns gerade die Menschen, die uns sehr lange kennen, Steine in den Weg, weil sie von uns Erklärungen oder Rechtfertigungen wollen zur Unzeit. Oft ziehen Veränderungen schmerzhafte Trennungen nach sich, gleichzeitig ergeben sich Kontakte zu neuen Freunden und Mentoren, die uns mehr an unserem Potenzial messen als an dem, was wir bis zu diesem Tag waren. Gehen Sie auf neue Leute zu, holen Sie sich Inspiration und Unterstützung, seien Sie wählerisch!

> *Erfolg hat nur, wer etwas tut, während er auf den Erfolg wartet.*
> THOMAS ALVA EDISON

- **Stille:** Wir werden pausenlos von Reizen überflutet, konsumieren News ohne Ende, kommunizieren auf allen Kanälen. Höchste Zeit, sich nicht länger gewohnheitsmässig berieseln zu lassen, sondern bewusst zu entscheiden, welchen Reizen wir uns aussetzen. Gerade wenn wichtige Entscheidungen anstehen oder wir unter grossem Druck stehen, ist es nicht einfach, Stille auszuhalten. Es lohnt sich aber, denn die Momente wirklicher Ruhe sind x-fach wertvoller als jede neue Nachricht und jedes Agieren im Alltagstrott. Erkannt ist das relativ rasch, die Umsetzung ist schwieriger. Organisieren Sie sich solche Auszeiten! Das können Wanderungen in der Natur sein, eine Visionssuche nach schamanistischer Tradition oder auch nur Termine in eigener Sache, die ihren festen Platz im Kalender bekommen.

- **Egoismus:** Ich verwende hier bewusst diesen negativ besetzten Begriff, weil einige Klienten erschrocken ausrufen, das sei ja Egoismus pur, wenn ich sie auffordere, mehr auf ihre Gefühle und Wünsche zu hören und weniger auf den Applaus der anderen oder auf das, was als «normal» gilt. Viele Klienten fragen mich denn auch, ob dieses oder jenes, was sie empfinden, eigentlich normal sei – so als wäre unsere wichtigste Aufgabe, nicht aus der Norm zu fallen, schön den Durchschnitt zu verkörpern. Es ist grundsätzlich unsere eigene Entscheidung, ob wir die Ziele anderer verwirklichen oder unsere eigenen. Auf uns zu achten und dafür zu sorgen, dass wir gesund und in Balance sind, ist kein Egoismus, sondern unsere wichtigste Aufgabe. Nur wenn wir sie ernst nehmen, können wir dauerhaft Sinnvolles und Gutes bewirken – auch für andere.

> *Die Normalität ist*
> *eine gepflasterte Strasse;*
> *man kann gut darauf gehen –*
> *doch es wachsen*
> *keine Blumen auf ihr.*
> VINCENT VAN GOGH

- **Inspiration:** Die Einflüsse, denen wir uns aussetzen, hinterlassen Spuren in unserem Gedächtnis und im Unbewussten. Sie prägen unser Weltbild und beeinflussen unser Selbstbild. In Veränderungsphasen reagieren wir noch sensibler darauf. Es ist also hilfreich, sich auf Menschen und Geschichten zu konzentrieren, die Mut machen, weil solche Vorbilder uns in Bewegung bringen und zu einer Art virtuellem Netzwerk werden, das uns vor den Kritikern und inneren Saboteuren schützt oder ihre Stimmen relativiert. Wichtig ist aber, die Vorbildfiguren als Inspiration zu nutzen und sich nicht mit ihnen zu messen. Erinnern wir uns daran, dass es keinen objektiven Gradmesser für das Gelingen von Veränderungen gibt. Der Angestellte, der nach einer Krise wieder in seinen Job zurückkehrt, ihm aber mit anderer Einstellung und mit grösserer Befriedigung nachgeht, hat einen weiteren Weg zurückgelegt und mehr verändert als sein Kollege, der regelmässig Job und Wohnung kündigt und die Partnerin wechselt, aber Gefangener seiner Verhaltensmuster bleibt.

Wie viel Veränderung braucht es, wie viel ist wünschenswert und wie viel realistisch? Die Antworten auf diese Fragen fallen sehr unterschiedlich aus, je nachdem, wen man fragt. Im zweiten Teil dieses Buches stellen wir Ihnen 46 Menschen vor, die aus- und umgestiegen sind. Einige von ihnen haben Tellerwäscherkarrieren gemacht, andere haben Verdienst- und Statuseinbussen in Kauf genommen, wieder andere sind zunächst einmal ganz ausgestiegen und gehen heute einer Tätigkeit nach, von der sie gar nicht wussten, dass man damit seinen Lebensunterhalt verdienen kann. Eines ist aber allen Porträtierten gemeinsam: Sie haben mehr in sich als um sich geschaut – massgebend war nicht, was andere machen, sondern was sie selber begeistert. Und sie haben den Mut aufgebracht, wenn nötig den beschwerlichen Weg durchs Dickicht einzuschlagen, statt auf der gut beschilderten Strasse im gewohnten Trott weiterzugehen. Über die Strapazen beschwert hat sich keiner von ihnen, ganz im Gegenteil. Es sieht so aus, als setzten Veränderungen neue Kräfte frei.

aus steigen

# Teil 2: Interviews

*Mathias Morgenthaler*

um steigen

**ADELMANN HANS**
Der Aussteiger,
der glücklich statt reich
werden wollte

23.2.2013

# *«Hat man wenig Geld und viel Zeit, ist schon viel gewonnen»*

*Er war der erste Mitarbeiter seines Halbbruders Frank Stronach, der es später zu Reichtum und Ruhm brachte, doch Hans Adelmann spürte bald, dass er nicht Erfolg anstrebte, sondern stilles Glück. 50 Jahre später hat Adelmann ein Loblied auf das einfache Leben und die vielen Wunder am Wegrand verfasst. Sein Bruder kämpft derweil mit 25 Millionen Euro um die Wählergunst in Österreich.*

**Herr Adelmann, Sie haben ein Buch geschrieben über das einfache Leben und das Glück in der Stille. Nun eilen Sie seit drei Wochen von Medientermin zu Medientermin. Fühlen Sie sich nicht im falschen Film?**
HANS ADELMANN: Für einen Laien im Umgang mit Medien ist das eine sehr interessante Erfahrung, in kurzer Zeit mit über 40 Print-, Radio- und Fernsehjournalisten zu tun zu haben. Erstaunlicherweise war ich sogar vor den TV-Auftritten ganz ruhig, mein Puls lag 10 Schläge tiefer als im Normalfall.

**Wie wäre das Echo ausgefallen, wenn Sie nicht der Halbbruder des Unternehmers und Multimilliardärs Frank Stronach wären, der gerade die österreichische Politik aufmischt?**
Dann hätte kaum jemand von meinem Büchlein Notiz genommen. Ich werde immer das Anhängsel meines Bruders sein, dessen bin ich mir bewusst. Ohne

ihn wäre ich nicht von Interesse für die Medien. Einmal hat mich eine Journalistin um 23 Uhr angerufen, um mich zu fragen, ob mein Bruder schon einmal fremdgegangen sei. Frank polarisiert, aber ich habe nicht die Absicht, Öl ins Feuer zu giessen. Ich war immer stolz auf Frank, der in seinem Leben 300 Firmen gegründet und mit Magna den grössten Autozulieferer der Welt aufgebaut hat. Und Frank war immer gut zu uns, hat uns unterstützt.

**Gleichwohl könnten Sie und Ihr Halbbruder kaum gegensätzlicher sein. Hier der pensionierte Schulhausabwart mit einer Vorliebe für die Einsiedelei, dort der 80-jährige Milliardär, der 25 Millionen Euro in den Wahlkampf steckt und mit dem Privatjet durch die Welt jettet. Wie oft sehen Sie sich?**
Wir haben uns mehr als 20 Jahre nicht mehr gesehen. Immer, wenn ich anrief, um etwas abzumachen, sagte seine Frau, Frank sei gerade in Tokio oder in Brasilien oder sonst wo in der weiten Welt. Selbst wenn er ans WEF nach Davos kommt, hat er so viele Termine mit wichtigen Leuten, dass er nicht einfach einen Abstecher nach St. Gallen machen kann. Wir telefonieren ein paar Mal pro Jahr und bleiben so in Kontakt.

**Haben Sie gemeinsame Themen?**
Wir reden über die Familie, die Gesundheit. Über Geschäftliches oder Politik unterhalten wir uns kaum. Ausser einmal, da fragte ich, warum er sich das noch antut in seinem Alter, dieses schmutzige Geschäft der Politik. Er sagte, er habe nichts zu verlieren ausser Geld, und davon habe er genug. Frank war zeitlebens extrem ehrgeizig, ein Workaholic, und jetzt ist er halt in politischer Mission unterwegs. Natürlich hat er auch die Erfahrung gemacht, dass man mit Geld viel verändern kann. Macht macht Geld und Geld verleiht Macht.

**Sie waren Frank Stronachs erster Mitarbeiter, als er in Toronto seine Autozulieferfirma aufbaute. Warum haben Sie es dort nicht lange ausgehalten?**
Wir waren einfach zu verschieden. Frank war ein Perfektionist, besessen davon, der Beste zu sein. Man konnte die Arbeit nie gut genug machen für ihn. Einmal fertigte ich an der Drehmaschine einen Bolzen, mit dem man Löcher in die Pleuelstangen schlagen konnte. Ich hatte den Bolzen schon poliert, aber Frank war unzufrieden, er verlangte eine zweite, dritte, vierte Version. In die-

ser Zeit überlegte ich, was ich vom Leben wollte, ob es wirklich mein Ziel war, mich hier abzurackern, um mir dann 3 TV-Geräte und ein Luxusauto leisten zu können. «Frank», sagte ich, «ich will nicht reich werden, ich will glücklich sein.» Er entgegnete: «Wie kannst du glücklich sein, wenn du faul bist?» «Ein Ochse ist auch fleissig», sagte ich. «Trotzdem ist er niemals glücklich. Er ist kastriert und der Bauer treibt ihn beim Pflügen mit einem Stachel an.» Frank sagte nur: «Ich habe nicht vor, ein Ochse zu sein. Einmal werde ich den besten Champagner trinken.»

**Sie haben dann mit Ihrer Frau viele Reisen gemacht und ein einfaches Leben geführt. Haben Sie Reichtum und Glück als Gegensätze empfunden?**

Wer immer der Beste sein will, verdient viel Geld, aber er bleibt unter Umständen der Gefangene dieses Bestrebens. Mir war klar: Um glücklich zu sein, muss ich frei sein. Das gelingt eher, wenn ich ein einfaches Leben führe. Der wahre Luxus ist doch, Zeit zu haben und bewusst unterwegs zu sein. Vor 20 Jahren fragte mich Frank, ob ich nicht in einem seiner Betriebe in den Rocky Mountains Hauswart werden möchte. Ich wusste sofort, dass ich – wie alle seine Mitarbeiter – sehr viel verdienen und sehr viel arbeiten würde. Ich hätte also keine Zeit mehr gehabt für alles, was mir wichtig ist, die Berge, die Tiere, die Natur. Ich sage nicht, dass mein Weg richtig ist und seiner falsch, aber ich glaube, jeder Mensch tut gut daran, intensiv darüber nachzudenken, was er braucht, um glücklich zu sein. Geld wird oft mit Freiheit in Verbindung gebracht. Ich habe die Erfahrung gemacht: Eigentum belastet. Ich besitze fast nichts und habe deshalb auch keine Verlustängste.

**Deshalb macht ein einfaches Leben glücklicher?**

Hat man wenig Geld und viel Zeit, ist schon viel gewonnen. Die Reisen, die ich als junger Mann praktisch ohne Geld mit Rucksack und Schlafsack unternommen habe, gehören zu meinen schönsten Erinnerungen. Die viele Zeit, die ich in der Natur verbringen durfte, hat mich sehr geerdet. Ich bin über 2000 Mal auf die Hundwiler Höhe gestiegen, habe den Berg und den Wald und das Firmament gesehen und gefühlt, dass ich nicht alleine bin. Das Glück liegt am Wegrand, man muss es nur sehen. Wer einfach lebt, hat einen besseren Blick für das Wesentliche.

**Nach Ihrer Pensionierung gingen Sie als Pilger auf den Jakobsweg. Das machen inzwischen auch Manager ganz gerne.**
Tatsächlich, ich war während dreier Tage mit einem deutschen Siemens-Manager unterwegs, der 5000 Leute unter sich hatte. Er sagte mir später, das sei die beste Erfahrung seines Lebens gewesen, unendlich viel wertvoller als Luxusferien auf den Malediven. Ich bin in zwei Tranchen 3400 Kilometer gewandert, von St. Gallen bis ans Kap Finisterre. Die ersten drei Wochen waren zum Heulen, alles tat weh, man ist auf sich selber und seine Probleme zurückgeworfen. Irgendwann wird es unbeschreiblich schön. Auf der Meseta-Hochebene beobachtete ich längere Zeit eine Lerche. Schliesslich begleitete der Vogel mich über mehrere Kilometer. Es war ein sehr seltsames Erlebnis, weil ich das bestimmte Gefühl hatte, es könnte mein 1968 verstorbener Vater sein, der mir da zur Seite stand. So etwas ist in der Alltagshektik nicht möglich.

**Sie sind nun 73-jährig und seit einem Hirnschlag 2005 auf Blutverdünner angewiesen. Was wünschen Sie sich noch für Ihr Leben?**
Ich bin sehr dankbar für alles und habe keine Angst vor dem Tod. Es wäre schön, auf einer Wanderung zu sterben und dann auf der Hundwiler Höhe am Waldrand begraben zu werden. Ich brauche kein Monument. Mit dem Abschied eilt es mir aber nicht, denn ich würde zu gerne meine Enkelkinder noch aufwachsen sehen. Bis vor kurzem gab es in unserer Familie ausschliesslich Mädchen, jetzt hat meine Tochter im letzten Herbst einen Sohn zur Welt gebracht. Seither wünsche ich mir, meinen Enkel später zum Pilzsuchen mitzunehmen, ihm zu zeigen, wo man die schönsten Steinpilze findet, welche Blumen und Tiere es gibt. Wer weiss, vielleicht werde ich ja 95-jährig mit Blutverdünner. Dank meinem Buch wird in jedem Fall etwas von meinen Erfahrungen an die nächsten Generationen weitergegeben. ■

***Kontakt:*** *adelmann@hispeed.ch*

***Literatur:*** *Hans Adelmann ‹Einfacher leben›, Edition A, Wien 2013*

7.4.2012

**ASSIG DOROTHEA** **ECHTER DOROTHEE**
Warum Leistung nicht bei der Profilierung hilft

# *«Die besten Jobs sind niemals ausgeschrieben»*

*Welche Faktoren entscheiden darüber, ob jemand Mitläufer oder Leitfigur wird? Gibt es Bausteine für eine grosse Karriere? Die Topmanagement-Beraterinnen Dorothea Assig und Dorothee Echter gehen dieser Frage seit 15 Jahren nach. In ihrem Buch zeigen sie, weshalb viele Menschen unter ihren Möglichkeiten bleiben und warum wir uns leichter mit Misserfolg als mit Erfolg identifizieren.*

**Frau Assig, Frau Echter, Sie haben ein Buch darüber geschrieben, wie grosse Karrieren gelingen. Was ist das eigentlich, eine grosse Karriere?**

DOROTHEA ASSIG: Das zeigt sich immer in dem Feld, in dem jemand herausragt. Wir beraten seit über 20 Jahren exponierte Persönlichkeiten in der ganzen Welt, Manager, Künstler, Wissenschaftler, Politiker, Sportler und andere Berufsleute. Seit 15 Jahren beschäftigen wir uns mit der Frage: Worin unterscheiden sich jene, die in ihrem Umfeld als Leitfiguren gelten, von den vielen anderen, die eher Mitläufer sind? Was zeichnet die aus, welche die Richtung vorgeben? Wir sind zum Schluss gekommmen: Es ist nicht die Leistung, die den Unterschied ausmacht. Leistung wird heute vorausgesetzt, das ist auf hohem Niveau kein Profilierungskriterium.

DOROTHEE ECHTER: Es geht auch nicht um Zufall oder Glück, auch wenn viele Erfolgreiche das selber glauben. Alle grossen Karrieren folgen einer universellen inneren Dynamik. Wir haben die fünf entscheidenden Dimensionen entdeckt, mit denen Menschen ein Maximum aus ihren Möglichkeiten herausholen können. Es gibt so viele Mythen und trügerische Ratgeber zum Thema Karriere – hier tut mehr Klarheit not.

**Könnte es sein, dass viele der sehr Erfolgreichen nie ein Buch gelesen haben über die Frage, wie man Karriere macht?**

ECHTER: Das ist gut möglich, jedenfalls sagen viele von ihnen verwirrende Sachen, wenn sie nach den Gründen ihres Erfolgs gefragt werden. Manche machen tatsächlich eine grosse Karriere, ohne die Regeln zu kennen. Viele andere aber stagnieren frühzeitig, weil sie sich komplett falsche Vorstellungen von den entscheidenden Faktoren machen. Sie denken, eine grosse Karriere mache einsam, man müsse sich dafür verbiegen, müsse andere ausnutzen und zum Egomanen werden.

ASSIG: Oder sie glauben, es zahle sich aus, sich über Kritik an anderen zu profilieren. Tatsächlich gewinnt der Aufmerksamkeit, der andere kritisiert, aber er erhält dafür weder Wertschätzung noch Gefolgschaft. Kritik ist immer ein Karrierekiller, eine Zeitverschwendung. Besser ist es, den Fokus darauf zu richten, wofür man steht und wie man die Welt verbessern möchte. Es ist eine folgenschwere Grundsatzentscheidung, ob man ein Problemvergrösserer oder ein Problemlöser sein will.

**Am Anfang vieler grosser Karrieren steht doch nicht der Drang zur Weltverbesserung, sondern das Bedürfnis nach Profilierung und Anerkennung.**

ASSIG: Entscheidend sind die fünf folgenden Kompetenzen: Die Ambition wachsen lassen – Das Können entwickeln – Die Psyche stabilisieren – Positive Resonanz erzeugen – Die eigene Bühne gestalten. Zu Beginn einer Karriere geht es tatsächlich oft darum, das eigene Ego aufzuladen und zu stärken. Wer in einem Konzern aufsteigen will, braucht eine Portion Selbstüberhöhung. Kein Mensch kann sich auf gänzlich realistischer Grundlage einbilden, er sei in der Lage, eine grosse Organisation zu führen. Nur wenn er sich diese Fähigkeit selber zuschreibt, sind auch die Angestellten dazu bereit.

**ECHTER:** In einer zweiten Karrierephase ist dann allerdings nicht mehr Egomanie gefragt, sondern psychische Disziplin und Kontrolle des Egos. Nachhaltig gelingende Karrieren sind immer stark wertegetrieben. Nur so lösen sie dauerhaft positive Resonanz aus.

**Inwiefern unterscheidet sich die Ambition, die Sie als Fundament jeder Karriere bezeichnen, vom simplen beruflichen Ehrgeiz?**
**ASSIG:** Ambitioniert bedeutet anspruchsvoll – bezogen auf die eigenen Ziele, aber auch auf das Umfeld. Ambition will etwas in die Welt bringen, etwas schaffen, was über die eigene Person hinausreicht und andere beflügelt. Ehrgeiz dagegen kann sich auf Äusserlichkeiten wie Geld, Macht oder Berühmtheit beschränken.

**Wie entsteht Ambition?**
**ASSIG:** Die Frage ist vielleicht eher, wie Ambition verkümmert. Kinder sind angetrieben von Lerneifer, saugen das Neue auf wie ein Schwamm, wollen alles wissen. Dann werden sie darauf getrimmt, keine Fehler zu machen, ihre Fertigkeiten in einem Bereich zu perfektionieren, einen sicheren Job zu finden. Viele Menschen bauen zu stark auf die Pfeiler Geld und Sicherheit und geben sich mit einem Bruchteil dessen zufrieden, was möglich wäre. Ich kenne zahlreiche Manager, die in der Zufriedenheitsfalle stecken. Sie beugen sich fremden Erwartungen und werden so fürstlich für ihre Anpassung entlöhnt, dass sie lieber ihr Gesicht verlieren, als auf die Belohnung zu verzichten. So machen sie mittelprächtige statt grosse Karrieren.
**ECHTER:** Es gibt eine einfache Frage, die hilft, den eigenen Antrieb besser zu verstehen: Dominiert der Wunsch, etwas zu bekommen, oder das Bedürfnis, etwas in die Welt zu bringen?

**Sie betonen die Bedeutung einer stabilen Psyche. Dabei gibt es viele Beispiele von psychisch labilen Persönlichkeiten, die Grossartiges geschaffen haben.**
**ECHTER:** Wir sagen damit nicht, sehr erfolgreiche Menschen dürften keine Hochs und Tiefs durchleben. Aber Menschen, die eine grosse Karriere machen, verstehen es, ihre Emotionen zu regulieren. Wichtig ist, zu verstehen, dass unsere Psyche grundsätzlich nicht auf eine grosse Karriere vorbereitet ist und sich

das Unbewusste deshalb oft gegen Erfolg wehrt. Es weiss, dass es viel bequemer ist, von Ruhm zu träumen, als sich wirklich auf die grosse Bühne zu stellen. Den meisten Menschen fällt es leichter, sich mit Misserfolg als mit grossem Erfolg zu identifizieren.

**ASSIG:** Es gibt viele Beispiele, die zeigen, dass Menschen im Moment des Durchbruchs eine Art Erfolgsschock erleiden: Das kann von plötzlichem Leistungsabfall bis hin zu Erstarrung, Depression oder Grössenwahn reichen. Wer sich unbewusst vor Erfolg fürchtet, nimmt Zuflucht zu Glaubenssätzen wie: «Als Künstler lebe ich am Existenzminimum, es sei denn, jemand entdeckt mich.» Oder: «Als Frau schaffe ich es nicht bis ins Topmanagement, weil das Unternehmen männlich geprägt ist.» Oder bei Sportlern: «Ich bin vom Verletzungspech verfolgt.»

**Manche dieser Sätze sind ja nicht a priori falsch.**

**ASSIG:** Aber sie unterliegen einem grundsätzlichen Missverständnis. Es ist nämlich nicht so, dass sehr erfolgreiche Menschen eines Tages auf die perfekte Bühne gebeten würden – sie schaffen sich diese Bühne selber. Sehr viele Menschen arbeiten nicht in dem Umfeld, in dem sie sich ideal entfalten können. Es ist deshalb eine ebenso schwierige wie wichtige Aufgabe, zu spüren, welches die richtige Bühne ist, und trotz ungewissem Ausgang alles daran zu setzen, diese Bühne zu betreten. Die besten Jobs sind niemals ausgeschrieben – sie werden von den Erfolgreichen selbst geschaffen. ■

***Kontakt und Information:*** *AssigundEchter@topmanagement-seminare.com, www.topmanagement-seminare.com*

***Literatur:*** *Dorothea Assig / Dorothee Echter ‹Ambition. Wie große Karrieren gelingen›, Campus Verlag 2012*

**BANGERTER YVES**
One-Way-Ticket nach Chile statt Karriere in Zürich

10.12.2011

# *«Wer nie etwas probiert, gibt dem Glück keine Chance»*

*Andere wandern kurz vor der Pensionierung aus, Yves Bangerter kündigte in seinem 30. Lebensjahr den gut dotierten Job in Zürich und kaufte sich ein Flugticket nach Santiago de Chile. Dass er nebst Sonne, Strand und Surfgelegenheiten auch rasch den perfekten Beruf finden würde, ahnte er damals nicht. Heute, knapp zwei Jahre später, möchte er nicht mehr tauschen.*

**Herr Bangerter, Sie haben vor knapp zwei Jahren ohne Not Ihre Stelle in Zürich gekündigt und ein Flugticket nach Santiago de Chile gelöst. Mussten Sie fliehen?**

YVES BANGERTER: (Lacht) Wenn es eine Flucht war, dann war sie von langer Hand geplant. Im Ernst: Ich bin schon mit meinen Eltern viel gereist und habe so meine Liebe zu fremden Kulturen und Sprachen entdeckt. Während des Gymnasiums absolvierte ich ein Austauschjahr in St. Louis, USA. Ein Erasmusjahr während des Studiums brachte mich auf die französische Insel La Réunion, später kamen weitere Reisen und Sprachaufenthalte dazu. Als ich dann nach dem Studium in Zürich bei einer international tätigen IT-Firma arbeitete, hoffte ich darauf, für diese Firma ins Ausland gehen zu können. Leider zeichnete sich keine Gelegenheit ab, und als ich auf die dreissig zuging, sagte ich mir: «Jetzt musst du gehen, sonst schlägst du hier Wurzeln und richtest es dir gemütlich ein mit deinem schönen Schweizer Gehalt.»

**Fällen Sie immer Bauchentscheide bei so wichtigen Fragen?**

Wenn man als Schweizer seine Stelle kündigt und ein Projekt im Ausland in Angriff nimmt, geht man kein sehr hohes Risiko ein. Ich spürte einfach, dass die Zeit reif war. Also ging ich am 2. Januar 2010 zu meinem Chef ins Büro und kündigte. Dann kaufte ich ein Flugticket nach Santiago de Chile, ohne zu wissen, was ich dort arbeiten werde – «into the wild» sozusagen. Ich sehnte mich einfach nach Sonne, Meer, Surfen und einer neuen beruflichen Herausforderung in unvertrauter Umgebung.

**Und Sie flogen nach Chile, ohne zu wissen, was Sie dort arbeiten werden?**

So war es geplant, ja. Natürlich erzählte ich im Kollegenkreis von meinem Entscheid, und so erhielt ich im Februar von einer Kollegin via Mail die Nachricht, eine Sprachreiseagentur in Chile suche Verstärkung. Zwei Schweizer hatten Yalea Sprachreisen gegründet, um weltweit Sprachaufenthalte anzubieten. Noch vor meinem Abflug traf ich den Geschäftsführer in der Schweiz und wir einigten uns darauf, dass ich ein halbes Jahr für das Unternehmen in Chile arbeiten würde. So hatte ich wider Erwarten doch schon einen Job, als ich Ende März 2010 den gebuchten Flug antrat.

**Wie rasch fanden Sie sich zurecht in der neuen Umgebung?**

Die letzten Wochen in der Schweiz waren turbulent. Einen Monat vor dem Flug wurde Chile von einem der heftigsten Erdbeben erschüttert – ein Steilpass für meine Kollegen, die ohnehin fanden, ich sei verrückt, einfach so die Zelte abzubrechen in der Schweiz. Ich ging dann relativ unvorbereitet nach Chile, fand mich aber dank meinen Spanisch-Kenntnissen und der Hilfe meines neuen Arbeitgebers vor Ort rasch zurecht. Als ich nach sechs Monaten wie geplant für ein paar Wochen in die Schweiz zurückkehrte, war mir jedenfalls klar: Mich zieht es wieder nach Santiago. Da ich bei Yalea in die Geschäftsleitung aufsteigen konnte, war es auch beruflich reizvoll für mich.

**Unterscheidet sich die Arbeitswelt in Chile fundamental von jener in der Schweiz?**
Chile hat neben Brasilien sicher den höchsten Standard in Südamerika, die Firmen sind gut aufgestellt, die meisten Angestellten sind ehrgeizig und fleissig. Auffallend sind die sehr hierarchischen Strukturen. In einem chilenischen Unternehmen geht keiner, solange der Chef noch da ist, jeder Entscheid braucht den Segen von ganz oben. Als ich in Santiago in eine neue Wohnung zog, wollte ich in einem Supermarkt ein paar Plastiktüten holen für meine Kleider. Ich rannte in vier Läden an, niemand wollte das Risiko eingehen, mir ohne Erlaubnis von oben etwas rauszugeben. Im fünften Anlauf gelang das Unterfangen – der Warenhauschef persönlich gab grünes Licht.

**Warum sitzt Yalea Sprachreisen mit den rund 20 Angestellten eigentlich in Santiago de Chile und bearbeitet den Schweizer Markt von dort aus?**
Die Schweiz ist zwar unser grösster Markt, aber da wir anfänglich nur Spanisch-Sprachaufenthalte anboten, war es entscheidend, dass wir die Destination perfekt kennen. Wir organisieren die Aufenthalte sehr individuell, kümmern uns um Visa, Flüge, Unterkunft, Freizeitgestaltung, Notfallbetreuung. Dazu kommt, dass die Lohn- und Lebenskosten in Chile deutlich tiefer sind als in der Schweiz, die Auswahl an qualifizierten Mitarbeitern aber ähnlich gross ist. Wir bieten inzwischen acht Sprachen und über 100 Destinationen an, einen Grossteil der Dienstleistungen erbringen wir via Internet. 60 Fachlehrer betreuen mittels Online-Training unsere Kunden – E-Learning wird immer wichtiger für die Vor- und Nachbereitung von Sprachaufenthalten.

**Sind Sie auch im chilenischen Markt tätig?**
Ja, Englisch-Kurse sind hier sehr gefragt. Eine Sekretärin, die Englisch beherrscht, verdient rasch einmal doppelt so viel wie ihre Kollegin ohne entsprechende Kenntnisse. Weil die USA und Europa wichtige Handelspartner von Chile sind, ist Englisch ab einer gewissen Hierarchiestufe unentbehrlich. Einen Standortvorteil habe ich übrigens vergessen: Da wir zeitlich gegenüber Mitteleuropa vier bis sechs Stunden zurückversetzt sind, können uns Schweizer Kunden bis 22 Uhr erreichen. Das ist in diesem hart umkämpften Schweizer Sprachaufenthalt-Markt nicht ganz unwichtig.

**Das klingt so, als würden Sie nicht so bald wieder in die Schweiz zurückkehren.**
Ich geniesse es sehr, hier mit jungen Kollegen ein Unternehmen aufzubauen und täglich vier Sprachen zu sprechen. Ein bis zwei Monate pro Jahr bin ich in der Schweiz, um Partner, Kunden, Familie und Freunde zu besuchen. Man kann ein Business nicht ausschliesslich übers Internet betreiben. Mein Lebensmittelpunkt ist aber vorderhand in Chile. Mein Bruder und ich haben uns sogar ein Stück Land am Strand gekauft. Vielleicht bauen wir hier einen sanften Surftourismus auf, kombiniert mit kulinarischen Angeboten. Ich sehe hier jeden Tag Möglichkeiten, ein neues Geschäft zu lancieren.

**Wie hat sich Ihr Blick auf die Schweiz verändert in den knapp zwei Jahren?**
Wenn ich sehe, wie chaotisch sich die Leute hier in die Selbständigkeit stürzen, wundere ich mich schon, wie sicherheitsbesessen wir in der Schweiz sind. Wir realisieren gar nicht, welch immense Startvorteile wir haben – uns stehen alle Türen offen, wir können alles ausprobieren, ohne viel zu riskieren. Viele zögern so lange, bis drei andere ihre Idee umgesetzt haben. Wer nie etwas probiert, gibt dem Glück keine Chance, es gut mit einem zu meinen. Ich glaube, manchmal wissen wir Schweizer gar nicht genau, wovor wir uns eigentlich fürchten. Selbst wenn man etwas wagt und es nicht hinhaut, hat man viel gelernt und erfahren. ■

***Kontakt und Information:** yves@yalea.com, www.yalea.com/sprachreisen*

**BÄR ELSBETH**
Von der Materialausgabe
zur nächtlichen Malerei

20.10.2011

# *Wenn die Talent-Managerin im Keller fündig wird*

*Beate Heller hatte sich bei der Swisscom um die hundert besten Führungskräfte und den hoffnungsvollen Nachwuchs zu kümmern. Doch eines Tages machte die Talent-Managerin im Keller bei der Materialausgabe eine Entdeckung der ganz anderen Art: Elsbeth Bär hat nie eine Ausbildung absolvieren dürfen, schafft mit viel Fleiss und Talent in Nachtschichten aber Aussergewöhnliches.*

Nachdem Beate Heller vor 16 Monaten bei der Swisscom als Talent-Managerin begonnen hatte, landete sie auf der Suche nach Glückwunsch- und Trauerkarten sowie Schreibmaterial bald einmal im Untergeschoss des Swisscom-Hauptgebäudes in Worblaufen. Dort lernte sie die 58-jährige Elsbeth Bär kennen, die für den Büromaterialeinkauf und die Ausgabe an die Angestellten zuständig war. «Ihre Persönlichkeit hat mich sofort beeindruckt», erinnert sich Heller, «es dauerte aber eine Weile, bis ich sah, dass die schönen Karten, die sie auf Wunsch verkaufte, den Namen Bär trugen.»
Die Frauen kamen ins Gespräch, und so erfuhr Beate Heller, dass Elsbeth Bär nebst ihrer Tätigkeit in der Abteilung «Document Solutions» abends kleine Kunstwerke schuf und den Verkaufserlös Hilfsprojekten spendete. Mit der Zeit

ging Beate Heller öfter in den Keller, als ihr Büromaterialbedarf es gerechtfertigt hätte – aus Freude an der noch unentdeckten Perle. Als Elsbeth Bär dann mit einem ganzen Stapel selbst gefertigter Zeichnungen aus den Sommerferien zurückkehrte, war für die beiden Frauen klar, dass daraus ein Kinderbuch werden sollte. Beate Heller verkuppelte die Berner Zeichnerin mit der pensionierten Hamburger Sprachwissenschaftlerin Hanne Steinbuch, die sich nach Erhalt der ersten Tierzeichnungen von Elsbeth Bär sogleich ans Reimen machte.

**Frau Bär, wie wichtig ist das Zeichnen und Malen für Sie?**

ELSBETH BÄR: Ohne die Malerei wäre mein Leben viel ärmer. Sie ist ein grosser Aufsteller und ein wichtiger Ausgleich für mich, der mir Ruhe und Befriedigung gibt. Es gibt kaum einen Abend, an dem ich die Malutensilien nicht hervorhole.

**Sie bestreiten ein Vollzeitpensum in der Materialabteilung – woher nehmen Sie die Energie und die Disziplin, abends noch zu malen?**

Ich muss mich nie dazu zwingen, sondern ich tauche in eine Welt ein, in der ich mich wohl fühle. Ich stehe zwar um 5.45 Uhr auf, um frühzeitig bereit zu sein für meinen 8-Stunden-Bürotag, aber eigentlich bin ich ein Nachtmensch. Deswegen male ich gerne bis gegen Mitternacht oder auch mal darüber hinaus.

**Warum haben Sie diese Leidenschaft nicht zu Ihrem Beruf gemacht?**

Das kam damals nicht in Frage. Ich hatte zwar im Zeichnen immer die besten Noten und bewunderte meinen Vater immer für die Skizzen, die er als Möbelschreiner machte, aber ich durfte keinen Beruf erlernen. Mein Vater fand, das lohne sich nicht, ich werde ohnehin bald heiraten. Dazu kam es nie, und bei der Stellensuche hatte ich von da an ein Handicap.

**War es schwierig, ohne Abschluss Arbeit zu finden?**

Ich fand immer etwas, aber ich fühlte mich mindestens 15 Jahre lang minderwertig. Wenn man nichts gelernt hat, ist man niemand – ich schämte mich dafür. Erst als ich über 30-jährig war, lernte ich, mit dieser Situation umzugehen. Als ich mich nicht mehr versteckte, sah ich auch Vorteile in meiner Situation. Ich sah in viele Betriebe hinein, arbeitete in der Kreistelefondirektion, verkaufte Ravioli, wurde als Prüftelefonistin angelernt, arbeitete in einem Zeichnungsbüro und vieles mehr. Ich fand immer wieder neue Jobs und habe vielleicht auf diesem abenteuerlichen Weg mehr gelernt über das Leben als andere, denen eine gute formale Bildung geschenkt wurde.

**Das klingt, als hätten Sie mehr und mehr Freude an Ihrer Vielseitigkeit bekommen.**
Ja. Ich bin im Grunde ein spontaner Mensch, wenn ich unterwegs bin, komme ich meistens mit wildfremden Menschen ins Gespräch. Mein Selbstvertrauen wurde mit den Jahren grösser. Sonst hätte ich nicht mit 53 Jahren noch die Töffprüfung und mit 54 den Autoausweis gemacht. Das war ja auch höchste Zeit. Auto fahren muss man einfach können, gerade heute, wo kein Job mehr sicher ist. Der wirkliche Antreiber war aber ein anderer: Ich hatte mich erst in eine alte Vespa und dann in einen schönen Oldtimer, einen Fiat 1500 Berlina mit Baujahr 1967, verliebt.

**Haben Sie nie mit dem Gedanken gespielt, die Kunst noch zum Beruf zu machen?**
Ich habe mir das nie ganz zugetraut. Zudem musste ich ja arbeiten, um meinen Lebensunterhalt zu verdienen. Erst durch meine Tätigkeit bei der Swisscom und den Kartenverkauf wurde mir bewusst, dass andere diese Zeichnungen von Fabelwesen und die abstrakten Kartensujets für Kunst halten und/oder jedenfalls mögen. Der Verkauf motivierte mich sehr, immer mehr Mitarbeiter kamen vorbei, und ich konnte den Hilfsorganisationen immer grössere Beträge überweisen – zuerst verschiedenen Tierheimen, später diesem Polizisten, der sich für Kinder auf den Philippinen einsetzt, die Leim schnüffeln. Insgesamt kamen so in 4 Jahren gegen 5000 Franken zusammen.

**Wie kommen Ihre Sujets zustande?**
Es ist eine Mischung aus eigenen Ideen und der Überlegung, was für Todesanzeigen, Geburts- und Geburtstagskarten gefragt sein könnte. Ich habe auch schon auf Bestellung gearbeitet, einmal kurzfristig fünf Karten für den Swiss-

com-Verwaltungsrat bis morgens um 1 Uhr. Das ist sicher das Schwierigste, wenn ich auf Kommando kreativ sein muss.

**Warum machen Sie sich nicht selbständig?**

Einige Bekannte haben mir das schon empfohlen, aber es ist immer leichter, es jemand anderem ans Herz zu legen, als selber diesen Schritt zu wagen. Es gibt viele Illustratoren und Grafiker, die sehr gute Arbeit machen und nicht davon leben können. Mein Pensum kann ich derzeit nicht reduzieren – vielleicht finde ich einen Weg, nebenbei noch eine Ausbildung zu machen, die mich weiterbringt in meinen Möglichkeiten. Ich habe mir ja alles selber beigebracht und nichts von Grund auf gelernt. Und bis in vier Jahren kann ich mich vielleicht frühpensionieren lassen und ganz der Malerei widmen. Derzeit betrachte ich einfach die Abende, Wochenenden und Ferien als geschenkte Arbeitszeit. Jetzt stehen dann die Weihnachts- und Osterkarten an, das gibt wieder viel zu tun. Und für das Kinderbuch, das entstanden ist, müssen wir einen Verlag finden, der das schön herausgibt. Bereits haben mir über 30 Personen gesagt, sie möchten es unbedingt kaufen. ■

***Kontakt:** elsbeth.baer@gmx.ch; beate.heller@fgi-mail.com*

**BAUKE JAN**
Vom habilitierten Theologen zum Feuerwehrmann

10.12.2011

# *Ein Feuerwehrkommandant mit gutem Draht nach oben*

*Er sollte Arzt werden, entschied sich für ein Theologiestudium und wechselte nach der Habilitation zur Feuerwehr. Dort lernte er, Klartext statt Fachchinesisch zu reden. Jan Bauke hat den mutigen Schritt bis heute nicht bereut. «Es gibt kaum einen zweiten Beruf mit einem so hohen Vertrauensbonus», sagt der 48-jährige Kommandant der Berufsfeuerwehr Nord der Stadt Zürich.*

**Herr Bauke, Sie standen als Theologe vor einer akademischen Karriere und wurden dann Feuerwehrkommandant. Wie kam es dazu?**

JAN BAUKE: Das sind wohl die Launen des Zufalls. Eigentlich war es ausgemacht, dass ich Arzt werde. Mein Vater, mein Grossvater, mein Urgrossvater, mein Ururgrossvater und meine Mutter waren alle Mediziner. Als Kind spielte ich mit Fotoabzügen von X- und Y-Chromosomen, die mir mein Vater nach Hause brachte. Ein guter Freund meines Vaters war Notarzt, ich lauschte immer ganz gebannt seinen Geschichten. Ich war also auf guten Wegen zum Arzt, aber dann kam mir Gott in die Quere.

**Wie das?**

Wir gingen immer en famille in die Skiferien. Dann beendeten meine Eltern diese Tradition und ich musste mich selber organisieren. So meldete ich mich fürs Skilager mit der christlichen Jugendbewegung CEVI an. Ich kannte den Hintergrund nicht, aber ich fand es spannend, dass da über Gott und die Welt diskutiert wurde. Wenn die Argumente zu plump oder die Gespräche zu stark belehrend wurden, wehrte ich mich – und wurde bald zum CEVI-Leiter ernannt. Im Gymnasium versorgte mich meine Griechisch-Lehrerin mit theologischer Literatur, da hat es mir den Ärmel richtig reingenommen. Als ich dann eines Tages verkündete, ich würde Theologie studieren, fragten meine Eltern: «Haben wir etwas falsch gemacht?» Meine Freunde erkundigten sich besorgt: «Seid ihr jetzt alle fromm?» Verständnis zeigte mein Onkel, der sich als Germanistik-Professor so exzessiv der Barockforschung widmete, dass man ihn als heimlichen Theologen bezeichnen musste.

**Sie haben nach dem Studienabschluss promoviert und eine Habilitation erlangt. Warum wurden Sie nicht Theologie-Professor?**
Das kann man schlecht planen. Auf jede offene Stelle gibt es so viele Bewerbungen, dass man ohne Vitamin B kaum zum Zug kommt. Zudem tat ich mich während meiner Assistenzzeit zunehmend schwer mit der akademischen Kunstsprache. Ich hatte vermehrt das Gefühl, es legten es alle darauf an, sich so kompliziert auszudrücken, dass möglichst wenige folgen konnten. Die ehrenamtliche Tätigkeit in der Feuerwehr war da ein schöner Kontrast. Da sagten mir die Kollegen ganz unverblümt, es sei keine Schande, auch mal deutsch statt in Fremdwörtern zu sprechen. «Rede doch nicht so gescheit, sondern sag uns, was Sache ist» – das bekam ich öfter zu hören.

**Heute sind Sie vermutlich der einzige habilitierte Berufsfeuerwehrkommandant der Welt. Wie kamen Sie zur Feuerwehr?**
Als gebürtiger Deutscher wurde ich in der Schweiz zum Zivilschutz aufgeboten. Mein damaliger Schwiegervater sagte zu mir: «Mach bloss keinen Zivilschutz, geh besser zur Feuerwehr!» Dort traute man einem Theologen nicht viel zu; man teilte mich in der Sanitätsabteilung ein und schickte mich in die Grundausbildung. Was ich in diesem einwöchigen Kurs an Methodik mitbekam, war sehr beeindruckend. Da könnte die Universität einiges lernen. Ich war so begeistert, dass ich mich auf der Gemeinde erkundigte, wann der nächste Kurs stattfindet. Erst im Nachhinein begriff ich, dass ich mich damit

quasi selber zum Unteroffizier befördert hatte. Dann wurde ich bald Offizier, später Instruktor. Und eines Tages bewarb ich mich als Ausbildungschef bei der Berufsfeuerwehr des Flughafens Zürich.

**Vom Hörsaal in die Feuerwehruniform – wie haben Sie den Wechsel erlebt?**
Es war ein Sprung ins kalte Wasser, denn ich hatte wenig Ahnung vom Flughafenbetrieb. Zudem gab es natürlich Sprüche bei den neuen Kollegen, ob sie jetzt alle gemeinsam beten müssten am Morgen und im Brandfall. Mir gefiel die Arbeit sofort. Es gibt kaum einen zweiten Beruf mit einem so hohen Vertrauensbonus und so augenfällig sinnvollen Arbeitsinhalten. Egal ob jemand einen Schlüssel verliert, ein Kleinkind irrtümlich einsperrt, einen Bienenschwarm vor der Haustür oder ein Haustier auf dem Baum sitzen hat, er meldet sich bei der Feuerwehr. Ebenso bei Verkehrsunfällen oder Problemen mit Chemikalien und natürlich bei Bränden. Es ist eine sehr praktische und abwechslungsreiche Arbeit. Aber wenn ich daran denke, wie ich als Kind panische Angst vor dem Feuer hatte, muss ich selber schmunzeln, dass ich heute Feuerwehrkommandant bin.

**Heute kennen Sie keine Angst mehr?**
Nein, heute mag ich es, knifflige Aufgaben zu lösen. Ich spüre keine Angst, sondern gesunden Respekt. Man muss in unserem Beruf nicht nur gegen die Flammen kämpfen, sondern auch mit verschiedenen Anspruchsgruppen geschickt kommunizieren. Vor einigen Wochen hat es in der Roten Fabrik am Zürichsee gebrannt. Als Einsatzleiter merkte ich rasch, dass das ein sehr schwieriges Objekt ist. Wir brauchten neun Stunden, um den Brand zu löschen. Es war ein sehr emotionaler Einsatz, weil viele der Künstler in grosser Sorge um ihr Werk waren. Oder wenn wir sogenannte Hochrisiko-Fussballspiele sichern, müssen wir mit Fans, Sportlern, Security-Organisationen und VIPs gut umgehen können. Das sind sehr verschiedene Welten.

**Hat die Theologie noch einen Platz in Ihrem Schaffen?**
Sie ist in den Hintergrund getreten, aber natürlich prägt sie mein Menschenbild. Ich bin sicher kein lauter Polterer, aber ich kann inzwischen recht resolut führen, das ist ja auch eine Form der Nächstenliebe. Gelegentlich gestalte ich

Trauungen, Abdankungen oder Sonntags-Gottesdienste. Am Feuerwehrfest in Interlaken konnte ich in Feuerwehruniform einen Gottesdienst leiten.

**Möchten Sie Wissenschaft und Feuerwehrarbeit künftig verbinden?**
Meine Arbeit bei der Feuerwehr kommt dem Traumberuf sehr nahe. Aber ich kann mir auch gut vorstellen, dereinst eine Akademie für die Ausbildung von Sicherheitspersonal zu leiten oder irgendwo in den Bergen als Tourismusdirektor zu arbeiten. Hauptsache, die Tätigkeit hat einen Praxisbezug. Ich mag diese Reduktion aufs Wesentliche. Nicht endlos debattieren, sondern rasch das Richtige tun. Das geht nur … (Pause) jetzt ist hier am Flughafen gerade der Alarm losgegangen. Mal schauen, ob meine Leute in 20 Sekunden ausrücken und schnell beim betroffenen Flugzeug sind. (18 Sekunden später:) Jetzt kreuzen sie die Piste und nähern sich der Maschine. Vielleicht Rauch im Cockpit oder im Triebwerk oder heisse Bremsen. Oder es ist etwas im Frachtraum ausgelaufen. Wo waren wir gerade? Eben: Langweilig wird es hier nie. ■

***Kontakt:** jan.bauke@zuerich.ch*

***Literatur:** Matthias A. Weiss ‹Sprung über den Kirchenrand. 21 Theologinnen und Theologen ausserhalb der Kirche›, Eigenverlag*

**BAUMANN-VON ARX GABRIELLA**
Von der Journalistin
zur Verlegerin wider Willen

29.1.2011

# *«Man muss nur noch die Tür öffnen, wenn das Glück anklopft»*

*Sie hat weniger Erfahrung als die Konkurrenz, ist keine gute Chefin und verstösst Jahr für Jahr gegen das wichtigste Gesetz der Branche – und dennoch bringt die Verlegerin Gabriella Baumann-von Arx einen Bestseller nach dem anderen in die Buchhandlungen. Gegen den Vorwurf, sie mache Boulevard, wehrt sie sich längst nicht mehr.*

**Frau Baumann-von Arx, Sie lassen mit den Büchern, die bei Ihnen im Wörterseh-Verlag erscheinen, Jahr für Jahr die etablierten Buchverlage alt aussehen. Haben Sie schon früh davon geträumt, einmal Verlegerin zu werden?**

GABRIELLA BAUMANN-VON ARX: Ich habe als Jugendliche Bücher verschlungen und dachte trotzdem nie daran, selber welche zu schreiben oder gar zu verlegen. Nach der Lehre als Arztgehilfin arbeitete ich als Flight Attendant und lernte meinen späteren Mann Frank Baumann kennen – nicht über den Wolken, sondern auf dem Boden der Realität. Da es damals weder Handys noch Laptops gab, schrieb ich ihm von meinen Reisen oft Briefe. Eines Tages sagte er ganz dezidiert: «Gaby, du musst schreiben!»

**Und Sie glaubten ihm und schrieben ein Buch über Nella Martinetti?**

Ganz so schnell ging es nicht. Nach der Hochzeit und der Geburt unserer beiden Kinder begann ich, für «Annabelle» zu schreiben, später für die «SonntagsZeitung» und «Wir Eltern». Aber ich litt darunter, dass ich das Schreiben nicht von Grund auf gelernt hatte. Also holte ich das Deutsch-Diplom nach und besuchte Journalistenkurse.

**Wie kamen Sie mit der Verlagsbranche in Kontakt?**

Der Zytglogge Verlag brachte die Kolumnen «Bei Baumanns», die mein Mann und ich für die «Schweizer Familie» schrieben, in Buchform heraus. Im gleichen Verlag erschien mein Buch über Nella Martinetti. Dann ergab ein Projekt das nächste. Evelyne Binsack, die Bergsteigerin, fragte mich, ob ich ihr helfen könnte, ein Buch zu schreiben. Und eines Tages rief mich unser Sohn vor den Fernseher und sagte: «Schau mal, diese Frau hilft armen Kindern in Afrika.» Es war ein Dokumentarfilm über Lotti Latrous. Ich sah sie und wusste sofort: «Über diese Frau möchte ich ein Buch schreiben.»

**Und was Sie sich in den Kopf setzen, gelingt dann auch?**

Wenn das Bauchgefühl derart stark ist, dann bin ich schwer zu bremsen. Im dritten Anlauf klappte es – ich besuchte Lotti und begleitete sie bei der Arbeit. Ich fand es unglaublich, was diese Frau, die mit einem Nestlé-Direktor verheiratet ist und drei Kinder hat, in den Slums von Abidjan unter schwierigsten Bedingungen leistet. Das Buch wurde in den ersten drei Wochen 3000-mal verkauft. Und immer mehr Leser wollten von mir wissen: Wie geht es weiter? Hat die Mutter von Christ überlebt? Ist Emanuel nun an Aids gestorben? Und was sagt Lottis Mann eigentlich dazu, dass sie die Familie alleine nach Kairo ziehen liess? Mir war klar: Es musste ein zweites Buch über Lotti auf den Markt kommen.

**Wieder das Bauchgefühl? Oder einfach nüchternes Marketingkalkül?**

Nüchtern kalkulieren ist garantiert nicht meine Stärke. Beim Werd Verlag fand man meine Idee verrückt. Der Verlag stand ohnehin im Umbruch und winkte ab. Als ich mit einer Lektorin erwog, es auf eigene Faust zu riskieren, landete ein Vogeldreck auf meinem Kopf. Wir lachten und ich wusste: «Mehr

Zeichen von oben kann ich nicht verlangen.» Dann ergab sich alles auf wundersame Weise fast von selber. Ich fand die richtigen Fachleute und hatte das Glück, dass Lotti Latrous Anfang 2005 zur «Schweizerin des Jahres» gewählt wurde. So führten meine beiden Bücher über sie wochenlang die Bestseller-Liste an. Es hätte auch schiefgehen können, denn es war verwegen bis tollkühn, vom zweiten Buch nach der hohen Startauflage von 10 000 Stück gleich 20 000 Stück nachzudrucken.

**Der Poker ging auf und Sie waren plötzlich Verlegerin.**

Eigentlich wollte ich weiterhin Bücher schreiben. Ich machte mich dann aber doch ein wenig schlau im Verlagsbusiness. Alle schärften mir ein, als Verlegerin müsse ich unbedingt ein Frühjahrs- und ein Herbstprogramm haben. Ich versuchte das und produzierte prompt die ersten Flops. Seither verstosse ich mit Vergnügen gegen das Branchengesetz und beschränke mich auf das Herbstprogramm. So habe ich genug Zeit und Energie für die Promotion im Herbst. Ein Buch ist wie ein Baby, man durchlebt Schwangerschaft, Geburt und Wochenbett. Und freut sich riesig, wenn es dann von alleine laufen lernt.

**Wie fanden Sie als unbekannte Verlegerin Autoren?**

Oft hilft der Zufall mit – man muss dann nur noch die Tür öffnen, wenn das Glück anklopft. Susanna Schwager, die mit Abstand erfolgreichste Wörterseh-Autorin, nahm damals von sich aus mit mir Kontakt auf: Sie wollte mich eigentlich nur über meine Erfahrungen mit anderen Verlagen befragen. Wir redeten und redeten und am Ende wussten wir, dass wir gemeinsam etwas machen werden. So kam es zu den beiden Büchern «Das volle Leben», die sich bis heute 80 000-mal verkauft haben.

**Andere namhafte Verlage sind glücklich, wenn sie von einem Titel 3000 Exemplare verkaufen. Was machen Sie besser?**

Nichts. Oder vielleicht das: Ich verlege Lebensgeschichten, die Mut machen. Ein Chirurg krempelt sein Leben um und wird Lastwagenfahrer. Da denkt sich manch ein Leser: «Wenn der das schafft, kann ich meine kleinen Veränderungen auch anpacken.» Mein Verlagsmotto lautet: «Es ist sehr viel möglich, wenn man den Glauben an sich und die Machbarkeit der Dinge nicht verliert.»

**In den Wörterseh-Büchern geht es um Sex, Fussball, Astrologie, Impotenz und Gewaltopfer. Machen die anderen Verlage zu intellektuelle Bücher?**
(Lacht) Als mir zum ersten Mal jemand sagte, ich sei eine Boulevard-Verlegerin, war ich beleidigt. Röbi Koller half mir dann, das als Kompliment zu verstehen. «Du machst Boulevard, weil du Sachen verlegst, die die Menschen auf der Strasse interessieren», sagte er. Das hat etwas für sich. Ich bin einfach glücklich mit gluschtig geschriebenen und gut lektorierten Lebensgeschichten.

**Vorher wechselten Sie Ihre Berufe im Zwei-Jahres-Rhythmus, jetzt sind Sie seit sieben Jahren Verlegerin. Was ist das nächste Ziel?**
Das wichtigste Ziel ist, klein zu bleiben. Ich weiss, was ich gut kann, darum weiss ich auch, dass ich keine gute Chefin bin. Mehr als einen Mitarbeiter kann ich unmöglich führen, denn ich setze auf meine Intuition und das Prinzip «Das klappt dann schon». Planen war für mich immer schon ein Fremdwort und ich habe noch bei keinem Buch eine Kalkulation gemacht. Ein Ziel wäre es, wieder mal ein Buch zu schreiben. Ich kompensiere das, indem ich lange Mails töggele – aber das ist auf Dauer wohl keine Lösung. Wieder einmal ein Buch selber schreiben, ja, das wäre schön. ■

*Kontakt und Information: baumannvonarx@woerterseh.ch, www.woerterseh.ch*

**BOSSHART OLIVIA**
Von der Bankerin
zur Event-Organisatorin

12.2.2011

# *«Seither mache ich keine Frustkäufe nach Feierabend mehr»*

*Olivia Bossharts Karriere verlief nach Drehbuch: Studium und Doktortitel an der HSG, Unternehmensberatung, Kundenberatung in einer Privatbank. Dann stieg sie aus und begann das zu tun, was sie wirklich interessiert: Menschen vernetzen und Veranstaltungen organisieren. Auf Luxus, Status und Ferien verzichtet sie gerne, solange sie jeden Tag neue Ideen umsetzen kann.*

**Frau Bosshart, geraten Sie in Verlegenheit, wenn jemand Sie nach Ihrem Beruf fragt?**

OLIVIA BOSSHART: Allmählich hab ich es besser im Griff. Vor einiger Zeit sagte ich jeweils: «Hast du eine halbe Stunde Zeit? Dann erklär ichs dir!» Inzwischen bekomme ich es in drei Sätzen hin: Ich betreibe eine Veranstaltungsplattform für Zeitgeistthemen. Ich bin aber keine Eventmanagerin, sondern gehe die Sache von der Inhaltsseite an. Teilweise bespiele ich die Plattform selber, zu einem anderen Teil organisiere ich Podien, Paneldiskussionen, Referate und Debatten für andere. Dank eines grossen Verteilers und guter Kontakte kommen meistens viele Leute. (Hält inne) O.k., das waren vier Sätze.

**Eine Frage ist trotzdem noch nicht beantwortet: Warum müht sich eine HSG-Ökonomin mit Doktortitel als Ein-Frau-Unternehmen damit ab, Anlässe zu organisieren?**
Normalerweise rechtfertige ich mich auch sofort, wenn jemand auf der Visitenkarte den Doktortitel der Uni St. Gallen sieht. Damit die Leute nicht denken, ich sei ein Freak, sage ich: Früher habe ich bei Unternehmensberatungen und Banken gearbeitet; heute bevorzuge ich aber eine Arbeit, bei der ich einen Drittel verdiene, drei Mal so viel arbeite und zehn Mal mehr Befriedigung empfinde. Dann denken die Leute meistens: «Die hat gut reden, sicher ist sie reich von Haus aus.» Das trifft nicht zu. Ich finde nur, dass kein noch so hohes Salär einen eklatanten Mangel an Freude, Freiheit und Unabhängigkeit kompensiert.

**War es so schlimm bei den Banken?**
Wie stellen Sie sich das Klima vor in Unternehmen, wo wöchentlich in Ranglisten publiziert wird, wer wie gut gearbeitet, sprich: wie viel Geld hereingebracht hat? Für mich war das schrecklich. Am Ende war ich so weit, dass ich auf so absurde Gedanken kam wie: «Wenn du dich jetzt ohne Jacke draussen in den Regen stellst, wirst du mit ein wenig Glück krank. Oder du lässt dich von einem Auto anfahren …» Am Anfang wollte ich einiges bewegen. Das Problem ist: Wenn ich als Anlageberaterin eine etwas unkonventionelle Marketing-Idee hatte, musste ich einen Antrag stellen, dann ausführlich begründen, dann einen Budgetplan machen, dann x-fach alles verteidigen – und mit viel Glück konnte ich nach einem Jahr 20 Prozent davon umsetzen.

**Dafür hat man Privilegien. Man trifft einflussreiche Leute, verwaltet Geld, kann sich selber etwas leisten.**
Für mich fällt am meisten ins Gewicht, dass ich heute eine Idee, die mich mitten in der Nacht heimsucht, am nächsten Tag umsetzen kann. Bei der Bank ging ich oft mit ungutem Gefühl in die Kundengespräche. Erstens wollte ich jemanden nur beraten, wenn ich sicher war, dass ich wesentlich mehr wusste als der Kunde. Zweitens wollte ich seine Situation verstehen und nicht einfach nur Geld hereinholen. Ein Kollege sagte mir einmal: «Du bist so anständig, dass es fast schon anstrengend ist.» Als Beraterin und Bankerin fühlte ich mich

mitunter wie eine Hochstaplerin, obwohl ich ja eine solide Ausbildung hatte. Jetzt knüpfe ich viel leichter Kontakte, weil ich ganz hinter dem stehen kann, was ich tue. Ich spreche heute mit grosser Lockerheit auch vermögende Menschen für eine Panel-Teilnahme an, um die ich als Bankerin einen grossen Bogen gemacht hätte.

**Und dass Sie mit wesentlich weniger Geld auskommen müssen, hat Sie nie gestört?**

Es war nicht sehr schwierig, den Lebensstil anzupassen – manches ergibt sich von selber, weil man gar nicht mehr die Zeit hat, für Blödsinn viel Geld auszugeben. Seit ich selbständig bin, habe ich zum Beispiel keine Frustkäufe mehr nach Feierabend gemacht – aus dem einfachen Grund, dass es keinen Frust mehr gibt und eigentlich auch keinen Feierabend. Heute verzichte ich weitgehend auf Luxusgüter und leiste mir dafür den Luxus, in aller Freiheit einen Job zu machen, den es so noch gar nicht gibt.

**Wie gross ist diese Freiheit, wenn Sie keinen Feierabend mehr haben?**

Wenn man sich entscheidet, das zu tun, was einem am Herzen liegt, wachsen Arbeit und Freizeit zusammen. Ich kann zum Beispiel keine Zeitung lesen, ohne mir Themen oder Namen von interessanten Personen aufzuschreiben. Die Ideen sprudeln, auch in der Nacht oder beim Abendessen, das kann ich gar nicht ausschalten.

**Können Sie wenigstens in den Ferien ein bisschen abschalten?**

Ferien? Bis jetzt lag das nicht drin. Ich habe sie allerdings nicht vermisst, weil der Alltag so spannend war. (Überlegt) O.k., manchmal ist es auch anstrengend, alles selber am Laufen zu halten. Man ist nie fertig, hat immer zu wenig Zeit, darf sich keine Krankheit, kein arbeitsfreies Wochenende leisten. Manche Kollegen haben sich schon beklagt, dass ich sie am Wochenende anrufe, um Arbeitsdinge zu besprechen. Das passiert mir immer wieder, weil ich unter der Woche einfach keine Zeit finde. Ich bräuchte dreissig Stunden pro Tag. Hätte ich Geld, ich würde Zeit kaufen.

**Wollen Sie so weiterrennen, bis der Körper streikt?**
Es ist eine Gratwanderung. Ein guter Anlass gibt mir unheimlich viel Energie. Es ist wunderbar, Leute zusammenzubringen und zu erleben, wie da etwas Neues entsteht. Manchmal gehe ich spät nach Hause und finde keinen Schlaf, weil ich so beglückt bin. Aber natürlich bräuchte ich mal ein wenig Regeneration. Vermutlich muss mich jemand bremsen. Ich bin nicht besonders gut darin, mir Sorge zu tragen. Ich gehe gerne bis hart an die Grenzen, wenn ich etwas realisieren will, und ignoriere körperliche Störsignale. Ich muss lernen, haushälterischer mit den Kräften umzugehen. Dazu gehört auch, gewisse Dinge nicht mehr gratis zu machen. Natürlich gibt es immer wieder Leute, die von meinem Kontaktnetz, das über 6500 Adressen aus allen Gesellschaftsbereichen enthält, profitieren möchten. Aber das geht nur über gemeinsame Anlässe, und die brauchen wieder Zeit und Kapazität.

**Spielen Sie manchmal mit dem Gedanken, wieder in ein Grossunternehmen zurückzukehren?**
Nein, nie, ich frage mich eher, warum ich 40-jährig werden und vier Reorganisationen erleben musste, bis mir klar wurde, dass es auch in Beratungsfirmen und Banken keine Sicherheit gibt. Kurz vor meinem 40. Geburtstag gestand ich mir ein: Ich kann das unmöglich weitere 25 oder 27 Jahre machen. Daran hat sich nichts geändert. Ich übernehme gerne verschiedenste Mandate, aber ich möchte nie meine Seele verkaufen. ■

***Kontakt und Information:** www.kion.ch*

15.10.2011

# «Mani Matter hat viele Söhne, aber keine Töchter»

*Ihren Traum von der Ballettkarriere musste Lisa Catena mit 21 Jahren begraben. Zehn Jahre und einige Umwege später erfreut die Berner Liedermacherin mit ihrem neuen Album «Tippmamsell» das Publikum. Dass sie nicht von der Musik leben kann, sondern noch einen Brotjob im Büro macht, sieht die 31-Jährige nicht als Belastung, sondern als Inspirationsquelle.*

**Sie sind seit kurzem mit dem neuen Programm «Tippmamsell» auf Tournee – ist das eine ironische Auseinandersetzung mit Ihrer eigenen Karriere?**
LISA CATENA: Zumindest eine Parodie auf meinen Broterwerb. Ich bin dort gelandet, wo ich nie hinwollte: in einem Büro. Also habe ich begonnen, mich künstlerisch mit dem komischen Kosmos auseinanderzusetzen. Mit Erstaunen stellte ich fest, dass mich der Büroalltag mit Korrespondenz, Administration, Vorstandssitzungen und dergleichen inspiriert.

**Auf der CD posieren Sie als Tippmamsell mit alter Schreibmaschine – keine sehr emanzipierte Frauengestalt.**
Ich habe eine grosse Schwäche für schöne alte Schreibmaschinen; es kostet mich einige Disziplin, nicht zu viele davon anzuschaffen. Zudem ist es sehr wohl eine Emanzipationsgeschichte: Ich habe über viele Umwege, über den

Tanz und die Musik, zum Wort gefunden. Das Schreiben ist heute meine Hauptleidenschaft, das Wort steht im Zentrum. Musik habe ich nur studiert, um meine Song-Ideen umsetzen zu können.

**Immerhin waren Sie früher Sängerin und Gitarristin in Punk Bands.**
(Lacht) Das gehört wohl auch zu den ergiebigen Umwegen in meinem Leben. Ich bin ja eigentlich gar keine Sängerin, meine Art zu singen ist sehr nahe am gesprochenen Wort. Ich brauche die Gitarre, um Geschichten zu erzählen. Schon früher bewunderte ich nie die virtuosen Sänger, sondern die besten Geschichtenerzähler wie Serge Gainsbourg oder Tom Waits.

**Braucht es die Bühne, wenn der Text im Vordergrund steht?**
Oh ja, denn ich liebe dieses Unmittelbare: dass man am Morgen ein Lied schreiben und es am gleichen Abend vor Publikum ausprobieren kann. Die Reaktion des Publikums macht das Lied erst komplett. In dieser Hinsicht bin ich durch und durch Sängerin. Ich brauche die Bühne, weil ich meine Exzentrik, meine Exaltiertheit nur dort entdecken kann. Ich lebe andere Facetten meiner Persönlichkeit auf der Bühne – und das tut gut. So wie manche Kabarettisten das Gelächter auf der Bühne brauchen, um der Melancholie nicht zu viel Raum zu überlassen. (Überlegt) Manchmal frage ich mich schon, warum ich mir das antue, denn am Anfang hatte ich Angst vor der Bühne, noch heute kostet es mich Überwindung. Aber die innere Notwendigkeit war immer stärker.

**Wie schreiben Sie Ihre Lieder?**
Ich denke mir keine Geschichten aus, sondern finde Geschichten – sie sind ja alle schon da, wenn man aufmerksam durch den Alltag geht. Manche fallen mir im Büro zu, andere im Zug, beim Telefonieren, beim Kochen. Wichtig ist, dass ich auf Empfang bleibe. Deshalb schreibe ich jeden Tag unmittelbar nach dem Aufstehen die ersten Sätze nieder, so bin ich im Schreibmodus und parat, wenn etwas auftaucht.

**Auf Ihrer letzten CD «Hinderzimmer» besingen Sie ausführlich vertrackte Beziehungen zwischen Frau und Mann, das neue Album kommt ohne Liebeslieder aus. Ist das nicht schlecht fürs Geschäft?**
Vor ein paar Jahren drehte sich in meinen Texten tatsächlich viel um komplizierte Beziehungen. Mit der Zeit ist mein Interesse daran erloschen, heute interessieren mich Alltagssituationen mehr. Ich mag es, mit meinen Liedern die Leute zu pieksen und sie dazu zu bringen, sich selber ihre Gedanken zu machen. Das unterscheidet den Künstler vom Politiker, dessen Job darin besteht, die komplexe Realität auf ein paar Schlagworte zu reduzieren und diese seiner Klientel einzubläuen. Ich möchte nie jemandem sagen, was er zu denken hat. Viel schöner ist es, mit Poesie, Witz und manchmal ein wenig Bosheit zu irritieren.

**Ursprünglich peilten Sie eine Tanzkarriere an. War diese Erfahrung prägend für Ihre weitere Laufbahn?**
Wenn man fünf bis acht Stunden pro Tag trainiert und dauernd im Spiegel sieht, was noch nicht gut ist, entwickelt man früh Disziplin und Härte sich selbst gegenüber. Mit 21 Jahren versagte mein Körper als Arbeitsinstrument. Ich musste meine Träume begraben und fand mich plötzlich ausrangiert und auf dem Abstellgleis wieder. Diese Erfahrung machen die meisten Menschen erst 40 oder 50 Jahre später. Heute bin ich dankbar, früh gelernt zu haben, Höhenflüge und Abstürze zu verdauen. Dazu gehört auch, dass Disziplin für mich keinen negativen Beigeschmack hat. Schreiben ist ein Handwerk, und das verlangt viel Übung.

**Sie sind – böse formuliert – eine Teilzeit-Künstlerin und arbeiten 60 Prozent als Geschäftsführerin des Berufsverbands «action swiss music». Hadern Sie nie mit dieser Situation?**
Für mein künstlerisches Schaffen ist es nicht schlecht, wenn ich ein paar Tage etwas Anderes mache – neue Geschichten finde ich nicht in meiner Wohnung oder im Übungsraum. Zudem befinde ich mich in guter Gesellschaft. Praktisch alle Liedermacher hatten einen Brotjob neben der Bühne, auch Mani Matter. Weil sich die Musik bei mir gerade gut entwickelt, kann ich es mir nun leisten, auf November den Brotjob von 60 auf 40 Prozent zu reduzieren. Und

ich werde mich nicht mehr länger als Geschäftsführerin in gewerkschaftlicher Tätigkeit aufreiben, sondern bei der Schweizerischen Interpretengenossenschaft die dankbare Aufgabe übernehmen, den Musikern Entschädigungen aus den Leistungsschutzrechten zu verteilen.

**Aber insgeheim denkt man doch: Was ich mache, ist so gut, dass ich davon leben können müsste.**

Ich erhebe nicht den Anspruch, dass jemand mir die Verwirklichung meiner Leidenschaften finanziert. Diejenigen, die im Kleinkunstbereich von ihrer Kunst leben, sind sehr lange im Geschäft und sehr gut. Ich mache das erst seit drei Jahren und bin ganz zufrieden mit dem Erreichten. Gleichzeitig habe ich genug sportlichen Ehrgeiz, um noch einmal einen grossen Schritt weiterkommen zu wollen. Es geht mir dabei nicht nur um die Anzahl Konzerte und CD-Verkäufe. In den letzten drei Jahren habe ich herausgefunden, wie ich meinen eigenen Humor auf die Bühne bringen kann. Das war nicht einfach, denn es gibt in der Schweiz kaum weibliche Vorbilder im Bereich Liedermacherei und Satire. Mani Matter hat viele Söhne, aber keine Töchter.

**Wenn alles möglich wäre – was möchten Sie noch erreichen?**
Vielleicht ein Theaterstück schreiben oder einmal eng mit einem begnadeten Texter zusammenarbeiten. Frank Ramond zum Beispiel ist ein Phänomen: Er schrieb Stars wie Udo Lindenberg Lieder auf den Leib und machte Sängerinnen wie Annett Louisan durch seine Texte berühmt. Reizvoll wäre auch, einem der grossen Berner Mundartsänger ein würdiges Alterswerk zu schreiben. Mal schauen, was kommt, ich fand ja immer auf Umwegen zu meiner Berufung. Mir scheint, als seien die Umwege ziemlich aus der Mode gekommen – ich verdanke ihnen viel, und freue mich auf den nächsten. ■

***Kontakt und Information:*** *brief@lisacatena.ch; www.lisacatena.ch*

*Als das Interview veröffentlicht wurde, hatte sich Lisa Catena für das Kabarett-Casting der Oltner Kabarett-Tage angemeldet, um dort neues Material zu zeigen. Satirischer, böser und politischer sollte es sein. Damit gewann sie prompt den Förderpreis. Im Herbst 2012 brachte sie das abendfüllende Stück «Wäutfriede» zur Uraufführung. Im März 2013 gewann sie als erste Frau den «Swiss Comedy Award».*

13.8.2011

**CONZETT JÜRG**
Vom Hedgefonds-Manager
zum Museumsleiter

# *«Geld ist nicht einfach ein Objekt, es ist ein Energieprinzip»*

*Als Finanzanalyst und Hedgefonds-Manager litt Jürg Conzett mit den Märkten, als Leiter des Money Museums in Zürich will er die Menschen zum Nachdenken bringen über ihr Verhältnis zum Geld. Conzett hält es für eine Sünde, Geld zu horten ohne Ziel. Weil er riskiert, demnächst wieder viel Geld zu verdienen, hat er ein neues millionenschweres Projekt lanciert.*

**Herr Conzett, Dollar und Euro haben in den letzten Wochen dramatisch an Wert verloren im Vergleich zum Schweizer Franken, alle wichtigen Aktienindizes sind getaucht. Macht Ihnen diese Entwicklung Angst?**

JÜRG CONZETT: Ich habe früher in Japan gewohnt und erinnere mich: Wir wussten um die Erdbebengefahr, aber wenn dann die Wände zitterten, fürchteten wir uns doch so, als träfe uns alles ganz unvorbereitet. Ähnlich geht es mir jetzt. Es war mir längst klar, dass unser Geldsystem und damit unsere Gesellschaft in ihren Grundfesten erschüttert werden würde. Nun zeigt sich aber das ganze Ausmass der Krise und ich gebe zu: Das macht Angst. Entscheidend ist jetzt die Frage, ob wir die Angst verdrängen und so tun, als handle es sich nur um einen Betriebsunfall, oder ob wir die Angst nutzen.

**Vielleicht müsste man – mit Blick auf die Börse – eher von Panik reden als von Angst. Panik ist selten ein guter Ratgeber.**

Zumindest hat sie keinen guten Ruf. Ich habe die Erfahrung gemacht, dass Panik Balsam für das Gehirn sein kann. Wenn wir Adrenalin ausschütten, wird unser Gehirn gewaschen. Wir funktionieren nicht mehr richtig, verstehen nichts mehr – und sind danach neue Menschen.

**Sprechen Sie aus Erfahrung?**

Oh ja, ich habe heftige Panikattacken erlebt am Markt. Nachdem ich bei verschiedenen Banken als Analyst gearbeitet hatte, machte ich mich als Hedgefonds-Manager selbständig – in Konkurrenz mit amerikanischen Firmen, die viele Spezialisten beschäftigten. Eine Weile lief das sehr gut, doch dann merkte ich schlagartig, dass ich mich nicht mehr auf meine Methoden verlassen konnte – ich fuhr mit vollem Tempo gegen die Wand. Wenn mir ein Arzt in dem Moment gesagt hätte, morgen würde ich sterben, hätte ich geantwortet: Ich bin gestern gestorben. Es entzieht einem den Boden. Mein Urgrossvater und ein Kollege haben sich in ähnlichen Situationen das Leben genommen.

**Wie kommen Sie also dazu zu sagen, Panik sei Balsam fürs Gehirn?**

Wenn man es aushält, tagelang ein Nichts zu sein und keinen Weg zu sehen, spürt man irgendwann die reinigende Wirkung. Nach meinen schlimmsten Niederlagen kam jeweils die beste Zeit. Da war ich komplett offen, sah die Dinge wie zum ersten Mal, erkannte neue Zusammenhänge und lernte so schnell, wie man das sonst nur zu Beginn des Lebens macht.

**Beobachten Sie einen ähnlichen Lerneffekt auch bei den Politikern und Managern, die heute an der Macht sind?**

Leider nicht, nein. Einige Banker haben sich angewöhnt, ihre Kunden als Beute zu betrachten, als Renditeobjekte. Die Chance, dass ein Kunde zwei Prozent Rendite einbringt, ist am grössten, wenn man ihm komplizierte Produkte verkauft, die weder der Kundenberater noch der Kunde richtig versteht. Manche Politiker interessieren sich hauptsächlich für ihre Wiederwahl und profilieren sich daher durch unrealistische Versprechen an die Wähler – ohne jede Sorge um die langfristigen Konsequenzen. Beide, Banker und Politiker, haben ihrer Klientel versprochen: Ihr bekommt etwas, ohne etwas zu geben. Und nun stellen wir fest, wie schwierig solche Glaubenssätze zu ändern sind und wie folgenschwer der dahinterliegende Irrtum war. Wir haben Schulden gemacht in einem Ausmass, das jeden Zorn der jungen Generation verständlich macht. Es gibt viele Enttäuschte, die nun ein Ventil suchen für ihre Wut. Aktuell sehen wir das in London, bald in vielen anderen Städten.

**Können die Interventionen der Notenbanken, die fleissig Staatsobligationen aufkaufen und Geld drucken, die Lage beruhigen?**
Nein. Im Moment sehen wir, wie die USA und Europa ihre Währungen vernichten. Ich halte das für einen Verrat an der Gesellschaft. Die Taktik, Staatsanleihen aufzukaufen, wird in rund einem Jahr Schiffbruch erleiden – und zwar in dem Sinne, dass sich die Inflation wie ein Flächenbrand ausbreiten wird in den nächsten Jahren. Ich kann mir nicht vorstellen, dass das ohne bürgerkriegsähnliche Zustände passieren wird. Geld ist das Schmiermittel unserer Gesellschaft – wenn es vernichtet wird, gibt es grosse Probleme. Die Tatsache, dass das Geld abstrakt und unsichtbar geworden ist, erschwert es uns, die grundlegenden Dinge zu verstehen.

**Sie sind auch als Berater in der Vermögensverwaltung tätig. Was raten Sie verunsicherten Anlegern?**
Erst einmal sage ich ihnen: «Sie bringen mir Geld, das Sie nicht brauchen, und wollen auch noch Geld verdienen damit?» Wer nicht weiss, was er mit seinem Geld anfangen will, wird es verlieren. Es ist furchtbar, eine Aktie zu halten, bloss weil man denkt, ihr Kurs werde steigen. Geld ist nicht einfach ein Objekt, es ist ein Energieprinzip. Und es lässt sich nie ganz vom Menschen trennen. Sein emotionaler Bezug zum Geld zieht positive oder negative Energie nach sich.

**Das war jetzt kein sehr konkreter Anlagevorschlag.**
Ich wollte damit nur sagen: Geld zu horten wie Dagobert Duck halte ich für eine moderne Sünde. Geld sparen für einen höheren Zweck ist eine Tugend. Ich habe das Geld, das ich verdiente, immer in Projekte, eigene und fremde, investiert. Und ich hatte glücklicherweise immer mehr Ideen als Geld. Des-

wegen sage ich: Es ist die erste Pflicht jedes Anlegers, sich bewusst zu machen, wofür er Rendite machen will. Der konkrete Anlagevorschlag für die nächsten Monate ist simpel: Schweizer Franken liquide halten auf einer sicheren Schweizer Bank, zum Beispiel der Berner Kantonalbank. Bis in 12 oder 18 Monaten sollten Sie herausgefunden haben, was Sie mit dem Geld machen wollen – es gibt ja in Umbruchphasen immer gewaltige Chancen.

**Wie wurden Sie eigentlich vom Hedgefonds-Manager zum Gründer und Leiter des Money Museums in Zürich?**
Seit meiner Studienzeit treibt mich die Frage um, wie Menschen mit Geld umgehen, was Geld für sie bedeutet, bewusst oder unbewusst. Seit 15 Jahren sammle ich Geldgeheimnisse, seit 10 Jahren führe ich Geldtypen-Tests durch. Der Typ Dagobert Duck, der Geld hortet und darin unglücklich stirbt, kommt sieben Mal häufiger vor als der Typ Hans im Glück, der das Geld als Motor für seine Leidenschaften einsetzt.

**Sie haben gut reden – Sie stammen aus einer wohlhabenden Familie und haben als Banker sehr viel verdient.**
Stimmt, das ist ein Privileg, aber keine Glücksgarantie. Ich kenne sehr reiche und doch unglückliche Menschen. Entscheidend ist in meinen Augen, ob man seine Berufung lebt und – wenn man privilegiert ist – anderen Menschen hilft, sich selber zu werden. Ich fand es stets furchtbar langweilig, Obligationen oder Aktien zu besitzen. Irgendwann begann ich, in Ideen zu investieren, an die sonst niemand glaubte. Manchmal ging das Geld verloren, in anderen Fällen entwickelten sich wunderbare Firmen. Ein Unternehmen, das von fünf Studenten und einem Professor gegründet wurde, ist nun so stark gewachsen, dass ich riskiere, damit viel Geld zu verdienen. Um darauf vorbereitet zu sein, habe ich das Projekt Money World lanciert. In einem alten Haus an der Bärengasse, mitten in der Zürcher Bankenszene, sollen die Besucher ab nächstem Jahr das Geld und ihr Verhältnis dazu unmittelbar erfahren können. ■

***Kontakt und Information:** www.sunflower.ch*

12.3. und 19.3.2011

**CORNELIUS ROBIN**
Vom Schulversager
zum Nachhaltigkeits-Pionier

# *«Der Kopf ist das schlimmste Organ des menschlichen Körpers»*

*US-Präsident Jimmy Carter und die tiefen Löhne der Lausanner Taxifahrer veranlassten Robin Cornelius vor 30 Jahren, die Firma Switcher zu gründen. Dass es eine Erfolgsgeschichte wurde, hat viel mit dem Temperament des Patrons zu tun. Er sei «ein 54-jähriges Kind», sagt Cornelius. «Es ist unglaublich, was möglich wird, wenn wir uns durch Intuition und Empathie leiten lassen.»*

**Herr Cornelius, Ihre Firma Switcher feiert in diesem Jahr den 30. Geburtstag. Wie kamen Sie damals als Student auf die Idee, mit T-Shirts zu handeln?**

ROBIN CORNELIUS: Ich machte neben der Handelshochschule noch ein Lizenziat in politischer Wirtschaft. Um das Studium zu finanzieren, fuhr ich nachts Taxi. Aber mit 9 Franken in der Stunde kommt man nicht weit. Dann sah ich am Fernsehen einen Beitrag über Jimmy Carter. Man konnte sehen, wie der damalige US-Präsident in völlig unüblicher Kleidung joggen ging, um ihn herum die Bodyguards im Anzug. Das war die Geburtsstunde von Switcher. Ich dachte: Mit bequemer Sport- und Freizeitkleidung könntest du mehr Geld verdienen als mit Taxifahrten. Also begann ich, Sweatshirts aus Portugal an Schweizer Druckereien und Läden zu verkaufen. Nach ein, zwei Jahren reiste ich das erste Mal nach Indien. Dadurch hat sich mein ganzes Leben verändert.

**Warum?**
Weil von da an der Profit nicht mehr das Wichtigste war. Ich flog hin, um die Shirt-Produktion zu optimieren. Dann sah ich überall Kinder, die kein sauberes Wasser zu trinken hatten und nicht zur Schule gehen konnten. Je nachdem, wo gerade was für Shirts produziert wurden, hatte das Wasser der Flüsse eine andere Farbe. Ich fragte meinen Geschäftspartner in Indien, was es kosten würde, eine Schule zu eröffnen. Wir realisierten spontan ein Projekt für acht Klassen und 180 Kinder. Wenn wir Ware transportierten, nutzten wir immer einen Lastwagen für den Transport von sauberem Trinkwasser. So haben wir begonnen, kleine Sachen zu verändern. Wenn man ein wenig Empathie hat, kann man doch nicht einfach runterfliegen, sein Business machen und wieder zurück in die heile Welt fliegen.

**Hatten Sie während des Studiums nie daran gedacht, eine gut dotierte Stelle in einem grossen Unternehmen anzunehmen?**
Diese Firmen haben um uns geworben. Ich sagte jedem, der mich fragte, ich wolle keinen Boss haben, der mich zu einem guten Beamten macht. Ich konnte mir nicht vorstellen, dass mir eine Autorität vorschreibt, was ich zu tun und zu denken habe. Diese extreme Spezialisierung in der heutigen Arbeitswelt widerspricht der menschlichen Natur. Sie macht uns unfrei und gleichgültig. Durch die freiwillige Beschränkung verlernen wir, das Leben ganz auszukosten und mutig zu sein.

**Sie haben schon als Schüler keine Autoritäten akzeptiert.**
Ja, die Lehrer hatten es nicht leicht mit mir. Ich galt immer als hyperaktiv und sehr widerspenstig. Vielleicht lag das auch daran, dass mir mein Vater kaum Strukturen gab und kaum Grenzen setzte. Er hatte selber mindestens fünf Leben: Zuerst war er Flieger bei der schwedischen Armee, wo er Charles Lindbergh kennenlernte, später Marinekapitän, dann entwickelte er das System der vorfabrizierten Häuser, schrieb ein Buch über die Luft-Navigation und diente Schweden als Militärattaché in London, wo er mit Churchill verkehrte. Am Beispiel meines Vaters sah ich früh, was alles möglich ist in einem Leben. Ich stach in jungen Jahren neugierig in See und lernte erst allmählich, den Wind zu lesen und das Boot zu lenken. Die meisten Menschen denken zu viel.

Sie scheuen das Risiko und wägen ab, bis sie ganz müde sind vom ängstlichen Denken. So gesehen ist der Kopf das schlimmste Organ des menschlichen Körpers.

**Es ist doch ganz praktisch, klar denken zu können.**

Das Problem ist die Einseitigkeit. Du kannst nicht dein ganzes Leben nur mit dem Kopf bewältigen, es braucht den ganzen Körper. Das gilt auch fürs Unternehmertum. Es braucht nicht nur den Magen, sprich: die Finanzen, sondern Arme, Beine, Herz und Lunge und vieles mehr. In den letzten Jahren dachten wir: Die Finanzen sind das Wichtigste. Wenn Cash-Flow und Rendite stimmen, ist alles gut. Und dann brachte eine starke Magenverstimmung fast das ganze System zum Erliegen. Wir haben vergessen, dass die Finanzen nur das Öl des Motors sind, der die Wirtschaft antreibt. Es ist ein synthetisches Öl, kein Olivenöl, das man trinken kann.

**Auch Sie wollten und wollen doch möglichst viel Geld verdienen mit Switcher.**

Das stand nur ganz am Anfang im Vordergrund. Natürlich will ich, dass Switcher erfolgreich ist und einen vernünftigen Cash-Flow erwirtschaftet. Aber in erster Linie will ich tanzen auf der Bühne der Wirtschaft, und zwar so, dass ich am Abend mit gutem Gefühl und gutem Gewissen einschlafen kann. Es ist unglaublich, was möglich wird, wenn wir uns von Intuition und Empathie leiten lassen, wenn wir das kollektive Unbewusste, wie C. G. Jung es genannt hat, anzapfen. Wir haben viel grössere Kapazitäten als unseren Intellekt – wir müssen nur die Antennen wieder auf Empfang schalten. Wer mit kindlicher Neugier durchs Leben geht, stellt mit Erstaunen fest, wie sich immer wieder genau das Richtige ergibt. Diese Synchronizität beeindruckt mich. Ich stehe in einer wildfremden Stadt, jemand spricht mich an – und wenig später reden wir über gemeinsame Projekte.

**Waren Sie immer so extrovertiert?**

Ich bin halt ein wenig hyperaktiv. Und ich glaube ans Gute im Menschen. Von hundert Menschen sind doch maximal fünf Schlitzohre. Warum sollten wir uns dann gegenüber allen verhalten, als wollten sie uns etwas wegnehmen? Lohnt es sich wegen der paar Schlitzohre, sich in einem Panzer einzuschliessen?

Ich schliesse mein Auto praktisch nie ab, wenn ich es stehen lasse. O.k., jetzt bin ich ein wenig «bourgeois» geworden und benutze den Schlüssel manchmal, aber früher nie.

**Und Sie haben vermutlich noch nie im Leben jemanden gesiezt.**

Normalerweise sage ich einfach: «Hallo, wie gehts, ich bin Robin.» Bei Polizisten mache ich es nicht so, ich will ja keinen Ärger. Bei älteren Leuten auch nicht. Aber im Business gehöre ich mit bald 55 Jahren allmählich zu den älteren, da kann ich bald alle duzen.

**Passt dieses Alter zu Ihnen?**

Weisst du, was das Schlimmste ist? Wenn ich an einem Managementseminar teilnehmen muss, wo es 90 Prozent Männer hat, die über die Börse, ihr Golfhandicap und die Ausbildung ihrer Kinder reden. Kaum Frauen, schon gar keine Menschen unter 25 Jahren. Ich sage dann gerne: «Wenn ich einmal gross bin ...» Ich bin ein 54-jähriges Kind, das lachen, weinen und viele verrückte Dinge machen will. Viele Gleichaltrige definieren sich enorm stark über das Erreichte. Sie sagen: «Ich bin der, der das alles geschafft hat.» Oder: «Wenn ich endlich in Frühpension bin, werde ich das Leben geniessen.» Ich sage mir: Entscheidend ist immer die nächste Viertelstunde. Ich spüre heute mehr Energie und Leidenschaft als vor 25 Jahren. Darauf kommt es doch an.

**Sie haben vor knapp vier Jahren Fremdkapital ins Unternehmen geholt und einen Chef eingestellt, um weiteres Wachstum zu ermöglichen. Stattdessen ist der Umsatz von Switcher von 80 auf 55 Millionen Franken zurückgegangen. Sind Sie unersetzbar geworden in der Firma, die Sie vor knapp 30 Jahren gegründet haben?**

Ich wollte ja gerade verhindern, dass ich die Weiterentwicklung behindere, weil ich nicht loslassen kann. Es ist nie einfach, wenn das eigene Baby gross wird. Die Firma war so stark gewachsen, dass ich nicht mehr sicher war, ob ich ihr noch gewachsen war. Also entschied ich mich, Fremdkapital aufzunehmen, einen CEO einzustellen und mich auf die strategische Ebene zurückzuziehen. Das war eine gute Übung für mich. Wenn man 26 Jahre lang alle wichtigen Dinge selber in die Hand nimmt, ist es nicht einfach, plötzlich andere entscheiden zu lassen. Man muss anderen auch das Recht einräumen, Fehler zu machen.

**Wann riss bei Ihnen der Geduldsfaden?**
Der Umsatz ging sehr rasch zurück und wir schrieben rote Zahlen. Das Hauptproblem waren aber nicht die materiellen Verluste, sondern die Tatsache, dass die Switcher-Kultur beschädigt wurde. Es gab viel zu viel Unruhe im Unternehmen und im Umfeld. Man kann aus einem grösseren KMU nicht einen Konzern machen wie Nestlé. Sobald man bei der Wertschätzung für die Mitarbeiter und bei der Kundenpflege Abstriche macht, bekommt man gravierende Probleme. Deswegen musste ich intervenieren. Dieses Jahr werden wir wieder schwarze Zahlen schreiben und wachsen.

**Sie sind also gescheitert mit dem Versuch, die Firma weniger abhängig von Ihnen zu machen.**
Jeder darf Fehler machen, das gilt auch für mich. Es waren drei sehr schwierige, lehrreiche Jahre. An meinem Ziel, anderen mehr Verantwortung zu übertragen, hat sich nichts geändert. Ich muss da noch besser werden. Wie viele Karrieren habe ich nicht gefördert, indem ich sagte: «Ich kümmere mich darum.» Als Gründer und Präsident muss ich nicht alles selber entscheiden. Aber ich muss dafür sorgen, dass die elementaren Prinzipien nicht über den Haufen geworfen werden. Der Name Switcher steht primär für Qualität und Tragekomfort. Wir sind kein Unternehmen, das über tiefe Preise oder modische Trends Kunden gewinnen will. Überhaupt suchen wir keine Kunden, sondern Fans. Menschen, die verstehen, dass es ein Unsinn ist, heute ein Textil zu kaufen, das man in einem Jahr wieder wegschmeissen muss, weil man sich für die Farbe oder die Form schämt.

**Sie haben einmal gesagt, Switcher sei kein Textil-, sondern ein Ethikunternehmen. Wollen Sie die Kunden erziehen?**
Nein, nicht erziehen, aber ins Bild setzen. Ein Grundpfeiler der Switcher-Philosophie war stets: Wer will, soll sich informieren können, wo sein T-Shirt zu welchen Bedingungen von wem produziert worden ist. Ein Code an jedem Textil garantiert diese komplette Rückverfolgbarkeit. Natürlich interessiert

sich nicht jeder Endverbraucher dafür, aber die Zahl der bewussten Konsumenten wird in den nächsten Jahren massiv steigen. Die Zeit arbeitet also für uns.

**Erst einmal haben Sie ein Distributionsproblem zu lösen. Coop will die eigene Marke Naturaline stärken und hat Switcher aus dem Sortiment gekippt.**
Wir werden weiterhin sehr präsent sein. Erstens zeichnen sich neue Lösungen mit grossen Partnern ab. Zweitens werden wir selber neue Shops eröffnen. Und drittens wollen wir mehr tun im Guerilla-Marketing. Als wertebasiertes Unternehmen haben wir gute Geschichten zu erzählen. Wir sind seit Jahren über die Switcher-Stiftung an den Schulen präsent, nun werden wir ein grosses Projekt an Schweizer Gymnasien lancieren. Ich finde es fantastisch, mit Kindern und Jugendlichen zu diskutieren. Noch vor 10 Jahren interessierten sich Schulabgänger primär für die Frage, welche Firma ihnen den höchsten Einstiegslohn bezahlt. Heute lassen sich viele von der Frage leiten, wo sie etwas Sinnvolles tun können.

**Die indische Prem Group, mit der Sie seit Jahrzehnten kooperieren, ist neu gut zur Hälfte an Switcher beteiligt. Was ändert das für Sie?**
Ich träume seit vielen Jahren vom Zusammenschluss mit der Firma meines Geschäftspartners Durai Duraiswamy. Nun werden unsere beiden Firmen zusammengehen. So erreichen wir die kritische Umsatzgrösse von über 150 Millionen Franken.

**Sie werden zum 30-Jahr-Jubiläum von Switcher ein Buch veröffentlichen. Worum gehts?**
Um das ganze Leben. Ich kann das hier nicht zusammenfassen. Es ist so geschrieben, wie ich rede – also sehr enthusiastisch und sehr spontan. Es ist kein Buch, auf das meine Lehrer stolz sein werden, in jedem Satz hat es Fehler. Ich möchte nicht fehlerlos bleiben, sondern zum Nachdenken einladen. Wir werden permanent von so vielen Fakten überhäuft, dass wir uns über grundlegende Fragen gar keine Gedanken mehr machen.

**So redet einer, der im Grunde gerne Lehrer wäre.**
Wenn man fünf Mal durchgefallen ist in der Schule, hat man keine guten Argumente für eine Lehrerkarriere. Aber es stimmt, ich möchte mehr mit Jungen arbeiten. Ich finde es furchtbar anstrengend, wie sehr sich Leute in meinem Alter an die paar Dinge klammern, die sie erreicht haben und die sie zu wissen glauben. Viele Menschen in meinem Alter haben sich von allen Träumen und Ambitionen verabschiedet, ihr Alltag besteht zu 90 Prozent aus Routine und Repetition. Dagegen wehre ich mich mit aller Kraft. Ich will jeden Tag anders leben, jeden Tag etwas Neues lernen. Etwas zu wissen, mag angenehm sein, aber daraus entsteht keine Kraft. Ich will ein Abenteurer sein, der sich treiben lässt, kein Experte, der seine Überlegenheit unter Beweis stellt.

**Ihre drei Kinder stehen am Anfang des Berufslebens. Welche Ratschläge geben Sie ihnen mit?**
Ich versuche ihnen vorzuleben, dass es in erster Linie auf Leidenschaft und ein gutes Gewissen ankommt. Die jungen Menschen haben die grosse Chance, etwas aus ihrem Leben und unserer Welt zu machen. Wenn wir die Lebenszeit mit einem Tag vergleichen, dann ist es bei mir schon mindestens 17 Uhr. Für Studenten ist es 10 Uhr, für Schüler erst 8 Uhr, der ganze Tag liegt vor ihnen. Ich war letzte Woche wieder in Indien, um ein Gymnasium für 500 Kinder zu bauen. In der Schweiz können Kinder und Jugendliche zur Schule, aber ich bin mir nicht sicher, wie sehr sie sich dort mit den wirklich wichtigen Fragen auseinandersetzen. Weisst du, was wir machen müssten? Ein Forum für Menschen zwischen 18 und 25 Jahren. Ich bin überzeugt, da würden wir mehr lernen als an jeder Management-Tagung. ■

***Kontakt und Information:** robin.cornelius@switcher.com, www.switcher.com*

**DEKEYSER BOBBY**
Vom Bundesliga-Torhüter
zum Gartenmöbel-Marktleader

7.7.2012

# *«Ich liebe Krisen, weil sie Energie freisetzen»*

*Er war ein notorischer Schulversager, stand später im Tor des FC Bayern München, wurde mit 26 Jahren Unternehmer und scheiterte im ersten Anlauf kläglich. Heute sind die Design-Gartenmöbel, die Bobby Dekeyser vor 20 Jahren lancierte, in 80 Ländern erhältlich. «Ich war nie besonders begabt im Nachdenken, aber im Nachspüren bin ich gut», sagt Dekeyser.*

**Herr Dekeyser, Sie steigen innert 30 Tagen in 20 Ländern ab. Halten Sie es nirgendwo länger aus?**

BOBBY DEKEYSER: Ich empfinde es als befreiend, nirgendwo zu sehr verwurzelt zu sein, keine Villa zu haben und kein Büro, sondern überall zu Gast zu sein. Meine Passion sind die Menschen, ansonsten hänge ich an nichts. Mein Leben passt in zwei Koffer. So bleibe ich leicht und flexibel. Als Kind habe ich nie länger als zwei Jahre an einem Ort gelebt und 13 Mal die Schule gewechselt. Meine Kindheit war sehr chaotisch, ich musste früh lernen, mit einem Übermass an Freiheit umzugehen und mir selber Leitplanken zu setzen. Bis heute kann ich nichts besonders gut. Meine grösste Stärke war immer, Menschen zu vertrauen, die wirklich gut sind in einer Sache.

**Wer es ins Tor des FC Bayern München schafft und später ein Unternehmen mit 3000 Mitarbeitern aufbaut, kann nicht komplett talentfrei sein.**
Das mit der Fussballkarriere war eine reine Willenssache. Als Schulversager und Kind getrennter Eltern hatte ich nicht das stärkste Selbstbewusstsein. Deswegen stand ich mit 15 Jahren mitten in einer Englisch-Lektion auf und verabschiedete mich mit den Worten: «Ich werde jetzt Fussballprofi.» Meine Motivation war recht simpel: Ich wusste, dass man als Fussballer leichter die Mädchen beeindrucken kann. Weil ich kein Talent hatte, aber völlig angstfrei war, kam ich ins Tor. Ich trainierte wie ein Besessener, sieben bis acht Stunden pro Tag. Als ich an einem Fussballcamp in New York neben meinem Idol Pelé auf der Bank sass, fragte ich ihn: «Wie wird man der beste Fussballer der Welt?» Er lächelte und sagte: «Folge deinem Traum, dann kann alles passieren.»

**Sie spielten später längere Zeit in der Bundesliga, aber glücklich hat Sie das nicht gemacht.**
Ich setzte mich jahrelang enorm unter Druck. Der Fussball war schon damals eine Vakuumwelt. Man steht im Schaufenster, verdient enorm viel, aber man ist nur eine Nummer, es ist fast unmöglich, frei zu denken und zu leben. Deshalb war es eigentlich ein Geschenk des Himmels, dass mir eines Tages ein Gegner mit dem Ellbogen das Jochbein und den Augenbogen zertrümmerte. Damals sah ich das natürlich nicht so. Keiner vom Klub besuchte mich im Krankenhaus, aus der Zeitung erfuhr ich, dass sie sofort einen neuen Torhüter verpflichtet hatten. Ich war einfach aussortiert worden wie ein alter Schuh. Dennoch war ich erleichtert. Ich schwor mir, nie mehr die Erwartungen anderer zu erfüllen, und fasste den Entschluss, Unternehmer zu werden.

**Ein paar Wochen später standen Sie aber schon wieder im Tor.**
(Lacht) Weil sich mein Nachfolger den Finger gebrochen hatte, feierte ich ein Comeback auf Zeit. Sie zahlten mir für drei Spiele ein Jahresgehalt eines Bankdirektors – und mir gelangen die drei besten Spiele meines Lebens. Ich wurde Spieler des Monats, erhielt schon fast unanständig gut dotierte Vertragsangebote. Mein Kopf sagte: «Du spinnst, wenn du das nicht annimmst.» Aber das Kapitel war für mich mit 26 Jahren abgeschlossen, ich fühlte mich als Unternehmer und wollte nicht mehr zurück.

**Auch als Unternehmer mussten Sie sich den Erfolg hart erarbeiten.**
Ja, das kann man sagen. Wir waren da schon eine kleine Familie, und wir lebten zehn Jahre lang am Rand des Ruins. Mein erstes Projekt war ein grandioser Misserfolg. Ich kaufte 1000 Ski-Rohlinge. Wir besprühten sie mit der Airbrush-Pistole eines Nachbarn, eines Hufschmieds. Um für den Grosserfolg gewappnet zu sein, mietete ich im Nachbardorf einen 1000 Quadratmeter grossen Kuhstall und wollte ihn aufwendig umbauen. Mein Problem: Die Bank wollte mir die halbe Million, die ich dafür brauchte, nicht leihen. Ich überredete einen Bauern aus der Nachbarschaft, der zwar viel Land geerbt, aber kein Geld für einen neuen Traktor hatte, bei der Bank für mich zu bürgen. Ich versprach ihm dafür einen Traktor und eine gute Rendite. Wir verkauften genau 78 Paar Ski, 50 davon kamen umgehend zurück. Die Kunden tobten wegen der vielen Mängel – es waren vermutlich die schlechtesten Ski in der Geschichte des Wintersports. Unsere Firma brauchte dringend ein neues Produkt. Wir entschieden uns, wetterbeständige Design-Gartenmöbel aus Polyäthylen herzustellen – ich kannte das Material von den Henkeln der Waschmittelkartons, die mein Grossvater verkauft hatte.

**Wie wird man vom Ski- zum Möbelproduzenten?**

Ich lernte in Deutschland einen philippinischen Flechter kennen und überredete ihn, Möbel aus Kunststoff für uns zu flechten. Wir entschieden uns kurzerhand, für ein halbes Jahr auf die Philippinen zu ziehen. Nach einem halben Jahr mühevoller Aufbauarbeit präsentierten wir unsere erste Kollektion auf einer Messe in Frankfurt. Weil wir kein Geld hatten für die Dekoration, flankierten wir die Möbel mit zwei Bastgiraffen, die meine Schwester aus Madagaskar mitgebracht hatte. Um es kurz zu machen: Für unsere Möbel interessierte sich kein Mensch, aber viele Besucher fragten mich, wo man solche Bastgiraffen kaufen könne. Ich machte einen Händler in Afrika ausfindig, bald traf eine erste Lieferung von 500 Exemplaren ein. Ich engagierte sämtliche verfügbaren bayrischen Hausfrauen, um die Tiere bunt zu bemalen. So wurde der Kuhstall zum Zentrum für afrikanische Kleinkunst. Wir verkauften mehrere Tausend Stück und hielten uns so über Wasser. Aber eigentlich war München zu teuer geworden für uns. Deshalb kauften wir uns einen heruntergekommenen Hof in Lüneburg in der Nähe von Hamburg.

**Woher hatten Sie das Geld?**

Meine Frau fragte mich das Gleiche: «Wie sollen wir das zahlen?» Ich antwortete ihr: «Das weiss ich im Moment auch nicht, aber wir brauchen das Geld ja erst in sechs Monaten.» Ich liebe solche Alles-oder-nichts-Situationen. Aus meiner Zeit als Spitzensportler hatte ich Übung in positivem Denken. Ich war felsenfest überzeugt: Wenn man alles auf eine Karte setzt, kommt es am Ende gut. Zwei Wochen vor dem Umzug hatte ich einen Termin bei einem Bankvertreter. Ich redete zwei Stunden ununterbrochen auf den armen Mann ein und bekam am Ende die erforderlichen 780 000 Mark.

**Ihre Frau muss gute Nerven haben.**

Ja, das hatte sie tatsächlich. Sie hat mir blind vertraut, obwohl sie ganz anders funktionierte als ich, viel bodenständiger war. Es waren sehr abenteuerliche Jahre. Ich will nichts beschönigen, es war nicht immer lustig, keine Ahnung zu haben, wie man die nächsten Monate finanziert. Aber wenn man am Anfang zu viel Geld hat, ist das sehr ungesund. Dieser langsame Aufbau hat ein enorm starkes Fundament geschaffen. Später, als Dedon eine international erfolgreiche Marke war, wunderten sich die Kunden und Journalisten immer wieder, wie ein so grosses Unternehmen so familiär funktionieren kann. Ohne die Prüfungen zu Beginn, ohne den starken Zusammenhalt hätte es die Erfolgsgeschichte gar nie gegeben. Als nach zehn Jahren die Dynamik dann plötzlich umschlug und der Erfolg wie eine Welle über uns hereinbrach, waren wir selber überrascht.

**Innerhalb weniger Jahre ist aus einem 5-Mann-Familienbetrieb ein Unternehmen mit 3000 Mitarbeitern geworden. Wie haben Sie das verdaut?**
Es war eine berauschende Zeit. Wir fanden gar nicht rasch genug neue Mitarbeiter, ich stellte sprichwörtlich den Eisverkäufer an der Strassenecke und viele andere Leute ein, und dennoch mussten selbst Hollywoodstars wie Brad Pitt lange auf die bestellten Möbel warten. Das Problem ist: Der Erfolg hat seine eigene Dynamik. Irgendwann merkst du, dass nicht er dir folgt, sondern du ihm hinterherrennst. Ich war mehr im Flugzeug als zu Hause, redete öfter mit Journalisten als mit meiner Familie, lebte wie ein Rockstar auf Welttournee. Jede Woche rückte eine neue TV-Crew an, filmte in der Firmenzentrale in Lüneburg, wo auch unser Wohnsitz war. Mir war immer wichtig, dass wir nicht einfach Möbel, sondern ein Lebensgefühl verkauften, aber wenn man nur noch arbeitet wie die Roboter, geht das schlecht. Ich merkte, wie der Druck auf meiner Brust stärker wurde, wie es mich immer mehr Energie kostete, ein guter Botschafter für die Firma zu sein. Die Verantwortung, mit einem falschen Entscheid nicht nur meine Familie, sondern die Familien von mehreren Tausend Mitarbeitern zu gefährden, belastete mich. Deshalb war ich sehr erleichtert, als ich 49 Prozent des Unternehmens an Finanzinvestoren verkaufen und mit meiner Familie an den Genfersee umziehen konnte.

**Das war 2006. Keine drei Jahre später wollten Sie die Firma wieder zurückkaufen. Was war geschehen?**
Ich war nie besonders begabt im Nachdenken, aber im Nachspüren bin ich gut. Ich spürte damals, dass Dedon höchstens noch sechs Monate überleben würde, wenn ich nichts unternahm. Also musste ich die Anteile zurückkaufen. Mit welchem Geld, das wusste ich nicht. Erschwert wurde der Rückkauf dadurch, dass die Investoren das Unternehmen schwer verschuldet hatten, um

die Kaufsumme für mich zu finanzieren. Deshalb konnte die Bank dreiste Forderungen stellen: Sie teilte mir schriftlich mit, sie sei bereit, über eine Kreditverlängerung zu verhandeln – ich brauchte ihr dafür bloss 1,5 Millionen Euro zu überweisen. 18 Bankmitarbeiter und Berater sollten am Meeting teilnehmen, zudem wollte die Bank den CEO und den CFO einsetzen. Ich wusste sofort: Wenn ich da einwilligen muss, ist die Firma schon in drei Monaten am Boden. Ich spürte aber auch: Es wird im richtigen Moment etwas passieren.

**Wie kamen Sie diesmal zu Geld?**

Eine Woche nach dieser Demütigung durch die Banken trat ich mit Richard Branson am Swiss Economic Forum in Thun auf und erzählte meine Geschichte. In der Folge lernte ich den Schweizer Arzt Daniel Borer kennen. Eine Woche vor dem Bankentermin rief mich Borer an, wir trafen uns in Ascona. Am Abend redeten wir bei Rotwein über meine Stiftung «Dekeyser & Friends» und über Geschäftliches. Am nächsten Morgen trafen wir uns im Bademantel zum Frühstück. Ich skizzierte Borer die Entwicklung von Dedon und zeigte ihm, was möglich wäre ohne die Schuldenlast. Dann schlug ich vor, ihm 20 Prozent der Firma zu verkaufen. Borer, der nicht nur Arzt, sondern auch Investor aus der Rolex-Dynastie ist, sagte in seiner ruhigen Art: «Gut, so machen wir das.» So ging per Handschlag ein Geschäft in dreistelliger Millionenhöhe über die Bühne, ohne Juristen, einfach auf der Basis von Vertrauen und Sympathie. Die Banker waren damit aus dem Spiel. Heute ist Daniel Borer ein guter Freund. Wir besitzen gemeinsam das Inselresort Dedon Islands.

**Von da an ging es wieder aufwärts?**

Es ging los wie in einem Düsenflugzeug. Es ist alles eine Frage der Energie. Deshalb liebe ich Krisen: Sie setzen viel Energie frei. Und sie sind ein Steilpass für unkonventionelle Entscheidungen. Ich entscheide oft schnell aus dem Bauch heraus. Jeder Wirtschaftsberater, der mich ein paar Tage begleitet, bekommt Herzrhythmusstörungen. Vielleicht auch deshalb, weil mich Geld nie interessiert hat. Geld ist dazu da, etwas in Bewegung zu bringen. Häuft man Eigentum an, wird es zur Belastung, weil es Zeit und Energie raubt. Ich sehe viele solche goldenen Käfige, wenn wir Möbel liefern. Jedenfalls investierten wir nach Jahren der herzlosen Kostensenkungen wieder in Entwicklung und

Design, als gäbe es keine Weltwirtschaftskrise. In den USA sind wir im ersten Jahr um 80 Prozent gewachsen, insgesamt legen wir Jahr für Jahr 25 Prozent zu.

**Als Sie das Steuer herumgerissen hatten und alles auf guten Wegen war, erreichte Sie Ende September 2010 die Nachricht, Ihre Frau sei an einer Hirnblutung gestorben.**

Das war ein furchtbarer Tiefschlag. Ann-Kathrin war meine erste, meine grosse Liebe, das mit uns schien für alle Ewigkeit gemacht. Und dann soll man verstehen und akzeptieren, dass von einem Tag auf den anderen alles vorbei ist. Ich zog mich acht Monate lang mit meinen drei Kindern zurück; es bringt nichts, dem Schmerz davonzulaufen, er holt dich ja doch ein. Wir redeten viel, weinten viel, ich las Bücher über Trauerarbeit, machte Sport, um mich nicht ganz gehen zu lassen. An einigen Morgen fand ich trotzdem keinen Grund, weiterzumachen.

**Haben Sie nach dieser Zäsur erwogen, ganz auszusteigen bei Dedon?**

Ich habe kurzfristig daran gedacht, mich nur noch um meine drei Kinder zu kümmern. Dann wurde mir klar, dass damit niemandem gedient wäre. Sie sind erwachsen und wünschen sich einen aktiven Vater, keinen, der sich über einen Verlust definiert. Ich selber lebe seit dem Tod meiner Frau noch bewusster. Ich höre noch stärker auf meine Gefühle, mache mich frei von den Erwartungen anderer, versuche, keine Angst zu haben, vor gar nichts. Meine Hauptaufgabe ist, jungen Menschen Mut zu machen. Sie sollen auf ihre Sehnsucht hören und sich nicht verbiegen lassen. Heute gibt es so viel Manipulation, Verführung, Ablenkung – es ist schwierig geworden, Stille zu erleben, gemeinsam etwas aufzubauen und Freundschaften zu pflegen. Aber letztlich kommt es nur darauf an: den Moment zu erwischen, um mit den richtigen Leuten etwas Gutes zu tun. Das möchte ich im Buch zeigen, das ich mit meinem Freund Stefan Krücken geschrieben habe.

**Welche Ziele verfolgen Sie mit Ihrer Stiftung «Dekeyser & Friends»?**

Es ist eine Mutmacher-Stiftung, die jungen Menschen erlaubt, ihre Träume zu verwirklichen. Wir unterstützen verschiedene Projekte, in erster Linie aber die

D & F Academy, eine Bildungsinitiative, die jährlich drei Programme für 15 Jugendliche aus aller Welt organisiert. Ziel ist es, motivierten Menschen die Chance zu geben, in ihren Ländern und damit in der Welt etwas zu verändern. Ein Beispiel: In Malawi hat unsere Stipendiatin eine Werkstatt für Bambusmöbel eröffnet. Die Möbel sind qualitativ so gut, dass man sie exportieren kann. Sie bildet nun junge Frauen zu Flechterinnen aus und will mit einem Teil der Gewinne Stipendien für junge Landsleute vergeben. Es gibt viele starke Ideen. Wir wollen das ausbauen, wir erhalten jedes Mal 1000 Bewerbungen aus 100 Ländern für die 15 Plätze. Bald werden in New York und Asien Akademien eröffnet. Sobald Dedon wieder profitabel ist, gehen 10 Prozent des Gewinns in die Stiftung. Die Stiftung ist heute meine wichtigste Lebensaufgabe. ■

***Kontakt und Information:*** *www.dedon.de*

***Literatur:*** *Bobby Dekeyser / Stefan Krücken ‹Unverkäuflich!›*
*Ankerherz-Verlag, Hollenstedt bei Hamburg 2012*

*Die von Bobby Dekeyser vor 20 Jahren gegründete Firma Dedon beschäftigt heute 2800 Angestellte. Rund 80 davon sind am Hauptsitz in Lüneburg bei Hamburg tätig, wo die Kunstfaser für die Gartenmöbel produziert wird, über 2000 Angestellte arbeiten auf Cebu, einer Insel der Philippinen, wo die Rahmen hergestellt und die Möbel geflochten werden. Als Marktführer im Bereich der hochwertigen Outdoormöbel ist Dedon in 80 Ländern präsent. Zu den Kunden gehören der Vatikan, Hollywoodstars wie Brad Pitt, Sportler wie Roger Federer oder die deutsche Fussballnationalmannschaft sowie der Sultan von Brunei. Im April 2012 wurde Dedon Island eröffnet, ein Barfussresort für Gutbetuchte, die gerne selber Fische fangen und das Essen mit einem Starkoch zubereiten. Dedon Travel bietet exklusive Abenteuerreisen an.*
*Die Stiftung Dekeyser & Friends (gegründet 2009) vergibt jedes Jahr Stipendien an junge Menschen aus aller Welt zur Umsetzung von Kultur-, Sport- und Sozialprojekten.*

17.3.2012

**DETTWILER PETER**
Vom UBS-Filialleiter
zum Gewürz- und Teehändler

# *Wenn ein UBS-Manager auf Gewürze, Tee und Kaffee umsteigt*

*Bis vor zwei Jahren beschäftigte er sich mit Aktien, Obligationen und Hypotheken, heute mit Tee, Gewürzen und Stutenmilch. Peter Dettwiler, ehemaliger UBS-Filialleiter in Thun, hat den Schritt in die Selbständigkeit noch keinen Moment bereut – obwohl er im ersten Anlauf als Unternehmer viel Lehrgeld bezahlt hat. Ein Jahr nach Firmengründung hat er die Gewinnschwelle erreicht.*

**Herr Dettwiler, wie kommt es, dass ein ehemaliger UBS-Manager heute Kaffee, Tee und Gewürze abpackt und zur Post trägt?**

PETER DETTWILER: Ich übernahm 2008 die Leitung der Geschäftsstellen Thun, Spiez und Oberdiessbach. In dieser Zeit wurde es immer schwieriger, etwas zu gestalten. Ich fühlte mich in der Defensive, sah mehr Gefahren als Gelegenheiten. Und dann gab es noch diese Zäsur, während der Ferien in Griechenland, als unser damals achtjähriger Sohn schwer verunfallte und plötzlich vorübergehend viel Betreuung brauchte. Da habe ich mich schon gefragt, was wirklich wichtig ist. Vorher war ich ein Wochenend-Vater gewesen, immer früh raus am Morgen, am Abend immer Geschäftstermine, das gehörte einfach dazu. Ich wollte nicht so weiterfahren. Also kündigte ich, widmete mich dem Haushalt und der Erziehung und lernte sogar ein wenig kochen.

**Hatten Sie keine Bedenken, die gut dotierte Stelle einfach so aufzugeben?**
Nein. Ich war mir immer bewusst, dass es in dieser Branche keine sicheren Stellen gibt – man lebt sogar sehr gefährlich als Angestellter, jede Reorganisation kann dich überflüssig machen. Meine Frau und ich waren immer beide berufstätig, wir achteten darauf, dass wir keine Verpflichtungen eingehen, die unsere Unabhängigkeit gefährden. Als ich kündigte, erhöhte sie ihr Pensum als Ärztin von Teilzeit auf Vollzeit. Sie vergrösserte ihre Praxis und bezog eigene Räume. Und sie hat sich an meiner Firma beteiligt. Diese Zeit hat uns sehr zusammengeschweisst.

**War es nicht hart, vom Filialleiter zum Hausmann zu mutieren? Gab es keine schrägen Blicke von den Nachbarn?**
(Lacht) Die Nachbarn haben mich eher vorher schräg angeschaut. Während meiner Zeit als UBS-Vizedirektor wurden wir nicht mehr spontan von den Nachbarn zum Grillieren eingeladen. Nachdem ich gekündigt hatte, wollten plötzlich einige wieder mit mir Kaffee trinken. Aber natürlich waren die ersten Wochen hart. Da fühlte ich mich unter Druck, dachte, nach 15 Jahren Karriereleiter müsse ich mich sofort wieder bewerben. Bald liess ich es sein und gestand mir ein, dass ich keine Ahnung hatte, was ich in Zukunft machen werde. Das blieb ein ganzes Jahr lang so – und es war ein sehr ergiebiges Jahr, eines meiner besten Jahre überhaupt. Ich lernte viele interessante Menschen kennen und entwickelte mit manchen von ihnen verrückte Ideen.

**Wie kamen Sie auf die Idee, mit Tee und Gewürzen zu handeln?**
Ich leide seit längerem unter der Hautkrankheit Neurodermitis und verwendete aus diesem Grund regelmässig Stutenmilchpräparate aus Deutschland. Eine günstige Konstellation führte dazu, dass ich diese Produkte selber importieren konnte. Das zog rasch weitere Kreise, und plötzlich war ich mittendrin im Handel. Durch meine vielfältigen Kontakte ergaben sich weitere Geschäftsfelder, ich begann, Tee, Gewürze und Kaffee zu importieren.

**Ist das nicht aussichtslos, als Quereinsteiger gegen etablierte Marken anzutreten?**
Es gibt Beispiele, die zeigen, dass das gut funktionieren kann, wenn man die vielen Stufen im Zwischenhandel umgehen kann. Inspiriert hat mich Günter Faltin, Professor für Entrepreneurship in Berlin, der mit seinem Projekt Teekampagne zum grössten Importeur von Darjeeling-Tee avanciert ist. Nach der Lektüre seines Buchs sagte ich mir: Das muss in der Schweiz auch möglich sein. Heute, nach einem Jahr, umfasst unser Sortiment rund 1000 Tee-Rezepturen, 160 bis 180 davon bieten wir jeweils im Handel an. Durch persönliche Kontakte und ein weites Netzwerk gelang es mir, mit Teegärten vor allem in China und Indien sowie mit Produzenten in der Schweiz und anderen Ländern Partnerschaften aufzubauen.

**Sie bieten Tee, Kaffee, Stutenmilch, Nachtkerzenöl, Murmeltierfett, Gewürze, Bonbons und vieles mehr an. Haben Sie selber noch den Überblick in Ihrem Gemischtwarenladen?**
Es ist ganz gut, wenn man nicht alle Eier in den gleichen Korb legt. Grob gesagt gibt es die Genussmanufaktur mit handverlesenen Tee-, Kaffee- und Gewürzprodukten und eine Pflegelinie für Menschen mit sensibler Haut. Das Bild vom Gemischtwarenladen gefällt mir übrigens gut, mein Grossvater war im Kolonialwarenhandel tätig, ich arbeite heute teilweise mit den gleichen Lieferanten zusammen wie er damals. Meine Mutter ist Drogistin, sie gibt mir immer wieder Tipps.

**Ihre Firma Svela Nature ist seit einem Jahr auf dem Markt, bis vor vier Wochen gab es aber weder einen Telefonbucheintrag noch eine Homepage. Wie kamen Sie zu Kundschaft?**
Es gibt in der Schweiz ein sehr aktives Kundensegment, das immer auf der Suche nach dem Speziellen ist, nach Produkten, die kein Grossverteiler im Angebot hat. Der Frauenanteil unserer Kundschaft liegt bei 85 Prozent, viele tauschen sich intensiv mit Freundinnen über ihre Entdeckungen aus. Dank solcher Mund-zu-Mund-Propaganda konnten wir im ersten Jahr über 1400 Bestellungen an 820 Kunden senden.

**Reicht das aus, um profitabel zu arbeiten?**

Ja, da die Firma sehr schlank organisiert ist, sind wir seit einem halben Jahr profitabel. Allerdings zahlten wir zu Beginn Lehrgeld. Ich war derart überzeugt von unseren Produkten, dass ich mehrere Mitarbeiter im Stundenlohn für Telemarketing bezahlte. Das verschlang viel Geld, brachte aber kurzfristig kaum Umsatz.

**Als ehemaliger Banker konnten Sie sich das leisten.**

Nicht wirklich. Ich konnte mich nur dank der Unterstützung meiner Frau und meiner Familie auf dieses Wagnis einlassen. Sie gaben mir Sicherheit – aber ehrlich gesagt machte es mir trotzdem zu schaffen, dass ich zunächst gar nichts verdiente. Mein Männer-Ego litt ziemlich, wenn ich meine Frau jeweils fragte, ob sie die nächste Tankfüllung übernehmen könnte. Auch im Restaurant zahlt immer sie, seit ich selbständig bin. Das möchte ich wieder ändern.

**Welches sind die nächsten Ziele?**

Bis in 24 Monaten wollen wir einen schönen Laden in der Berner Altstadt eröffnet haben, später in anderen Schweizer Städten. In den Läden sollen all die Düfte und Farben zum Tragen kommen, es wird eine Tee- und Kaffeebar geben. Das Schönste an meinem heutigen Beruf ist ja, dass ich täglich mit wunderbaren Produkten zu tun habe. Meine Tage sind viel farbiger, ich darf alles machen, bin Einkäufer, Vertriebsleiter, Qualitätsbeauftragter, Postbote, Finanzchef, Werbeleiter, tausche Festplatten aus, erstelle Steuerausweise, probiere neue Teesorten. Und wenn ich am Abend mit einer gut gefüllten Ikea-Tasche zur Post gehe, dann spüre ich meine Produkte und den Umsatz ganz unmittelbar – diese Befriedigung ist unbezahlbar. ■

***Kontakt und Information:*** *peter.dettwiler@svela.ch, www.svela.ch*

26.1.2013

# *«Es ist ein Märchen, dass irgendwann der Traumjob auftaucht»*

*Viele Berufstätige sind unzufrieden mit ihrer Arbeit, verharren aber trotzdem im Job. Karrierecoach Tom Diesbrock erläutert, warum wir lieber an einem bekannten Unglück festhalten, als etwas Neues zu wagen. Veränderungswilligen rät er, nicht auf Experten oder Stellenbörsen zu vertrauen, sondern sich systematisch mit den eigenen Neigungen und Bedenken auseinanderzusetzen.*

**Herr Diesbrock, Sie haben ein Buch geschrieben, das als Selbstcoaching-Programm für die berufliche Neuorientierung dienen soll. Haben Sie beruflich immer schon das gemacht, was Ihnen am Herzen lag?**

TOM DIESBROCK: Nein, ganz und gar nicht. Ich tauge weder als Held noch als strahlendes Vorbild, aber es müssen ja nicht alle die gleichen Fehler machen wie ich. Konkret war es so, dass ich nach dem Abitur keine Ahnung hatte, was ich wollte – und mir auch nicht die Zeit nahm, es herauszufinden. So studierte ich Medizin, weil das die meisten Leute für vernünftig hielten, und als ich merkte, dass es leider nichts mit meinen Neigungen zu tun hatte, stürzte ich mich in eine ziemlich hoffnungslose Musikerkarriere. So stolperte ich vom einen ins andere und irgendwann zufällig in eine gute Richtung. Im Psychologiestudium hatte ich erstmals richtig Spass. Als Psychotherapeut kämpfte ich später mit der Kassenzulassung, so dass ich mich langsam in Richtung Coaching-Laufbahn bewegte. Inzwischen bin ich längst in meinem Traumberuf angekommen, aber es war wirklich eine Odyssee bis hierher.

**Coaching bei beruflicher Neuorientierung muss doch frustrierend sein: Die Klienten würden sich gerne verändern, halten aber aus Furcht vor dem Unbekannten dann doch am bekannten Unglück fest.**

Sie sprechen ein wichtiges Paradox an: Man würde meinen, der Mensch wähle im Zweifelsfall automatisch die Option, die mehr Glücksgefühle verspricht. Das würde bedeuten: Wenn der Leidensdruck gross ist, wächst die Offenheit für das Neue. Oder drastisch ausgedrückt: Wenn das Pferd tot ist, steigt der Reiter ab und sucht sich ein neues. Das ist aber nicht so. Sehr viele Reiter bleiben auf ihrem toten Pferd sitzen. Es bringt sie zwar nicht mehr weiter, aber sie wissen wenigstens, woran sie sind. Reiter von toten Job-Pferden sind unglaublich kreativ darin, gute Gründe für ihr Nicht-Handeln zu finden. Aus der Fachperspektive betrachtet, kämpfen sie mit dem Prägnanzproblem: Solange sie sich entscheiden müssen zwischen der sehr klaren Option «Festhalten am Status quo» und der sehr vagen Alternative «Etwas Neues aufbauen», entscheiden sie sich für das Vertraute, selbst wenn sie es hassen. Unser Gehirn vermeidet das Unklare, weil es die damit verbundenen Risiken überschätzt. Deswegen ist es so wichtig, die berufliche Neuorientierung systematisch anzugehen. Verwenden Sie ein Brett und Figuren, wenn Sie Schach spielen?

**Ja, natürlich – warum?**

Erstaunlicherweise glauben viele Menschen, man könne in einer so komplexen Frage wie der der beruflichen Neuorientierung alleine durch Einkehr und Grübeln den Durchbruch erzielen. Das ist, als würde Mercedes den Angestellten sagen, sie möchten sich doch bitte mal ein paar Monate Gedanken machen über ein neues Modell. Oder als würden wir versuchen, eine Schachpartie zu spielen ohne Brett und Figuren. Das wäre für die allermeisten eine gewaltige Überforderung – das Gleiche trifft auf berufliche Neuorientierung ohne klare Struktur zu. Es ist ein Märchen, dass irgendwann der Traumjob auftaucht, wenn man intensiv genug in sich hineinspürt – ein oft verkauftes und gern geglaubtes zwar, aber trotzdem ein Märchen. Natürlich gibt es solche «Heureka-

Momente», aber sie wollen durch Strukturierung, Visualisierung, durch Mut und Fleiss erarbeitet werden. Meiner Erfahrung nach kommt es bei der beruflichen Neuorientierung auf drei Ebenen an: die Ideenentwicklungsebene, die Selbstmanagementebene und die Planungsebene. Wenn auf allen dreien seriös gearbeitet wird, stehen die Chancen gut, eine Veränderung nicht nur zu ersehnen, sondern sie auch umzusetzen.

**Man kann es sich auch einfacher machen und einen Experten fragen, was zu einem passen würde.**
Oh ja, ich werde das sehr oft gefragt von meinen Kunden: ob dieses oder jenes wohl vernünftig wäre. Es gibt ja auch genug vermeintliche Autoritäten, die hier gerne teure Antworten liefern. Realistischerweise kann einem aber niemand sagen, was eine gute Wahl ist. Erstens, weil es keine per se sicheren Berufe mehr gibt, und zweitens, weil man sich schon selber über seine Neigungen klar werden sollte. Viele Berufsberater tendieren dazu, die Frage anhand der bewussten Kompetenzen zu beantworten – und schon landen die Ratsuchenden wieder in jenem Milieu, dem sie eigentlich entkommen wollten. Dabei kann man sich Kompetenzen leicht aneignen, wenn man sich seinen Neigungen und wirklichen Interessen gemäss in eine neue Richtung bewegt. Diese klar herauszuschälen, das ist harte Arbeit, die einem niemand abnehmen kann. Wer den Aufwand scheut, kann Zuflucht nehmen zu Job-Mythen wie: «Der Experte weiss, was für mich richtig ist.» Oder: «Wenn ich fleissig alle Stellenanzeigen durchschaue und mein CV auf viele Jobbörsen hochlade, finde ich irgendwann schon den perfekten Job.» Oder, auch sehr beliebt: «Wenn ich mich hier noch mehr anstrenge, wird das einmal honoriert und man bietet mir etwas viel Besseres an.» Das sind bequeme, aber leider komplett falsche Annahmen.

**Wie lautet die Alternative, zu der Sie raten?**
Die beschriebenen Strategien haben eines gemeinsam: Wer sie befolgt, weigert sich, die volle Verantwortung zu übernehmen für seinen beruflichen Erfolg. Es sind reaktive Strategien, Strategien der Abhängigkeit. In der heutigen Zeit hilft es aber nicht, sich am Beckenrand festzuhalten aus Angst vor dem Ertrinken. Erfolgversprechender ist es, einzutauchen und schwimmen zu lernen.

Letztlich geht es darum, sich wie ein Unternehmer zu verhalten – unabhängig davon, ob man formal angestellt ist oder selbständig. Ich hatte offen gestanden ziemlich Angst davor, mich selbständig zu machen, weil mein Vater als Handelsvertreter sehr um sein Einkommen kämpfen musste und ich als Kind den Eindruck gewonnen hatte: «Entweder bist du egoistisch und erfolgreich oder du bist korrekt und landest irgendwann in der Armut.» Das ist typisch für Umbruchphasen: Man neigt zu Schwarz-Weiss-Denken und malt sich mit unreflektierten Glaubenssätzen den Teufel an die Wand.

**Wie haben Sie diese Phase überwunden?**

Zunächst ist es hilfreich, dass man in der heutigen Arbeitswelt vieles mit einem Sicherheitsnetz ausprobieren kann. Eine Selbständigkeit kann man in Raten aufbauen, je nach Sicherheitsbedürfnis. Mit jedem kleinen Schritt wuchs mein Vertrauen, bis ich irgendwann realisierte, dass die Angestellten in einer Scheinsicherheit lebten, die unter dem Strich viel riskanter war als meine Selbständigkeit. Es muss nicht immer eine radikale Veränderung sein, oft sind es viele kleine Weichenstellungen, die am Ende einen grossen Unterschied ausmachen. Ich stelle fest, dass sich meine Klienten manchmal unnötig unter Druck setzen. Sie haben die Erwartung, es müsse sofort alles anders werden, und stempeln sich damit schon im Voraus zu Versagern.

**In Veränderungsprozessen wird man früher oder später mit Ängsten und alten Glaubenssätzen konfrontiert. Wie kann man verhindern, dass diese das ganze Projekt gefährden?**

Auch hier gibt es viele verführerische Angebote auf dem Markt. Eines lautet: Positives Denken! Da werden Menschen, die widerstrebende Kräfte in sich spüren, in Wochenendseminaren darauf eingeschworen, positive Gefühle und starke Bilder heranzuzüchten und den Rest auszublenden. Das mag kurzfristig funktionieren, mittelfristig führt es in die Depression oder zum Realitätsverlust. Wenn ich mich verändern will und sich eine innere Stimme meldet, ein Teil meines Kind-Ichs, das sich schlecht fühlt und fürchtet, dann sollte ich achtsam mit dieser Stimme umgehen. Wer Ängste wahrnimmt und einordnen kann, macht sie kleiner und gewinnt Handlungsfähigkeit zurück. Wenn man die Diagnose «Ich bin zu alt dafür» als Glaubenssatz erkennt und realisiert, dass das nicht ein Abbild der Realität ist, kann man sich davon distanzieren und die Aussage relativieren. Ich rate dazu, gleich zu Beginn einer Neuorientierung eine Bedenkenliste anzulegen. So lernt man rasch, wie befreiend es sein kann, Bedenken zu erfassen und von aussen zu betrachten. Man kann sich so viel eher auf den Standpunkt stellen: «Ich habe zwar Angst, aber ich bin nicht diese Angst.»

**Woher kommt eigentlich der gesellschaftliche Druck, sich partout selber zu verwirklichen in der Arbeit? Vielleicht wäre es ja auch ganz o.k., einfach einen guten Job zu machen.**

Wer damit zufrieden ist, dem will ich hier nichts anderes erzählen. Ich stelle aber fest – und viele Umfragen bestätigen dies –, dass ein grosser Teil der Arbeitnehmenden demotiviert bis unglücklich ist bei der Arbeit. Daher rührt der Handlungsbedarf, denn das belastet die Volkswirtschaft enorm. Ich halte nicht viel von der protestantischen Arbeitsethik, die sagt, es sei nicht im Sinne des Erfinders, bei der Arbeit auch noch glücklich zu sein. Es gibt heute kaum mehr ein statisches Jobangebot wie noch vor drei, vier Generationen, also braucht es Menschen, die flexibel und mit Freude Aufgaben in Nischen übernehmen, sich ihre Arbeit erfinden. Ich persönlich will, wenn ich schon 50 bis 60 Stunden pro Woche arbeite, unbedingt etwas machen, das mir Spass macht und das anderen Menschen unmittelbar einen Nutzen bringt. ■

***Kontakt und Information:*** *www.tomdiesbrock.de*

***Literatur:*** *Tom Diesbrock ‹Jetzt mal Butter bei die Fische!›*
*Das Selbstcoaching-Programm für Ihre berufliche Neuorientierung,*
*Campus Verlag, Frankfurt a. M. 2012.*

**EGGER ULRICH**
Vom Lehrer via Australien zum Verhandlungsprofi

10.11.2012

# *«Lieber ein friedlicher Dissens als ein fauler Kompromiss»*

*Die ersten Niederlagen in seinem Leben waren unverhandelbar, danach entwickelte sich Ulrich Egger zu einem europaweit gefragten Spezialisten für effektives Verhandeln. Sein Beispiel zeigt: «Wer gerne und gut verhandelt, hat mehr vom Leben.» Und er wird so schnell nicht müde. Der Präsident der Egger, Philips + Partner AG verschwendet mit 71 Jahren noch keinen Gedanken an den Ruhestand.*

**Herr Egger, Sie haben in den letzten 27 Jahren weit über 10 000 Menschen in der Kunst des guten Verhandelns geschult. Was haben Sie bei dieser Arbeit fürs Leben gelernt?**

ULRICH EGGER: Viele Menschen empfinden Verhandeln als etwas Unangenehmes. Deswegen weichen sie solchen Situationen aus oder flüchten sich rasch in ungute Kompromisse. Mir ist ein friedlicher Dissens viel lieber als ein fauler Kompromiss. Verhandeln ist für mich längst zu einer Lebensform geworden. Wer gerne und gut verhandelt, hat mehr Optionen im Leben. Er entfaltet mehr Kraft, weil er gestalten kann, statt ohnmächtig zuzusehen, was passiert.

**Oft gibt es doch wenig Gestaltungsspielraum in Verhandlungssituationen. Der Stärkere setzt seine Interessen durch.**

Bei Verhandlungen kann man seine Machtposition in die Waagschale werfen und die Gegenseite schwächen. Kurzfristig bringt das Gewinn, mittelfristig rächt es sich meistens. Wenn ein Kuchen zu verteilen ist und beide das grössere Stück wollen, fühlen sich am Ende beide als Verlierer. Oft lohnt es sich, nach Wegen zu suchen, wie man den Kuchen grösser machen kann. Ein Beispiel: Statt über eine gerechte Aufteilung einer Orange zu streiten, wäre es klüger, zuerst die Interessen zu klären. Beide erhalten mehr, wenn die eine Seite, die durstig ist, den ganzen Inhalt erhält, um Saft zu pressen, und jene, die einen Kuchen backen will, die ganze Schale zugesprochen erhält.

**Wann haben Sie in Ihrem Leben zum ersten Mal die Macht des Verhandelns kennengelernt?**

Die ersten einschneidenden Erlebnisse waren leider unverhandelbar. Zunächst musste ich wegen schlechter Noten in Latein, Physik und Chemie die 7. Klasse wiederholen, was mein Selbstwertgefühl hart auf die Probe stellte. Ich wechselte in der Folge vom Literatur- ins Handelsgymnasium, was sich als heilsame Veränderung herausstellte. Nach der Matura wollte ich vorerst Anglistik studieren, wurde aber an der Uni Zürich nicht aufgenommen, weil ich im Maturazeugnis in Mathematik nur eine 4 hatte! Auch diese unverhandelbare Niederlage hatte Spätfolgen. Ich hatte zwar das Lehrdiplom erworben und drei Jahre als Sekundarschullehrer unterrichtet, aber ich wollte noch immer besser Englisch lernen und gleichzeitig den Duft der grossen, weiten Welt erleben. So entschieden sich meine Frau und ich, nach Australien auszuwandern.

**Das war 1968. Wie kam der Entscheid in Ihrem Umfeld an?**

Niemand verstand, warum ein diplomierter Lehrer und Leutnant der Artillerie der Schweiz den Rücken kehren wollte. Ich war damals nicht frustriert, aber es fehlte mir etwas. Deswegen folgte ich der Abenteuerlust. Wir reisten auf einem italienischen Auswandererschiff fünf Wochen lang nach Australien. Dort fühlten wir uns sehr frei. Es gab keine definierten Rollen, kaum Vorurteile, alles schien möglich – auch beruflich. Zunächst habe ich für einen grossen amerikanischen Verlag an Haustüren Enzyklopädien verkauft, oder besser: zu verkaufen versucht. Dann war ich länger arbeitslos und erfuhr, was es heisst, nicht gefragt zu sein, abgelehnt zu werden. Schliesslich machte ich mich mit einem holländischen Kunstmaler selbständig. Die bunten Sommerkleider für Frauen, die er produzierte, wurden uns regelrecht aus den Händen gerissen – bis er eines Tages den Bettel hinwarf, weil er keine Lust mehr hatte.

**Wie haben Sie beruflich wieder Fuss gefasst?**
Nach längeren Reisen konnte ich in Sydney bei einem amerikanischen Konzern ins Personalwesen einsteigen. Ich merkte rasch, dass mir das lag. Ein paar Jahre später zurück in Europa wechselte ich zum Philips-Konzern und machte dort Karriere. Später wurde ich Personaldirektor in einem 2000-Mann-Betrieb. Ich tat mich aber zunehmend schwer damit, dass alle zwei Jahre neue Manager kamen, die eine neue Richtung einschlugen. So wurde mir klar: Entweder werde ich frustriert und zynisch in diesem Job, oder ich wage noch einmal etwas Neues. In dieser Zeit rief mich ein alter Arbeitskollege, Frits Philips jr., aus Holland an und schwärmte von einem Harvard-Professor, dessen Beratungsansatz er mit mir in Europa verbreiten möchte. Als jüngster Sohn des damaligen obersten Chefs des Elektronikkonzerns Philips verzichtete er nach 17 Jahren Tätigkeit in diesem Unternehmen darauf, die vorgezeichnete Karriere weiter zu verfolgen und machte sich selbständig.

**Die passende Anfrage im richtigen Moment?**
Ich sagte zunächst dezidiert Nein, weil ich allergisch war auf all diese Berater, die dir mit schönen Worten viel Unsinn verkaufen. Dann lernte ich aber Professor Roger Fisher und sein Harvard-Konzept des Verhandelns kennen und war davon magisch angezogen. Hier ging es nicht darum, mit raffinierten Tricks die Gegenseite über den Tisch zu ziehen, sondern darum, Verhandlungssituationen umfassender zu verstehen und so bessere Ergebnisse zu erzielen, ohne dass sich jemand schlecht fühlt danach. Schliesslich gründeten Frits Philips und ich 1985 eine Firma, handelten eine vertraglich gesicherte Zusammenarbeit mit der Harvard Universität aus, um das Konzept in Europa bekannter zu machen, an die europäische Kultur anzupassen und Menschen in verantwortungsvollen Positionen darin zu schulen.

**In der Öffentlichkeit wurden Sie vor Jahren durch Ihre Vermittlung im Streit zwischen Swissair-Management und -Piloten bekannt. Inwiefern war dieser Fall lehrreich?**
Es war schon sehr viel Arbeit erforderlich, um überhaupt die richtigen Leute an einen Tisch zu bekommen. Wenn Leute am Tisch sitzen, die keine Kompetenzen haben, gibt es auch keinen Spielraum. Oft verhandeln ja nicht die Chefs selber, sondern sie delegieren jemanden und machen ihm strikte Vorgaben. Wenn diese Beauftragten nicht mit ihren Chefs um einen gewissen Spielraum verhandeln, kommen Verhandlungen nicht vom Fleck. Man braucht Flexibilität und einen Plan B, wenn man in Verhandlungen eintritt, sonst kann man auch einfach die Forderung bekannt geben. Beim Swissair-Fall kam uns entgegen, dass der Leidensdruck hoch war. Die Situation war kurz vor der Eskalation, Sturheit hätte beide Seiten zu Verlierern gemacht. Wir hatten schliesslich vier Gewerkschaftsvertreter und vier Manager am Tisch, klärten sehr sorgfältig die Vorgehensweise und fanden durch tage- und nächtelange Verhandlungen nach einer Woche eine gute Lösung.

**Kommt es vor, dass auch Sie als Verhandlungsprofi an Ihre Grenzen stossen?**
Oh ja. Bei den Verhandlungen mit den eigenen Töchtern, die in der Pubertät steckten, half mir alles Wissen dieser Welt nichts – da braucht es dann eher die Gabe, loszulassen. Aktuell stecke ich in einer geschäftlichen Verhandlung, die schwierig ist, weil ich merke, dass ich wütend und enttäuscht bin. Da suche ich das Gespräch mit Menschen, die mich gut kennen, um meine Sicht auf die Situation zu überprüfen. Mit etwas Distanz wird einem bewusst, dass man in jeder Lage die Wahl hat, sich so oder anders zu verhalten. Es lohnt sich weiter, sich immer auch grundsätzliche Fragen zu stellen, etwa die, ob die Interessen beider Seiten überhaupt durch Verhandlungen befriedigt werden können; oder ob es womöglich besser ist, die Verhandlungen zumindest zu unterbrechen und sich mehr mit Alternativen zu befassen. Manchmal braucht es ein Nein, damit man später einen Weg findet, mit gutem Gefühl Ja zu sagen. ■

***Kontakt und Information:** www.eggerphilips.ch*

***Literatur:** R. Fisher / W. Ury / B. Patton ‹Das Harvard-Konzept›, Campus Verlag*

**EVERETT SOPHIE**
Von der PR-Frau zur Reiseleiterin für Jobtouristen

17.11.2012

# *Wenn die KV-Angestellte für einen Tag zur Bestatterin wird*

*Wie wäre es, einen ganz anderen Beruf auszuüben? Seit zwei Jahren ermöglicht der Verein Jobtourist Einblicke in unbekannte Arbeitswelten. Mitgründerin Sophie Everett, die selber schon bei einem Tätowierer, einem Alphornbauer und einem Alpaka-Züchter geschnuppert hat, empfiehlt Berufsleuten, sich möglichst breit umzuschauen. Den Beruf fürs Leben gebe es heute nicht mehr.*

**Frau Everett, Sie betreiben eine Plattform für Jobtouristen. Ist ein Jobtourist einer, der hauptamtlich Ferien macht?**

SOPHIE EVERETT: Nein, unser Angebot hat nur indirekt mit Urlaub zu tun – wir bieten höchstens Kurz-Urlaub vom Alltag. Jobtouristen sind Menschen, die entweder aus Spass und Neugier in eine andere Berufsrolle schlüpfen – einmal mit einem Stuntman von einem Kran springen, mit einem Fachmann ein Alphorn bauen oder mit einem Goldschmied ein Schmuckstück herstellen; oder sie spielen mit dem Gedanken an einen Stellenwechsel und möchten eine Art kurze Schnupperlehre absolvieren, indem sie erfahrenen Berufsleuten über die Schulter schauen und mit anpacken. Wenn man einen Beruf nur aus der Beschreibung in einem Bundesordner der örtlichen Berufsberatung kennenlernt, hat man normalerweise kein Gefühl dafür, ob der Beruf passen könnte. Im direkten Kontakt mit Berufsleuten hingegen kann man die Arbeit erleben und aus erster Hand alles Wichtige erfahren.

**Sie haben das Jobtourist-Angebot vor knapp zwei Jahren lanciert. Wie kamen Sie auf die Idee?**

Mein Mann und ich sassen in einem Restaurant und wunderten uns darüber, dass uns eine weisse Tomatensuppe serviert wurde, die erst noch wunderbar schmeckte. Mein Mann sagte, es wäre spannend, einmal hinter die Kulissen schauen und von diesem Koch lernen zu können. Beim Nachtessen philosophierten wir darüber, was für Berufe wir gerne einmal ausprobieren würden. Wir fragten auch die Kellnerin und einige Gäste, führten eine kleine Marktforschung durch. Am Ende des Abends war die Idee geboren, eine Plattform aufzubauen, die solche Einblicke in andere Arbeitswelten erlaubt. Mit einem gemeinsamen Freund schrieben wir einen Businessplan, er nahm dann die Programmierung der Website in Angriff.

**Wie viele Angebote sind in den zwei Jahren zusammengekommen?**

Wir können heute in der Schweiz, Deutschland und England rund 100 Jobtours in 60 verschiedenen Berufen anbieten. Natürlich eignen sich nicht alle Berufe. Bei einem Chirurgen oder einer Rega-Pilotin ist eine Begleitung durch Laien nicht möglich. Ich kenne viele Leute, die früher einen Traumberuf hatten, ihn dann aber nie ausgeübt haben. Für sie ist es ein Riesenerlebnis, wenn sie das wenigstens für kurze Zeit nachholen können.

**Was war Ihr Traumberuf in der Kindheit?**

(Lacht) Ehrlich gesagt wollte ich Kaiserin werden – wir haben halt zu oft die Sissi-Filme geschaut damals. Später dachte ich daran, Medizin zu studieren – eher wegen des Berufs meines Vaters als aus eigener Neigung. Ich stieg dann ziemlich planlos ins Studium der Medien- und Kommunikationswissenschaften ein. Zum Glück stellte sich heraus, dass die eingeschlagene Richtung stimmte für mich. Andere studieren ins Blaue hinaus und stehen gegen Ende des Studiums vor der Frage, ob sie einen Job antreten sollen, der sie nicht wirklich interessiert, oder etwas anderes machen, für das sie nicht ausgebildet sind.

So oder so ist es gut, sich möglichst breit umzuschauen. Den Beruf fürs Leben gibt es heute nicht mehr, und wir werden künftig länger arbeiten.

**Ist das nicht eine Luxuserscheinung, dass wir meinen, der Beruf müsse sinnstiftend und Teil der Selbstverwirklichung sein?**

Da viele von uns acht Stunden und mehr pro Tag arbeiten, spricht einiges dafür, in dieser Zeit etwas Nützliches und Sinnvolles zu tun. Als 30-jährige Frau stelle ich mir diese Frage gerade sehr intensiv: Was gibt meinem Leben Sinn? Wo setze ich Prioritäten? Viele Freundinnen und Bekannte haben in letzter Zeit Kinder bekommen und sind sehr erfüllt davon. Es wird mir aber auch bewusst, dass ein Entscheid pro Familie für mich einschneidende Veränderungen im Berufsleben mit sich bringen würde. Bei meinen Freundinnen sehe ich, dass ihr Lohn gerade reicht, um die Krippenkosten zu finanzieren. Und sie bekommen zu hören, es sei nicht richtig, dass eine Mutter ein knapp einjähriges Kind in die Krippe bringt. Die alten Rollenbilder sind noch immer sehr präsent. Das spüren auch Väter, die ihr Pensum reduzieren und in der Firma oder in der Waschküche schräg angeschaut werden.

**Sie sind im Moment Inhaberin einer PR- und Kommunikationsagentur in Thun und betreiben nebenbei das Portal Jobtourist. Hat Sie dieses Projekt nie auf die Idee gebracht, etwas ganz anderes zu machen?**

Ich habe selber drei Jobtours absolviert – bei einem Tätowierer, einem Alphornbauer und einem Alpaka-Züchter. Ich habe sehr viel gelernt, aber auch festgestellt, dass ich in der Kommunikationsbranche momentan am richtigen Ort bin. Auch in meinem Beruf lerne ich verschiedenste Welten kennen; mal texte ich für einen Hotelier, mal für ein Altersheim, dann wieder begleite ich Start-ups oder entwerfe eine Visitenkarte für eine Frau, die Tierkommunikation anbietet. Der Einblick in die Arbeit mit betagten Menschen hat mich bis jetzt am meisten berührt.

**Wissen Sie von Kunden, die nach einer Jobtour bei Ihnen komplett umgesattelt haben?**

Wir führen nicht Buch. Es gab aber eine jüngere Frau mit KV-Ausbildung, die sich sehr für den Bestatterberuf interessierte. Wenn sie ihren Wunsch äusserte, erntete sie nur schiefe Blicke. Wir fanden für sie einen Bestatter, den sie einen Tag lang begleiten konnte. Die Arbeit gefiel ihr enorm gut, sie war am Ende Feuer und Flamme für den Beruf. Ob sie jetzt umgestiegen ist, weiss ich nicht.

**Wie geht es mit Jobtourist weiter?**
Wir sind heute soweit, dass die Einnahmen unseren Aufwand decken, aber wir verdienen kein Geld damit. Jetzt braucht es den nächsten Schritt, damit aus dem funktionierenden Prototypen ein rentables Modell wird. Wir schauen uns derzeit nach passenden Leuten um, die unsere Plattform übernehmen und weiterentwickeln könnten. Da wir alle drei weiter in unseren angestammten Berufen tätig sind, stossen wir an unsere Grenzen.

**Sie haben mit 30 Jahren bereits zwei Unternehmen gegründet. Was war die wichtigste Lektion?**
Zwei Dinge fallen mir ein: Erstens ist Vernetzung extrem wichtig. Man findet viele Informationen und auch sehr persönliche Erfahrungsberichte, wenn man sich mal zwei, drei Tage Zeit nimmt, im Internet zu recherchieren. Dann sollte man unbedingt den persönlichen Kontakt zu anderen Start-ups und erfahrenen Unternehmern suchen. Sonst läuft man Gefahr, vor lauter Begeisterung unrealistische Ziele zu verfolgen. Und das Zweite: Weil man in der Startphase meistens sparen muss, geht man oft auf Kollegen zu und bittet sie um einen Gefallen. Es ist extrem wichtig, hier klar zu regeln, wie es mit der Entlöhnung aussieht und was man erwartet – der Freundschaft zuliebe. ■

***Kontakt und Information:** info@jobtourist.net, www.jobtourist.net*

17.3.2013

# *«Ich kann zwar nicht gehen, aber ich könnte versuchen zu tanzen»*

*Maya Farner hat einen weiten Weg zurückgelegt, um ihrer Berufung nahezukommen: Mit 22 Jahren liess sich die Kindergärtnerin in Istanbul von einem Derwisch im Drehtanz unterrichten. Später suchte sie als Tänzerin trotz schwerwiegender Knieprobleme beharrlich nach eigenen Ausdrucksformen auf der Bühne. Die Kurse ihrer Schule für Orientalischen Tanz und Trancetanz sind permanent ausgebucht.*

**Frau Farner, Sie sind in Zürich in einer streng religiösen Familie aufgewachsen. Wie wurde aus Ihnen eine orientalische Tänzerin, die immer neue märchenhafte Bühnenstücke kreiert?**

MAYA FARNER: Ich habe einen langen Weg zurückgelegt, um zu werden, wer ich bin. Schon früh fühlte ich mich zu allem Musischen hingezogen, aber als Beruf kam das nicht in Frage. Meine Eltern bestanden darauf, dass ich etwas Rechtes lerne, Krankenschwester oder Kindergärtnerin. So nahm ich das Lehrerseminar mit Hauptfach Sport in Angriff, musste die Ausbildung aber bald abbrechen, weil ich wegen massiver Knieprobleme den Turnunterricht nicht besuchen konnte. Ich absolvierte schliesslich die Diplommittelschule und wurde wie vorgesehen Kindergärtnerin. Nach einem halben Jahr konnte ich mir nichts mehr vormachen: Es war nicht meine Welt, nicht mein Beruf. Von da an wandte ich mich dem Tanzen zu.

**War der orientalische Tanz für Sie ein Gegengewicht zu den begrenzenden Verhältnissen in ihrer Jugend?**
Es gab wohl zwei Antreiber: Bewegung ist wichtig in meinem Leben, seit ich denken kann. Ich habe immer schon getanzt, musste mit zwanzig aber fürchten, meine Bewegungsfreiheit einzubüssen. Die Knieoperation, die meine Wachstumsprobleme beseitigen sollte, war gründlich schiefgelaufen, sodass an Flamenco und andere Tanzstile nicht mehr zu denken war. Ich suchte deshalb eine sanftere Form der Bewegung und wurde auf den orientalischen Tanz aufmerksam, der gerade neu in der Schweiz angekommen war. Bei dieser Tanzform kommt die Bewegung viel stärker aus dem Körperstamm: Becken, Brustkorb und Arme werden isoliert, es gibt keine Sprünge und andere Elemente, bei denen grosse Kräfte auf die Beine wirken. So gewann ich durch den orientalischen Tanz meine Bewegungsfreiheit zurück.

**Welches war der zweite Antreiber?**
Natürlich war das Bild des Orients ein Gegenentwurf zur streng christlichen Religiosität meiner Kindheit. Als ich mit 22 Jahren nach Istanbul ans Tor zum Orient reiste und mich von einem Derwisch im Drehtanz unterrichten liess, war das eine Befreiung. Zuvor war ich aus der Kirche ausgetreten, aber wenn du dein Leben lang betest und dann von einem Tag auf den anderen damit aufhörst, fehlt dir etwas. Im Sufismus fand ich eine für mich stimmige Form der Spiritualität: das getanzte Gebet. Denn im Drehtanz wird die ruhige Achse als eigene Mitte erfahrbar.

**Wann kamen Sie auf den Gedanken, das Tanzen zu Ihrem Beruf zu machen?**
Das war lange Zeit keine Option, ich kam gar nicht auf die Idee, dass ich mit dieser Leidenschaft meinen Lebensunterhalt verdienen könnte. Stattdessen holte ich bei der Akad die Matur nach und studierte Religionswissenschaften und Philosophie, um mehr zu erfahren über die kulturellen Hintergründe des Tanzes und über die Relation von Körper und Geist. Daneben bildete ich mich intensiv in orientalischem Tanz weiter und gab Tanzunterricht. Nach vier Jahren Studium, kurz vor dem Abschluss, häuften sich die Tanzanfragen so sehr, dass ich mich entscheiden musste, ob ich mich aufs Lizenziat konzentrieren oder ganz auf die Karte Tanz setzen wollte. Ich vertraute auf mein

Bauchgefühl, brach die Uni ab und widmete mich ausschliesslich dem Tanzen. Wenige Monate später waren meine Knie so blockiert, dass ich nicht mehr aus meiner Wohnung kam.

**Sie mussten alle Termine absagen?**

Ja, Kolleginnen sprangen für mich ein, ich sass zuhause und hatte die Stimmen meiner Freunde im Ohr, dass es unverantwortlich sei, den akademischen Abschluss nach acht Jahren Vorarbeit so kurz vor dem Ziel aufzugeben. Schlimmer war die bohrende Frage, ob ich meinem Bauchgefühl noch trauen konnte. Es war eine grausame Zeit, nicht nur wegen der Schmerzen, sondern auch, weil ich kein Selbstvertrauen und keine Perspektive hatte. Ich suchte mit Krücken verschiedene Kniespezialisten auf und erhielt immer die gleiche Auskunft: «Vergessen Sies, da ist nichts mehr zu retten!» Schliesslich war ein Spezialist in Magglingen bereit, es mit einer neuartigen Operationstechnik zu versuchen, aber auch dieser Eingriff brachte zunächst keine Fortschritte – die Knie waren chronisch entzündet, weder Kortisonspritzen noch Physiotherapie verschafften dauerhaft Linderung.

**Eine ausweglose Situation.**

Ja, das war es, bis ich nach einem halben Jahr dachte: «Ich kann zwar nicht gehen, aber ich könnte versuchen, im Wohnzimmer ein wenig zu tanzen.» Erst als der Weg zum Tanz komplett versperrt schien, fand ich durch den Schmerz zu einer tieferen Auseinandersetzung mit meinem Körper und einen neuen Zugang zur Bewegung. Die lädierten Knie zwangen mich, den Weg in letzter Konsequenz zu gehen. Bald wurden die Schmerzen erträglicher und behinderten mich schliesslich kaum mehr.

**Wie wurde der orientalische Tanz in der Schweiz aufgenommen?**

Ich hatte als Pionierin mit vielen Vorurteilen zu kämpfen. Laien sahen darin in erster Linie den Bauchtanz und hielten das rasch für eine unseriöse, anzügliche Sache. Die professionellen Tanzschaffenden situierten diese Tanzform ebenfalls eher im Bereich der Unterhaltung als im Kunst-Segment. Weil ich parallel zur Tätigkeit auf der Bühne ein Nachdiplomstudium in Tanzkultur an der Universität Bern absolvierte, wurde mir rasch bewusst, wie gefährlich es ist,

eine Kunstform eins zu eins in einen anderen Kulturkreis zu verpflanzen. Ich begann, mich von den starren Vorgaben des orientalischen Tanzes zu emanzipieren und meine ganz persönliche Ausdrucksweise zu suchen. Das war die zweite Revolution in meinem Leben nach dem Auszug aus dem Elternhaus: dass ich die Vorgaben, welche die orientalische Tradition verlangt, über Bord warf und darauf pochte, dass Kunst die totale Freiheit braucht. Jeder kann sie für sich beanspruchen, der sich mit der Tradition auseinandergesetzt hat.

**Worin unterscheidet sich Ihre Interpretation von der orientalischen Tradition?**
Im klassisch-orientalischen Tanz wird ein Aspekt des Frauseins extrem betont: das Schöne, Verführerische, Erotische. Das ist auch einer der Gründe, warum Tänzerinnen im Orient kein Ansehen haben, teilweise mit Verachtung gestraft werden. Mir war es wichtig, auch die anderen Aspekte, die dunklen, unangepassten und wilden Seiten des Weiblichen einzubeziehen. Dafür braucht es ein erweitertes Bewegungsvokabular, welches ich mit zeitgenössischen Tanztechniken entwickle.

**Das brachte Ihnen zwar nicht unbedingt viel Prestige, aber grossen Zuspruch für Ihre Kurse.**
In der Schweiz hat der Tanz gesellschaftlich eine höhere Akzeptanz, er gilt als Kunstform. Als Vertreterin einer weniger bekannten, exotischen Stilrichtung lebe ich mit dem Stigma, eine Aussenseiterin zu sein. Wer weiss, vielleicht werde ich dank dem kürzlich absolvierten Master in Tanzkultur ja doch noch vom Berufsverband Dance Suisse aufgenommen (lacht). Aber ich brauche heute keinen amtlichen Segen mehr, obwohl ich finde, dass es in unserer globalisierten Welt jedem gut anstünde, sein Kulturverständnis durch Auseinandersetzung mit anderen Traditionen zu erweitern. Mein Antrieb ist die künstlerische Arbeit an eigenen Produktionen und die experimentelle und wissenschaftliche Reflexion des Tanzes. Weil ich davon nicht leben kann und weil es mir ein Bedürfnis ist, meine Erfahrungen zu teilen, gebe ich Kurse in orientalischem Tanz, Trance-Tanz und Derwisch-Tanz.

**Diese Kurse sind immer sofort ausgebucht. Warum ziehen sie so viele Teilnehmerinnen an? Die «Zeit» mokierte sich kürzlich darüber, dass Businessfrauen im orientalischen Tanz nach der «prallen Weiblichkeit» suchen, die im Büroalltag verpönt sei...**

Mich hat die blumige, beinahe orientalische Ausdrucksweise der Autorin des Artikels amüsiert. Natürlich gibt es Teilnehmerinnen, die im Tanz eine Gegenwelt zur nüchtern-rationalen Berufswelt sehen. Die Motive sind aber sehr vielfältig: Berufstänzerinnen finden hier neue Impulse, Private kommen zum Derwisch-Tanz, um sich einen andern Blickwinkel zu erschliessen, der dem Leben eine zusätzliche Tiefe geben kann; und im orientalischen Tanz machen Frauen die schöne Erfahrung, dass man nicht immer Haltung bewahren muss, sondern verspielt neue Ausdrucksformen suchen kann. Viele schätzen es, dass sie diese runden, fliessenden Bewegungen ohne männliche Zuschauer proben und dadurch ganz bei sich sein können, weil sie niemandem gefallen müssen. ■

***Kontakt und Information:** www.mayafarner.ch*

**FREI DANIEL**
Vom ETH-Studenten zum Chef der Tibits-Restaurants

19.5.2012

# *«Ich wurde ein wenig belächelt von den Mitstudenten an der HSG»*

*Vor zwölf Jahren gab es das Gastronomieunternehmen Tibits erst auf Papier, heute verpflegen sich jeden Tag 6000 Gäste in einem der sechs vegetarischen Restaurants. Geschäftsführer Daniel Frei, der die Firma mit seinen beiden Brüdern Reto und Christian sowie Rolf Hiltl gegründet hat, erklärt, wie man 285 Mitarbeiter aus 40 Nationen zu Mitunternehmern macht.*

**Herr Frei, Sie haben an der HSG in St. Gallen Ökonomie studiert. Wie kam es, dass Sie ein vegetarisches Restaurant gründeten, statt standesgemäss in einer Bank oder Beratungsfirma Karriere zu machen?**

DANIEL FREI: Ich war wohl kein typischer HSG-Student. Meine Hauptinteressen galten der Wirtschaftspsychologie und dem Management sozialer Prozesse. Wegen meiner philosophischen Ader wurde ich ein wenig belächelt von den Mitstudenten. Als dann mein jüngerer Bruder Reto von einem Businessplan-Wettbewerb an der ETH Zürich erzählte, entwickelten wir gemeinsam mit dem älteren Bruder Christian das «Projekt V», die Idee eines vegetarischen Selbstbedienungsrestaurants. Wir waren alle Vegetarier und hatten öfter die Erfahrung gemacht: Wenn man in einem Restaurant nach fleischlosen Menüs fragte, erntete man zuerst mitleidige Blicke und erhielt dann im besten Fall das normale Menu ohne Fleisch.

**War es ein beschwerlicher Weg vom Businessplan bis zur Eröffnung des ersten Tibits-Restaurants an der Seefeldstrasse in Zürich?**
Es war eine sehr intensive Zeit zwischen 1998 und 2000, eine Mischung aus Hoffen und Zweifeln, und auch immer wieder die Frage: Warum tun wir uns das an? Sicher half uns, dass wir zwei Auszeichnungen für unseren Businessplan bekamen und sich der erfahrene Gastronomie-Unternehmer Rolf Hiltl uns anschloss. Aber natürlich war es ein Wagnis. Während unsere Kollegen im Ausgang waren, sassen wir Abend für Abend zusammen, organisierten Testessen, entwarfen Sandwich-Kreationen, besprachen die Finanzierung. Wir brauchten rund eine halbe Million Franken – ohne private Darlehen hätten wir das nicht finanzieren können. Zum Glück zeichnete sich nach der Eröffnung im Dezember 2000 schnell ab, dass es ein Erfolg wird. Wir starteten mit 20 Angestellten und wurden in den ersten Tagen überrannt. Nach einem Monat hatten wir doppelt so viele Angestellte.

**Sie hatten alle drei keine Führungs- und Gastronomie-Erfahrung. Wie führt man plötzlich 40 Angestellte?**
Ich hatte immerhin vorher in verschiedenen Unternehmen gesehen, wie man es nicht machen sollte. Wenn Manager opportunistisch sind und nicht die Werte verkörpern, für die ein Unternehmen angeblich steht, wirkt sich das sehr schädlich aufs Klima aus. Wir haben ganz zu Beginn die vier Grundpfeiler der Tibits-Kultur definiert: Lebensfreude, Vertrauen, Fortschrittlichkeit und Zeit. Als Geschäftsführer stehe ich besonders in der Verantwortung. Es geht nicht darum, dass ich das Unternehmen im Alleingang führe, sondern dass ich die Werte vorlebe. Wir sprechen bei uns nicht von Vorgesetzten, sondern von Vorbildern. Das bedeutet auch: Es reicht nicht, dass ich im Büro sitze und organisiere, es ist wichtig, dass ich regelmässig in den Restaurants bin und an der Front mitarbeite.

**«Lebensfreude» klingt ziemlich realitätsfremd, wenn man an die langen Arbeitstage und tiefen Löhne in der Gastronomie denkt.**
Jeder Arbeitgeber hat hier Gestaltungsfreiheiten. Uns war es wichtig, ein Umfeld zu schaffen, wo die Menschen nicht nur gerne essen, sondern auch gerne arbeiten; wo nicht die Angestellten fürs Management da sind, sondern wir für

unsere Mitarbeiter. Dazu gehört unter anderem, dass wir Löhne zahlen, die über dem Branchendurchschnitt liegen, dass wir unseren 285 Mitarbeitern, die aus 40 verschiedenen Nationen stammen, Gratis-Deutschkurse anbieten und ihnen die Möglichkeit geben, Tibits mit guten Vorschlägen weiterzuentwickeln.

**Wofür steht der Wert «Zeit» im Leitbild?**
Zeitsouveränität wird immer wichtiger. In Restaurants störe ich mich oft daran, wie stark ich mich einem fremden Rhythmus anpassen muss. Ich muss warten, bis jemand mir die Karte bringt, danach bleibe ich bis zum Zahlen am Schluss fremdbestimmt. Bei uns holt sich der Gast das Essen, er wählt selber aus, geht zur Kasse und bleibt dann, solange er will. Zeit ist aber auch wichtig in der Führung. Als Chef verbringe ich viel Zeit mit den Mitarbeitern und Gästen. Und ich bin jederzeit ansprechbar, wenn jemand ein Problem hat.

**Sie verbringen auch viel Zeit mit ihren beiden Brüdern. Ist es nicht schwierig, wenn Privat- und Berufsleben sich so stark vermischen?**
Wir sind sehr verschiedene Typen mit unterschiedlichen Fähigkeiten, ein Ingenieur, ein Lehrer und ein Ökonom. Das hat den Vorteil, dass wir uns gut ergänzen und wir lebhafte Diskussionen führen. Der Nachteil ist sicher, dass eine Meinungsverschiedenheit schneller auf die private Ebene abrutscht. Durch die Nähe wird man verletzlicher. Aber es gibt zwischen uns eine Art Urvertrauen, dass es uns nicht in erster Linie um Profit oder Profilierung, sondern um die Sache geht. Solange dieses Fundament intakt ist, kann auch mal einer einen Entscheid vertreten, den die beiden anderen durchgesetzt haben – ganz ähnlich wie im Bundesrat. Im Übrigen sind wir seit eineinhalb Jahren zu viert. Andreas, unser ältester Bruder, der lange bei einer Bank tätig war, ist ebenfalls zum Tibits-Team gestossen.

**Zahlen Sie inzwischen so hohe Löhne, dass Sie Kaderleute aus der Finanzbranche abwerben können?**
(Lacht) Nein. Ich habe ihn frühzeitig dafür sensibilisiert, dass die Lohnbänder in der Gastronomie sich markant von jenen bei Banken unterscheiden, aber er liess sich nicht beirren.

**Tibits betreibt heute zwei Restaurants in Zürich, je eines in Winterthur, Bern, Basel und London. Sind weitere Standorte geplant?**

Aktuell sind jeden Tag rund 6000 Besucher bei Tibits zu Gast – damit sind wir schon einmal sehr zufrieden. Aber natürlich wollen wir unsere Vision von gesundem und lustvollem vegetarischem Essen noch weiter hinaustragen. Wir suchen seit längerem einen geeigneten Standort in Luzern und möchten auch in St. Gallen, Lausanne und Genf ein Restaurant eröffnen. In Bern sind freie Plätze zumindest bei kühler Witterung oft rar, da suchen wir nach einem zweiten Standort, ebenso in London. Und natürlich wäre der deutsche Markt interessant, aber wir wollen nichts überstürzen, zumal wir uns gegen rasches Wachstum im Franchise-System entschieden haben.

**In London, wo Sie 2008 in kurzer Zeit zwei Restaurants eröffneten, haben Sie Lehrgeld bezahlt.**

Ja, da haben wir einige Fehler gemacht. Wir haben die kulturellen Unterschiede unterschätzt. Vegetarisches Essen galt in London als Essen für Hippies, zudem wurden Selbstbedienungsbuffets mit Junk-Food assoziiert. Gäste sagten mir, das Buffet-Konzept erinnere die Leute in London an schlechtes Kantinenessen. Wir mussten einige Überzeugungsarbeit leisten und brauchten mehr Geduld als geplant, bis wir in London unsere Kundschaft fanden. Mittlerweile sind wir mit der Entwicklung sehr zufrieden.

**Machen Sie sich nach zwölf Jahren Tibits manchmal Gedanken darüber, ob Sie dieser Arbeit noch weitere 20 Jahre nachgehen wollen?**

Natürlich, wir besprechen das auch Jahr für Jahr im Gründerrat. Klar ist derzeit, dass keiner von uns verkaufen möchte – dafür steckt einfach zu viel Herzblut drin. Mir ist es bis heute nicht langweilig geworden. Manchmal sagen Freunde zu mir, das Geschäft laufe doch nun von alleine. Nichts wäre gefährlicher, als wenn wir das auch so sähen. Es braucht permanente Innovation, bei den Produkten, beim Interieur. Zuletzt haben wir einen Brunch ins Angebot aufgenommen, ein Kochbuch herausgebracht und eine Smartphone-App entwickelt. Wir erhalten zum Glück regelmässig Anregungen von unseren Gästen. Und ich habe kürzlich das Gespräch mit meinem achtjährigen Sohn gesucht, um herauszuhören, ob er das eigentlich cool findet, was wir hier machen. Da ging es nicht um Nachfolgeplanung im engeren Sinn, aber natürlich wäre es schön, wenn eines unserer Kinder dereinst einmal Lust hätte, die Tibits-Geschichte weiterzuschreiben. ■

***Kontakt und Information:*** *info@tibits.ch, www.tibits.ch*

11.6.2011

**FUHRIMANN PATRIC**
Vom Controller zum waghalsigen Quinoa-Importeur

# *«Wir kauften mit dem Geld aus der Pensionskasse 20 Tonnen Quinoa»*

*Wenn ein studierter Betriebsökonom in Bolivien auf einer Papierserviette einen Businessplan entwirft und sich dann Hals über Kopf in den Rohstoffhandel stürzt, ist das keine Firmengründung nach Lehrbuch. Doch wer fragt schon nach Sicherheiten, wenn das Abenteuer ruft? Patric Fuhrimann hat in den letzten fünf Jahren mehr gelernt als andere in einem ganzen Arbeitsleben.*

**Herr Fuhrimann, Sie haben auf dem zweiten Bildungsweg Betriebsökonomie studiert. Statt danach eine gut dotierte Stelle anzutreten, packten Sie Ihre Sachen und reisten ins bolivianische Hochland. Was hatten Sie dort vor?**

PATRIC FUHRIMANN: Es war ein wenig verrückt. Ich hatte viel Zeit und Energie in das berufsbegleitende Studium investiert. Vernünftig wäre gewesen, nach dem Abschluss bei einer Bank oder Versicherung anzuheuern. Meine Partnerin und ich hatten aber mehr Lust, ein Abenteuer in Bolivien in Angriff zu nehmen. Wenn man sich erst einmal an die Annehmlichkeiten gewöhnt hat, bricht man nicht mehr so leicht auf. Deshalb sagte ich mir: «Du bist jetzt 30-jährig – auf 80 Lebensjahre kannst du dir drei verrückte Jahre herausnehmen.»

**Sie machten nicht einfach Ferien, sondern engagierten sich in einem Projekt in Bolivien. Was war Ihre Aufgabe?**

Wir halfen den Bauern aus dem Tiefland, ihre Produkte besser zu vermarkten. Zuerst war alles sehr handgestrickt, wir klebten selbstgedruckte Bio-Etiketten auf die Reis- und Bohnen-Verpackungen. Um die Sache etwas professioneller anzupacken, suchte ich die internationale Zertifizierungsstelle in Bolivien auf. Im Warteraum sprach mich ein Bauer aus dem Hochland an. Er bat mich, ihm bei der Vermarktung des getreideähnlichen Korns Quinoa zu helfen. Ausserdem brauche er noch einen Bankkredit. Wir sprachen mit ihm bei Banken vor, erhielten aber kein Geld. Also schlug der Bauer vor: «Kauft doch meine Ware und eröffnet einen Laden in der Schweiz.»

**Gesagt, getan?**

Wir entwarfen auf einer Papierserviette eine Art Businessplan. Wären wir in der Schweiz gewesen, hätten wir das Risiko kaum auf uns genommen. In Bolivien ist schon die Busfahrt vom Hoch- ins Tiefland so riskant, dass niemand Sicherheit erwartet. Davon liessen wir uns wohl anstecken. Nachdem uns einige Verarbeiter aus der Schweiz vages Interesse signalisiert hatten, entschlossen wir uns, mit unserem Pensionskassengeld 20 Tonnen Quinoa zu kaufen. Meine Partnerin reiste in die Schweiz und gründete 2006 mit ihrem Bruder die Firma Swipala. Ich kümmerte mich um die Logistik vor Ort.

**Wie lagert man 20 Tonnen Quinoa?**

Meine Partnerin machte eine alte Käserei auf dem Land ausfindig, die in einen trockenen Lagerraum umfunktioniert werden konnte. Von Bolivien aus überredete ich meine Eltern, diesen Lagerraum für uns herzurichten. Sie dachten vermutlich, ihr Sohn habe den Verstand verloren. Nachdem sie sich vom ersten Schock erholt und den Ernst der Lage erfasst hatten, mobilisierten sie ihre Kollegen und packten mit an. Nach einer 55-tägigen Reise mit Camion, Schiff und Bahn traf unser in Challapata auf über 4000 Metern über Meer geerntetes Quinoa in der alten Käserei in Mülchi ein – und wir standen vor der Frage, wie wir diesen Schatz verpacken und unter die Leute bringen konnten. Klar war: Es mussten auffallend schöne Verpackungen sein. Eine bolivianische Malerin und ein Schweizer Verpackungsprofi halfen mit, dieses Ziel zu realisieren.

**Wie entwickelte sich die Nachfrage?**

Wir stellten nach der Rückkehr rasch fest, dass es sehr schwierig war, Abnehmer zu finden. Ich fand einen Teilzeitjob, die übrige Zeit nutzte ich, um Klinken zu putzen. Überall warb ich für unser Produkt, pries die hervorragenden Nährwerte, die Vielseitigkeit von Quinoa in der Zubereitung, den Fair-Trade-Aspekt. Jedes Mal, wenn ein Bio-Laden drei oder fünf Packungen bestellt hatte, brachte ich die Ware voller Stolz persönlich vorbei. Mein betriebswirtschaftliches Gewissen hätte es mir ja verbieten müssen, wegen dreier Packungen nach Sargans zu fahren, aber zu Beginn gab es keine Alternative. Dann gewannen wir dank der Zusammenarbeit mit einem engagierten Logistiker auf einen Schlag 200 Kunden. Das fühlte sich an wie der Durchbruch. Doch finanziell rechnete sich das Projekt noch nicht. Wir legten bei jeder Packung drei Franken drauf – unsere Arbeitszeit nicht eingerechnet.

**Trotz ehrenamtlicher Arbeit verdienten Sie kein Geld?**

Wir zahlten viel Lehrgeld. Lange Zeit standen wir am Wochenende mit unseren Eltern im Lager und füllten mit einer kleinen Schaufel Quinoa aus 20-Kilo-Säcken in 500-Gramm-Packungen um. Schliesslich fanden wir einen Betrieb, der für uns sechs Tonnen in zwei Stunden abpackte – und inzwischen wird ein Teil in Bolivien verpackt. Heute sind wir fast schon Outsourcing-Profis. Wir bieten auch Pops und Flocken sowie Müesli, Teigwaren und Schokolade auf Quinoa-Basis an und importieren seit kurzem sogar Kaffee.

**Können Sie nun vom Handel leben?**

Nein, es ist noch immer ein aufwändiges, aber erfüllendes Hobby. Vier Tage pro Woche bin ich als Leiter Finanzen und Logistik bei Swissaid tätig, daneben bleiben drei Tage und einige Abende für die Quinoa-Geschichte. Praktisch ist, dass wir zeitlich sechs Stunden Vorsprung auf Bolivien haben. So kann ich nach Feierabend problemlos über Skype mit Partnern in Bolivien verhandeln und das Geschäft vorantreiben. Finanziell ist es unter dem Strich ein Nullsummenspiel. Wir sind im Rohwarenhandel tätig, entsprechend ist unser Geld meistens auf dem Meer oder im Lager. Wenn wir gut verkaufen, investieren wir sofort in neue Produkte, bessere Verpackungen oder Outsourcingpartner.

**Haben Sie in den fünf Jahren nie mit dem Gedanken gespielt, das aufwändige und riskante Geschäft aufzugeben?**

(Lacht) Wir machen jedes Jahr in der Adventszeit eine Retraite, um grundsätzliche Fragen in Ruhe zu besprechen. Jedes Mal fassen wir am Ende den Entschluss, mit der ganzen Sache aufzuhören. Wir brauchen das doch nicht, Produzenten, die uns übers Ohr hauen, all die Probleme mit den Frachtpapieren, Konkurrenten, die uns aushorchen, meine Eltern, die mir signalisieren, sie würden lieber das Projekt Pensionierung umsetzen, statt noch eine Lageristenkarriere zu lancieren – und überhaupt könnten wir gemeinsam so viele schöne Dinge machen in der Freizeit. Und dann packt uns das Fieber doch jedes Mal wieder. Wir sehen unsere Produkte, die alle eine lebhafte Geschichte erzählen, in den Läden, blicken auf fünf enorm intensive Jahre zurück, denken an die Bauern in Bolivien, die dank dem Quinoa-Anbau ein regelmässiges Einkommen haben. Und dann ist klar, dass das Abenteuer weitergehen muss … Etwas Eigenes zu realisieren und Entscheidungen zu fällen, ohne einen Chef fragen zu müssen, ist ein unbezahlbarer Luxus. ■

***Kontakt und Information:** patric.fuhrimann@swipala.com, www.swipala.com*

# *«Das Schönste bleibt der Märit – da geht richtig die Post ab»*

*Eigentlich wollte er nie Käser werden, doch nach zwei Dutzend Schnupperlehren gab Mike Glauser den Widerstand auf und fügte sich in die Familientradition. Die Kreationen des 28-Jährigen sind nicht nur auf dem Markt sehr gefragt, sondern auch in der Gourmet-Gastronomie und 5-Stern-Hotellerie. Trotz des Erfolgs gönnt sich Glauser nur 1000 Franken Monatslohn.*

**Herr Glauser, Sie haben es geschafft, mit innovativen Käsesorten wie der Belper Knolle bis über die Landesgrenze hinaus begeisterte Abnehmer zu finden. Wollten Sie immer schon Käser werden?**

MIKE GLAUSER: Nein, ich wollte auf keinen Fall Käser werden. Aber was will man machen? Beide Grossväter waren Käser, mein Vater, meine Onkel, der Bruder wurde es dann auch – das geht nicht spurlos an dir vorbei. Ich habe sicher zwei Dutzend andere Berufe geschnuppert, aber dann ging ich zu einem Käser in die Schnupperlehre, der eine extrem gute Nase für den Käse hatte und dazu drei wunderschöne Töchter. Ich gab den Widerstand auf und stellte fest, dass Milch ein einmaliges Nahrungsmittel ist, mit dem man unglaublich viele Dinge erschaffen kann.

**Ihr bekanntestes Produkt, die Belper Knolle, gab es allerdings schon, bevor Sie sich selbständig machten.**
Ja, das ist so. Als ich 17 war, lernte ich Peter Glauser, den Cousin meines Vaters, kennen. Bis 1998 herrschte ja Planwirtschaft, den Bauern war der Milchpreis garantiert und den Käsern war vorgeschrieben, welche Sorten sie aus der Milch zu welchen Preisen herstellen sollten. Peter Glauser produzierte nur für seinen Laden und machte, was er wollte. So entstand vor rund 23 Jahren die Belper Knolle, ein mit Pfeffer umhüllter Frischkäse. Vor sieben Jahren fand er im Kühlkeller eine alte Knolle, die viel zu hart geworden war. Andere hätten sich geärgert und den Käse fortgeschmissen, wir zerlegten und probierten ihn und stellten verwundert fest, dass da ein Hartkäse geglückt war, den man wunderbar als Begleiter von Pasta- oder Salatgerichten einsetzen kann – eigentlich mehr Gewürz als Käse.

**Wann haben Sie sich entschieden, sich als Käser selbständig zu machen?**
Ich wollte unbedingt unabhängig sein. Weil ich mich mit Buchhaltung und Internet nicht gross auskannte, entschied ich mich, ein Jahr in einem Treuhandbüro zu arbeiten. Die Büroarbeit begann erst nach 8 Uhr, da konnte ich vorher gut noch in der Käserei mit anpacken. Am ersten Tag wäre ich fast wieder rausgeflogen, weil ich mich überall als Mike vorstellte, was die Wirtschaftsprüfer vor den Kopf stiess. Dann wurde es aber richtig spannend. Mit den Buchstaben stand ich immer auf Kriegsfuss, aber Zahlen liebe ich.

**Im Alter von 22 Jahren legten Sie mit der eigenen Firma los.**
Ich absolvierte damals noch die Hochschule für Landwirtschaft in Zollikofen. Die Ausbildung gab mir zum ersten Mal die Möglichkeit, meinen eigenen Ideen nachzugehen. Wenn man stets irgendwo in der Familie aushilft, hat man nie wirklich Zeit für sich. 2005 gründeten Jürg Wyss und ich die Jumi GmbH. Ich kannte Jürg schon länger, er stammt aus einer Bauernfamilie und

Preisgekröntes Team:
Käser Mike Glauser (rechts) und Metzger Jürg Wyss. ▶

ist mindestens so stur wie ich – wir haben nächtelang debattiert und gestritten. Gemeinsam bauten wir eine natürliche Kette auf: Käse und Produkte vom Piemonteser Rind, direkt vom Hersteller für den Menschen, nicht für den Handel.

**War die Nachfrage von Anfang an gross?**

(Lacht) Wir haben ein Jahr lang unendlich viele Läden, Landbeizen und Hotels besucht – in den meisten Fällen ohne Erfolg. Ich erinnere mich gut, wie im Sommer 2005 der Löwen-Wirt in Berken auf den Geschmack kam. Der wollte von da an jede Woche Käse von uns, und ich fuhr jedes Mal stolz in dieses 50-Einwohner-Dorf im Oberaargau. Dieses Erfolgserlebnis ermutigte uns, an weiteren Sorten zu tüfteln. Käse ist das komplexeste Lebensmittel, da ist es eigentlich normal, dass es lange dauert, bis man eine konstant gute Sorte entwickelt hat. Die meisten, die es schaffen, gehen danach möglichst rasch in die Grossdistribution. Für uns war immer klar, dass wir im Kleinen bleiben und uns nicht abhängig machen von einem Grossen.

**So klein sind Sie nicht mehr. Heute beziehen auch 5-Sterne-Hotels und Gourmet-Restaurants den Käse bei Ihnen.**

Wir wundern uns manchmal selber, wie plötzlich ein Hype entsteht. Manche, die uns noch vor einigen Jahren zurückgewiesen haben, wollen heute unbedingt bei uns Käse kaufen. Das Schönste bleibt aber der «Märit», da geht richtig die Post ab. Es ist für uns alle das Highlight der Woche.

**Ihre Produkte sind vergleichsweise teuer – stört das die Kundschaft nicht?**

Wir haben reifere und weniger reife Käse, der Aufwand, die Tüftelei ist für einen reifen Käse viel höher, der Preis entsprechend auch. Wer einfach ein Mütschli mit Käse essen will, der hat eine grosse Auswahl. Wenn du aber zu zweit eine schöne Flasche Rotwein trinkst, dann willst du nicht einen billigen Käse, sondern ein Geschmackserlebnis mit langem Abgang. Wir wollen nicht um jeden Preis billig sein. Die Fabrikation unserer Produkte beginnt in vielen Fällen direkt auf den Bauernhöfen, wo die Milch noch kuhwarm verarbeitet wird. Hartkäsespezialitäten lassen wir in kleinen Käsereien herstellen. Dies macht den Käse ein wenig teurer, aber viel besser im Geschmack.

**Sie haben inzwischen rund 40 stabile Käseprodukte im Sortiment, dazu die Fleischprodukte vom Piemonteser Rind. Die Firma Jumi ist eine AG geworden, in Spitzenzeiten arbeiten bis zu 27 Leute mit. Sind Sie reich geworden mit den Käse- und Fleischkreationen?**
Oh ja, reich an Erfahrung und Freunden. Wir funktionieren hier wie eine grosse Familie. Wir investieren viel Zeit in unsere Produkte, deshalb ist es extrem wichtig, dass es auch Spass macht. Ich kenne einige Leute, die mit einem langweiligen Job viel Geld verdienen und dieses auch brauchen, um sich in der Freizeit einen Kick zu holen. Wir finden genug Spektakel und Befriedigung hier bei der Arbeit, die Jumi-Familie ist ein Erlebnis, dank allen. Was das Geld angeht, haben Jürg Wyss und ich uns verpflichtet, uns nicht mehr als 1000 Franken Lohn pro Monat auszuzahlen – schliesslich halten wir die grössten Anteile am Unternehmen. Leute, die weniger lang dabei sind, besitzen weniger Anteile und verdienen mehr. So ist alles im Gleichgewicht.

**Welche Ziele verfolgen Sie? Möchten Sie wachsen, Umsatz und Gewinn steigern?**
Stell dir vor, wir sind so gut und haben so viel Glück, dass wir uns statt den Autos, mit denen wir heute die Kunden beliefern, spezielle Fahrzeuge leisten können, zum Beispiel einen alten Seitenwagen mit einem eingebauten Verkaufsladen. Eigentlich ist es ganz einfach. Wir kommen aus der Planwirtschaft, meine Vorfahren waren und sind von den Grossverteilern abhängig, welche die Kleinen gegeneinander ausspielen können. Deswegen ist es unser Ziel, einen kompletten Wirtschaftskreislauf zu schaffen, in dem sich viele Kleine auf Augenhöhe begegnen. Nur deshalb wollen wir weiter wachsen. ■

***Kontakt:** mike@jumi.lu*
*oder: jeden Samstag auf dem Markt in der Münstergasse in Bern von 7 bis 12.30 Uhr.*

*Im Juni 2012 gewannen Mike Glauser und Jürg Wyss mit Jumi den «Swiss Economic Award».*

19.1.2013

# *Wenn der Pharma-Manager sich freiwillig zur «Gehirnwäsche» meldet*

*Dass ein Student Direktor wird, ist keine Seltenheit – das Umgekehrte schon eher. Nach 24 Jahren im Dienst der Novartis hatte Mario Grossenbacher genug von der strikt leistungsorientierten Konzernwelt. Der 43-Jährige kündigte seinen Direktoren-Job, gab Haus und Auto auf und nahm Anfang Oktober in Bern die neue dreijährige Vollzeitausbildung zum Kaospiloten in Angriff.*

**Herr Grossenbacher, Sie haben sich vom Laboranten bis ins weltweite Management-Team von Novartis hochgearbeitet. Warum haben Sie Ihren gut dotierten Job aufgegeben?**

MARIO GROSSENBACHER: Nach 24 Jahren im gleichen Konzern wurde ich betriebsmüde. Zwar wurde mir intern nochmals ein toller Job angeboten, aber mir wurde in dem Moment klar, dass ich mich nicht mehr frei fühlte bei Novartis. Der Leistungs- und Uniformitätsdruck war enorm, ich musste mich immer mehr verbiegen, um den Ansprüchen des zunehmend angelsächsisch geprägten Unternehmens zu genügen.

**Woran merkten Sie das?**

Früher war die Schweizer Kultur noch stärker ausgeprägt. Ich konnte alle wichtigen Dinge offen ansprechen. Das hat sich in den letzten Jahren geändert. Ich hatte zunehmend das Gefühl, ich müsse mich taktisch verhalten. Novartis hat eine extrem leistungsorientierte Firmenkultur. Bei mir meldete sich immer dringlicher die Sinnfrage. Ich wusste zum Teil nicht mehr, wozu das alles gut war, für welchen Zweck ich Tag und Nacht arbeitete. Klar, ich hatte viele Privilegien und verdiente gut, aber weil die Lebensqualität litt und ich mich in einem Korsett fühlte, brauchte ich immer mehr Geld, um mit Materiellem zu kompensieren, was mir an Sinn fehlte. Ich kaufte zum Beispiel ein teures Auto und funktionierte weiter.

**Dann muss man eher fragen: Warum sind Sie 24 Jahre geblieben?**
Ich verdanke Novartis sehr viel. Schon mit 29 Jahren durfte ich als Einkaufs-Abteilungsleiter viel Verantwortung übernehmen. Dann arbeitete ich drei Jahre als Auditor in der internen Revision. Das war die interessanteste Aufgabe, die ich mir vorstellen konnte. Ich besuchte Konzerngesellschaften auf der ganzen Welt. Als Auditor lernte ich in kurzer Zeit sehr viel über verschiedene Geschäftsbereiche, über unterschiedliche Märkte und Kulturkreise. Die Schattenseite war, dass ich praktisch kein Privatleben mehr hatte. Drei Wochen war ich mit einem kleinen Team unterwegs, arbeitete von früh bis spät und lebte in Hotels aus dem Koffer. Nach drei Wochen zuhause peilte ich die nächste Destination an. Im ersten Jahr luden mich die Freunde noch auf ihre Partys ein, irgendwann fragten sie mich nicht mehr, weil sie annahmen, ich sei sowieso nicht da.

**Sie haben viel Managementerfahrung und einen MBA-Titel in der Tasche. Warum absolvieren Sie jetzt eine Ausbildung, die in der Schweiz offiziell keine Akzeptanz hat?**
Als ich mir im letzten Jahr bei Novartis regelmässig die Sinnfrage stellte, wurde mir bewusst: Ich habe 24 Jahre lang getan, was andere von mir verlangten. Es gab für mich in dieser Zeit praktisch kein Leben ausserhalb des Konzerns, ich wurde sozialisiert und eingeschworen auf Leistung und Karriere, auf Zielerreichung, koste es, was es wolle. Weil mir etwas fehlte, begann ich, in der raren Freizeit Menschen zu unterstützen, die beruflich ihren Traum verwirklichten. Meine Nachbarin, eine Opernsängerin, unterstützte ich bei der Organisation von Events, einem Freund half ich, eine Firma aufzubauen. Dann

erfuhr ich von Matti Straub, den ich als Berater bei Novartis kennengelernt hatte, dass er eine ganzheitliche Führungsausbildung in der Schweiz lancieren wollte. Das gab mir den Anstoss, etwas zu ändern, mich in Richtung Selbständigkeit zu bewegen. Mir war aber klar: Eine Konzernkarriere bereitet dich kein bisschen auf die Selbständigkeit vor – schon gar nicht, wenn man dem folgen will, was einen wirklich interessiert.

**Bis im letzten Jahr bezogen Sie einen hohen Lohn plus Bonus, jetzt zahlen Sie 16 000 Franken Studiengebühren im Jahr. Wie schwer fiel das Loslassen?**
Zunächst war ich einige Zeit handlungsunfähig aus Verlustangst. Konzerne wie Novartis geben dir ja den Eindruck, es gebe keinen anderen Weg als die Karriere in diesem Unternehmen. Erst die Konfrontation mit ganz anderen Lebensentwürfen brachte mich in Bewegung. Ich erhielt auch extern sehr gute Jobangebote, aber die Lust, etwas Eigenes aufzubauen, war grösser als die Angst, das Bestehende aufzugeben. Irgendwann schalteten alle Ampeln auf grün, die Bedenken waren weg. So gab ich Haus und Auto auf, beendete meine langjährige Beziehung, mietete eine kleine Wohnung und wagte einen Neuanfang. Hilfreich war bei diesem Prozess die Erinnerung an eine Reise, die ich mit 18 Jahren unternommen hatte. Da war ich fast ohne Geld nach New York, Miami, Los Angeles, San Francisco, Mexiko, Guatemala, Hongkong und durch Thailand gereist und hatte die Erfahrung gemacht: Wer aufbricht, findet immer einen Weg und Verbündete. Ich hatte 300 Dollar pro Woche und war leicht und glücklich. Ich kann jedem empfehlen, in jungen Jahren mit wenig Geld und Sprachkenntnissen eine Reise zu machen.

**Seit Oktober sind Sie mit 14 Mitstudierenden in der Ausbildung zum Kaospiloten und werden unter anderem in Projektmanagement geschult. Lernen Sie da viel?**
Zunächst ist der Klassenmix sehr bereichernd. Natürlich weiss ich mehr über Projektmanagement als die 21-jährige Mitstudentin. Aber die Frage, wann ein Projekt ein «Wow-Projekt» ist, fordert auch mich heraus. Bei Novartis interessierte es niemanden, ob jemand mit innerer Leidenschaft bei der Sache war. Alle waren getrieben von der Performance – das ist nicht immer gesund, wenn es der einzige Massstab ist.

**Und jetzt können Sie drei Jahre lang in einer geschützten Werkstatt Ideen entwickeln?**

Nein, keine geschützte Werkstatt, wir realisieren schon in den ersten Monaten Projekte für externe Auftraggeber. Aber es geht zunächst um sinnvolle Projekte und eine ganzheitliche Ausbildung, nicht ums Geld. Viele Kollegen fragen mich: «Warum brauchst du eine dreijährige Vollzeitausbildung?» Wohl vor allem deshalb, um aus den alten Mustern herauszukommen. Nach 24 Jahren Konzernwelt brauche ich eine Art «Gehirnwäsche», um später etwas Eigenes realisieren zu können. Eindrücklich ist für mich zum Beispiel, dass wir jedem Thema so viel Zeit geben, wie es braucht. Dadurch gibt es kaum Missverständnisse, wir müssen nicht zurück. Bei Novartis gab es Zeiten, da hatte ich einmal pro Monat ein Zeitfenster von fünf Minuten mit meinem Chef. Da war alles auf Tempo getrimmt. Und wir lernen hier viel genauer, was Selbstführung heisst, wo jeder seine Stärken und Limitierungen hat und wie man in einer Gruppe damit umgehen kann.

**Können Sie sich vorstellen, nach der Ausbildung wieder in einem Konzern zu arbeiten?**

Kaum, zur Zeit kann ich mir nicht mehr vorstellen, Tag und Nacht die Vorgaben von Chefs zu erfüllen. Ich will selbständig etwas aufbauen und sinnvolle Projekte realisieren. Dank der Ausbildung habe ich Zeit, das Richtige zu finden. Es gibt hier viel Inspiration, die Kombination aus einfachem Studentenleben und breit gefächertem Lernstoff lässt die Ideen sprudeln. Ich will damit nicht sagen, dass eine Konzernkarriere schlecht sei. Aber je länger ich weg bin, desto klarer merke ich, dass es für mich nicht länger das Richtige war. Es ist gar nicht so einfach, in dieser Frage ehrlich mit sich selber zu sein – aber sehr befreiend, wenn man es schafft. ■

***Kontakt und Information:** mario@kaospilots.ch, www.kaospilots.ch*

13.10.2012

# *«Ich danke Gott, dass er mich auf diese Idee gebracht hat»*

*Statt in der Schweiz eine Doktorarbeit in Angriff zu nehmen, reiste die Anthropologie-Studentin Loïse Haenni vor vier Jahren nach Südamerika und besuchte dort eine Zirkusschule. Heute lebt die 31-Jährige ganz von der Artistik. Mit ihrem Partner zieht sie von Festival zu Festival. Ihr Projekt Circopitanga hat die beiden «ein wenig heimatlos», aber glücklich gemacht.*

**Frau Haenni, Sie sind in Australien geboren, in der Schweiz aufgewachsen, haben in Brasilien eine Zirkusschule besucht und diesen Sommer mit Ihrem Partner Oren Schreiber an vielen Festivals in Europa Ihre poetisch-artistische Kunst vorgeführt – wo sind Sie zu Hause?**

LOÏSE HAENNI: Derzeit leben wir gerade in Turin, aber wir sind in der Winterzeit manchmal auch in Russland, Belgien, Frankreich oder Spanien, um unser Programm weiterzuentwickeln. Da wir fast immer unterwegs sind, haben wir keine richtige Basis. Man könnte sagen, wir seien ein wenig heimatlos, aber es ist auch schön, immer wieder zu neuen Reisen aufzubrechen. Das Schwierigste ist, Freundschaften aufzubauen und zu pflegen.

**Wie wurden Sie von der Akademikerin zur Artistin und Weltenbummlerin?**

Ich bin in Australien geboren. Später absolvierte ich das Kollegium Spiritus Sanctus in Brig, doch die Sehnsucht nach der weiten Welt spürte ich schon damals. Ich reiste durch Südamerika und arbeitete früh in einem Kinderheim in Peru. Während des Anthropologie- und Geschichtsstudiums untersuchte ich die Zusammenhänge zwischen Migration und Prostitution, beschäftigte mich mit dem Schicksal von Algerierinnen und Transvestiten aus Brasilien. Das Thema war mir wichtig, aber als ein Professor mich aufforderte, dazu eine Doktorarbeit zu schreiben, weigerte ich mich.

**Warum?**

Es war alles so theoretisch. Ich tat mich schwer, mehr als drei Stunden am Computer zu sitzen, und ich merkte, dass mich diese Kopflastigkeit krank machte. Ich hatte viel Gewicht verloren und war wohl kurz davor, an einer Depression zu erkranken, hatte aber gleichzeitig den Eindruck, es gebe keine Alternative zu diesem akademischen Weg – ich konnte ja nichts anderes. Deswegen war ich sehr dankbar, als mir eine Bekannte von einem Seidenband-Artistenkurs in Madrid erzählte. Ich mochte die Vorstellung, die Umgebung zu verändern und mir am neuen Ort besser Sorge zu tragen. Statt Madrid wählte ich Buenos Aires, und weil mir die Sache selber nicht ganz geheuer war, schrieb ich mich dort an der medizinischen Fakultät ein. Das war mein Sicherheitsnetz und eine Beruhigungspille für meine Eltern. Dann fiel die Vorlesung aus und ich besuchte Seidenakrobatik- und Trampolinkurse.

**Sie waren da 27-jährig – ziemlich alt für den Einstieg in die Zirkuswelt.**

Oh ja, eigentlich lag die Altersguillotine bei ungefähr 18 Jahren, schon die 20-Jährigen fühlten sich alt. Aber ich spürte rasch, wie gut es mir tat, mich auf meinen Körper zu konzentrieren. Ich wusste, dass ich nicht mehr zurück an die Uni wollte; so entschloss ich mich, mir ein Jahr Kredit zu geben und mich ganz ins Abenteuer zu stürzen. Ich erschwindelte mir einen Studienplatz an der Zirkusschule von Rio de Janeiro und traf dort auf meinen heutigen Partner, der zwei Jahre älter ist als ich und ebenfalls auf Umwegen in diese Schule gefunden hatte: geboren in Tel Aviv, zuvor als Yoga-Lehrer in Indien tätig.

**Und die Aussenseiter entschieden sich, gemeinsame Sache zu machen?**

Ja, Oren sagte zu mir: «Ich will Strassenspektakel machen – kommst du mit mir an die Festivals?» Von da an haben wir gemeinsam trainiert und versucht,

ein halbstündiges Programm auf die Beine zu stellen. In der Nacht schauten wir Youtube-Videos, am Tag probierten wir am Seil und am Seidentuch neue Dinge aus. Wir beauftragten einen Ingenieur, uns eine acht Meter hohe Karbon-Konstruktion zu bauen. Ein gutes halbes Jahr später hatten wir zwar dieses 6000 Euro teure Ding im Auto, wussten aber nicht, wo es passende Plätze gab, welches unser Markt sein könnte. Erst als wir am Lago Maggiore einen wunderbaren Standort gefunden und dort enormen Beifall erhalten hatten, wurden wir zuversichtlicher.

**Dieses Jahr sind Sie während der Sommermonate an vielen Festivals aufgetreten, auch am Buskers in Bern. Die 45-minütige Aufführung beinhaltete nicht nur halsbrecherische Akrobatik, sondern berührte auch durch die ausgefeilte Choreografie. Haben Sie sich das alles selber beigebracht?**

Oh nein, wir haben Kurse in Russland besucht und in Turin mit zwei Regisseuren zusammengearbeitet. Wir arbeiten drei Monate pro Jahr, um Geld zu verdienen, die restlichen neun Monate geben wir das Geld mit vollen Händen aus, um uns zu verbessern. Es ist nicht einfach, weil viele Festivals in Südeuropa stark unter der Finanzkrise leiden und keine richtigen Gagen mehr zahlen. Bern war wunderbar, weil das Publikum das Buskers liebt und versteht, dass wir Künstler hier nur vom Hutgeld leben. Wir haben an den drei Abenden in den Hüten so viel Geld gefunden, wie wir niemals als Gage verlangen würden – und die Kulisse vor dem Münster war einmalig.

**Wie ist das, wenn man 24 Stunden mit dem Partner verbringt und im buchstäblichen Sinn von ihm abhängig ist?**
Sagen wir es so: Wenn wir am Abend Streit haben, können wir am nächsten Morgen nicht die ganz schwierigen Sachen trainieren. Durch die Nähe ist alles sehr intensiv. Manchmal, wenn etwas beinahe Unmögliches gelingt, erleben wir ein Freiheitsgefühl, das ich so vorher nicht gekannt habe. An einem Tag fliessen Freudentränen, am nächsten gibt es nur Zweifel und wir fragen uns: «Was machen wir da bloss, was ist das für ein Leben?»

**Sind Sie nie schlimm gestürzt?**
Nein, ich habe mir zum Glück noch nichts gebrochen, aber es ist natürlich eine Wette auf die Zukunft. Man kann sie ein wenig beeinflussen durch Disziplin im Training und im Lebenswandel. Man sieht uns an den Festivals nicht mit den Musikern durch die Gassen ziehen und feiern. Wir gehen früh schlafen, damit wir am nächsten Tag ausgeruht und konzentriert sind.

**Fragen Sie sich manchmal, ob der Preis, den Sie zahlen, zu hoch ist?**
Ich bin – viele Jahre nach dem Internatsbesuch in Brig – fast gläubig geworden und möchte dem lieben Gott danken, dass er mich auf diese Idee gebracht hat und ich die Kraft und die Naivität hatte, aufzubrechen und diesem Traum zu folgen. Es ist immer gut, wenn man im Voraus nicht zu viel darüber weiss. Heute sehe ich es als Geschenk des Himmels, dass ich mein Leben so auf den Kopf gestellt habe. Es ist ein gemeinsamer Sommertraum, den wir da leben, mit wenigen albtraumhaften Ausreissern. Das Schönste ist, zu erfahren, wie unsere Arbeit das Publikum berührt. Wenn wildfremde Menschen mich nach einer Vorführung umarmen, weil ihnen die Liebesgeschichte so unter die Haut gegangen ist, bringt das alle Zweifel zum Verstummen. ■

***Kontakt, Information und Fotos:** circopitanga@gmail.com, www.circopitanga.com*

30.3.2013

# *«In meinem Keller finden die Chefs eine Oase zum Ausspannen»*

*Als seine Eltern noch hofften, aus ihm werde «etwas Rechtes», entschied sich Iwan Hauck, Carrosseriespengler zu lernen. Später verschlug es ihn in die Dominikanische Republik, wo er einem Fremden erst seinen Pass und dann sein Erspartes anvertraute, um in die Zigarrenproduktion einsteigen zu können. Der Mut zum Risiko hat sich ausbezahlt: Heute steigen die, welche Karriere gemacht haben, regelmässig zu Hauck in den Keller – nicht nur wegen des Rauchens.*

**Herr Hauck, Sie sind gelernter Carrosseriespengler und betreiben im Untergeschoss Ihres Hauses einen mit Plastikpalme und bunten Lämpchen geschmückten Degustationsraum. Dem Vernehmen nach sind regelmässig die Chefs grosser Firmen bei Ihnen zu Gast. Was suchen diese viel beschäftigten Manager hier?**

IWAN HAUCK: Vordergründig kommen sie wegen meiner Zigarren, aber vermutlich spielt noch etwas anderes mit. Viele, die diesen Ort der Ruhe besuchen, stehen beruflich permanent unter hohem Druck. Hier haben sie eine kleine Oase, in der sie ausspannen und sich selber sein dürfen. Ich höre ihnen zu und erzähle nichts weiter, bin also sozusagen ihr Coiffeur, einfach nur mit kleiner Schere zum Zigarren anschneiden.

**Man hat trotzdem Mühe, sich Manager im Anzug in diesem Raum vorzustellen.**
Die Firmenchefs, die hier Halt machen, verkehren sonst an den besten Adressen, sie können sich alles leisten bis hin zum Marmortempel. In diesem Keller hilft Geld nicht weiter, hier kommen sie nur rein, wenn sie mich anrufen und ich die Türe öffne. Dafür müssen sie danach nichts darstellen. Das ist wohl der Grund, warum Manager, die im Geschäftsalltag keine freie Viertelstunde haben, sich vom Chauffeur für eine Stunde oder zwei bei mir absetzen lassen. Es kommen aber nicht nur hohe Tiere, sondern sehr viele Zigarrenliebhaber, die den Genuss und die Gemütlichkeit lieben.

**Sie stammen aus einer Juristenfamilie, Ihr Vater war Manager in einem amerikanischen Konzern. Wie kam es, dass Sie Carrosseriespengler lernten?**
Ich wollte immer mit meinen Händen arbeiten. Als Knirps zerlegte ich alle Spielzeugautos in ihre Einzelteile und baute sie neu zusammen. Später flickte ich den Mixer und den Fernseher, baute Baumhütten und erfand neue Geräte. Da ich unbedingt Carrosseriedesign und Fahrzeugbau in München studieren wollte, lag es auf der Hand, die Lehre zum Carrosseriespengler zu machen, auch wenn meine Eltern mehrmals fragten, ob ich nicht die Matur machen, studieren und «etwas Rechtes werden» wolle. Mein Vater hat sich nie ganz mit meinem Weg abgefunden.

**Und Sie sind nie nach München gegangen.**
Ein Unfall in der Rekrutenschule durchkreuzte meine Pläne. Ich war 18 Monate lang arbeitsunfähig, musste IV-Abklärungen über mich ergehen lassen und zuhause sitzen. Ich las in dieser Zeit alles, was mir in die Hände fiel, und kam auf viele schräge Ideen. Weil die Enthaarungscreme meiner Partnerin so schrecklich roch, entwickelte ich ein kleines, handliches und umweltfreundliches Enthaarungsgerät. Ich fand einen Patentanwalt, der mir sympathisch war, weil er im Sommer jeweils auf dem Zeltplatz wohnte, und lernte von ihm, wie man ein Produkt schützen kann. Für die Verpackung fragte ich bei Knorr an; deren Suppenstreuer hatte die perfekte Grösse für mein Enthaarungsgerät. Tatsächlich lieferte mir Knorr wenige Tage später 10 000 Verpackungen gratis und franko. Schliesslich fand ich dank glücklichen Zufällen eine Stelle bei Swingbox System, dem Ingenieurbüro von Christoph Müller, das auf Erfin-

dungen und Entwicklungen spezialisiert war. Mit ihm brachte ich das Enthaarungsgerät in die industrielle Produktion. Sechs Jahre nach meiner Idee kam es auf den Markt, mit professioneller Verpackung, edlem Design und richtiger Gebrauchsanleitung.

**Wurde es ein Erfolg?**

Kommt darauf an, was man unter Erfolg versteht. Ich empfand eine unglaubliche Befriedigung, als das Gerät im Handel zu kaufen war. Zu Beginn hatten ja viele Leute hinter meinem Rücken gesagt: «Mit dem Hauck stimmt etwas nicht.» Aber reich wurde ich nicht damit, denn bald kam übermächtige Konkurrenz wie Philips und verdrängte die Kleinen. Viel Prestige brachte es mir auch nicht ein. Aber ich habe in meinem ganzen Leben nie Dinge gemacht, um Geld zu verdienen, sondern weil ich eine Idee im Kopf hatte, die ich unbedingt verwirklichen wollte.

**Wie kamen Sie erstmals mit Zigarren in Berührung?**

Ich hatte schon früh gerne gut gegessen und geraucht. Eines Tages fragte mich ein Kollege, der früher in der Dominikanischen Republik gelebt hatte, ob ich ihn auf eine Reise in die Karibik begleiten wolle. Als wir in Santo Domingo landeten, hatte ich das Gefühl, nach Hause zu kommen. Dank meinem Kollegen lernte ich viele Menschen und viele Zigarren kennen. Und ich sah, dass Davidoff sich anschickte, die Produktion im grossen Stil auf die Insel zu verlegen. Zurück in der Schweiz verteilte ich ein paar Zigarren unter meinen Freunden und erhielt dafür viele Komplimente. Bald flog ich wieder in die Karibik und schlug Zigarrenproduzenten vor, ihre Produkte in die Schweiz zu importieren. Als Greenhorn hatte ich aber keine Chance. Bei meinem dritten Aufenthalt meinte es das Schicksal gut mit mir. Als ich beim Mittagessen sass, ging ein Mann mit Panamahut auf dem Kopf und Zigarre im Mund an meinem Tisch vorbei. Der Duft war so herrlich, dass ich ihn augenblicklich fragte, was er da rauche. «Meine eigenen Zigarren», antwortete der Fremde – ein Kubaner, der in Venezuela mit Computer-Hardware gehandelt, in Toronto seine deutsche Frau kennengelernt und sich schliesslich in der Dominikanischen Republik niedergelassen hatte.

**Ein Türöffner für Sie?**

Der Kubaner kannte das Zigarrenhandwerk bestens und wollte etwas Eigenes aufbauen. Ich fragte ihn, ob ich da mitmachen könne. Er bestellte mich für den nächsten Tag in ein Restaurant und sagte mir, ich solle meinen Schweizer Pass mitnehmen, damit er alles bei seinem Anwalt regeln könne. Tags darauf händigte ich ihm meinen Pass aus und liess ihn ziehen. Als er nach zwei Stunden nicht zurück war, wurde ich nervös, denn für ihn war der Schweizer Pass gut und gerne 50 000 Franken wert und ich wäre in einer blöden Situation gewesen ohne meine Papiere. Schliesslich kam er zurück und sagte mir grinsend, er sei die ganze Zeit hinter der Bar gestanden und habe mich beobachtet. Von ihm aus stehe einer Partnerschaft nichts im Weg, es gebe nur ein Problem: Er habe kein Geld für den Aufbau des Geschäfts. Da ich ein gutes Gefühl hatte und sich ein Hauskauf nicht wie geplant hatte realisieren lassen, liess ich mein Erspartes nach Santo Domingo schicken, händigte dem Kubaner das Geld aus und drückte ihm die Hand, um unsere Zusammenarbeit zu besiegeln.

**Sie haben keinen Vertrag unterzeichnet?**

Wozu, wenn der Bauch sagt, dass es richtig ist? Ich stamme zwar aus einer Juristenfamilie, aber ich hasse Verträge. Wenn es gut läuft, braucht man sie nicht, wenn man Streit bekommt, nützen sie nichts. So starteten wir im Oktober 1997 ins Abenteuer Zigarrenproduktion. Ich reiste zurück in die Schweiz und baute die Marke auf. «La Fuente» sollte unsere Linie heissen – an der Quelle zum Genuss. In wenigen Wochen bereitete ich die Internetseite caribean-tabaco.ch auf, einer der ersten Web-Shops in dieser Branche. Wenn ich mit meinem Geschäftspartner telefonierte, versicherte er mir jedes Mal: «Wir haben hier alles im Griff, im Dezember trifft die erste Lieferung ein.»

**Wann kam sie wirklich?**

Sie wäre vermutlich nie eingetroffen, wenn mir nicht im Frühling der Geduldsfaden gerissen wäre. Als ich bei der Zigarrenfabrik eintraf, erlebte ich mein blaues Wunder: Es war ein unglaublicher Hühnerhaufen. Ich versuchte, ein Minimum an Strukturen und Regeln einzuführen, aber ich merkte schnell, dass ich viel von der karibischen Mentalität annehmen musste, damit die Dominikaner ein paar von meinen Ideen aufnahmen. Es wurde dann August 1998, bis die ersten 3200 Zigarren aus eigener Produktion eintrafen. In meinem persönlichen Umfeld reagierten die Abnehmer begeistert, die Zigarrenläden, die ich zwecks breiterem Vertrieb kontaktierte, lachten mich dagegen aus und sagten: «Dich gibts schon in einem Jahr nicht mehr.» Da ich schon damals sehr gerne kochte und gut ass, fand ich rasch gute Abnehmer in der gehobenen Gastronomie. Auch mein Freundeskreis erweiterte sich dank der guten Zigarren. Die Nachfrage stieg und stieg – und gleichzeitig sank die Qualität.

**Warum?**

Es brauchte eine neuerliche Reise in die Karibik, damit ich begriff, warum plötzlich der Wurm drin war. Mein Geschäftspartner verkraftete den Erfolg nicht so gut, er spielte sich als Dorfkönig auf, leistete sich teure Autos und schöne Frauen. Als seine deutsche Frau die Geduld verlor und ihn verliess, wurde alles noch schlimmer. Er verkaufte den hochwertigen Tabak und die Zigarren hinter meinem Rücken auf eigene Rechnung in die USA und belieferte mich mit minderwertiger Ware. Ich realisierte spät, aber gerade noch rechtzeitig, dass das Haus in Vollbrand stand. Es blieb mir nichts anderes übrig, als mich von meinem Partner zu trennen. Ein emotionaler Tiefschlag. Zum Glück waren genug fähige Leute im Betrieb, so dass wir das Steuer herumreissen konnten. So rasant die Talfahrt gewesen war, so steil ging es wieder aufwärts in den nächsten Jahren. Und dann, am 1. Januar 2006, erhielt ich das vielleicht schönste Geburtstagsgeschenk meines Lebens.

**Was war das?**

Ein Anruf aus der Dominikanischen Republik. Es meldete sich ein Schweizer Manager, der nach beeindruckender Karriere ausgestiegen war, um sich den schönen Dingen des Lebens zuzuwenden. «Du bist doch der Fuente», sagte er. Und weiter: «Du machst wunderbare Zigarren, aber ich weiss, dass du ein paar Probleme hast, denn ich stehe hier in deinem Produktionsbetrieb. Wenn du willst, helfe ich dir, noch zwei Klassen besser zu werden.» Sein Engagement gab uns einen unglaublichen Entwicklungsschub. Unter anderem kauften wir eine benachbarte Schreinerei, um die Zigarrenkisten in eigener Manufaktur herzustellen. Ich gab meinen Job im Ingenieurbüro auf und widmete mich ganz den Zigarren. Und kaum hatte ich den Dingen ihren Lauf gelassen, passierten die verrücktesten Sachen.

**Sie meinen die Begegnung mit Dieter Meier von der Gruppe Yello?**

Ja, zum Beispiel. Yello war in meiner Jugend unglaublich wichtig. Als ich mit 13 Jahren eine Schülerdisco organisierte, war die Musik von Yello und Kraftwerk Kult. Um die Person Dieter Meier hatte ich mich nie gekümmert. Dann sah ich, dass Meier an einem Freitag Abend im Landhaus Liebefeld seinen Rotwein und sein Rindfleisch aus Argentinien vorstellen würde. Weil meine Partnerin in Argentinien geboren ist und ich eine Schwäche für gutes Rindfleisch habe, gingen wir hin. Jos de Wolf, der Wirt, platzierte uns am Tisch von Dieter Meier, und so kam es, dass dieser mich beiläufig fragte, was ich beruflich mache. Ich überreichte ihm eine «Guama», eine besonders aufwendig gefertigte Zigarre. Meier war trotz wütenden Protesten nicht davon abzuhalten, diese an Ort und Stelle zu rauchen. Gegen Ende des Abends fragte er mich: «Was hat einer wie du für Visionen?» Ich sagte ihm, dass ich einen eigenen Kaffee produzieren, Schokolade machen und Rum brennen will. Er lachte und meinte: «Lass uns das doch zusammen realisieren.» Er drückte mir einen Geldschein in die Hand, bat mich, ihm eine Schachtel «La Fuente»-Zigarren zu schicken und ihm dann mehr über die Kaffeepläne zu erzählen.

**Das klingt, als würden Ihnen immer die richtigen Partner zur richtigen Zeit in die Arme laufen.**

Ja, so lernte ich damals auch meine Lebenspartnerin kennen, die all das mitgetragen hat. Ein weiterer Zufall sorgte dafür, dass ich via einen alten Kollegen, der ausgewandert war und in diesen Tagen in der Schweiz weilte, in Kontakt kam mit einem Kaffeebauern aus Santo Domingo, der keine 100 Kilometer von meiner Tabakplantage entfernt arbeitete. Ich gab einem Freund bei Blaser Café ein Muster zur Analyse und erfuhr von ihm, dass diese Kaffeebohne hervorragend sei. Meier und ich überzeugten den Kaffeebauer, für uns Spitzenqualität zu liefern, sprich: oben in den Bergen an bester Lage nur die wirklich reifen Bohnen zu ernten. Mein Freund Marc Käppeli, der Blaser Café in vierter Generation leitet, unterstützte uns von Anfang an. So entwickelten wir mit den Experten von Blaser Café das ideale Röstprofil und schufen den Ocoa Highland Single Estate Kaffee.

**Der Traum von der Rum-Brennerei liess sich nicht realisieren bis jetzt?**

Doch, aber das brauchte Zeit, weil ich nicht einfach beliebigen Rum importieren und mein Logo draufkleben wollte. Auch diesmal half der Zufall mit. Ich lernte Hans Baumberger kennen, der in Langenthal den wunderbaren Langatun-Whisky brennt, und erzählte ihm von meinen Plänen. Er ermutigte mich, wie geplant Melasse von einem Bio-Produzenten in Paraguay zu importieren, bei ihm den Rum zu brennen und in hochwertigen Holzfässern in den Katakomben des Ammann-Industrieareals zu lagern. Ich berichtete Dieter Meier, das Rumproblem sei gelöst, wir müssten bloss noch die besten Fässer aus ganz Europa herbeischaffen. «Kein Fass älter als einjährig», war unsere Maxime, auch wenn wir wussten, dass kein Winzer und kein Brenner sich gerne von so jungen Fässern trennt. Nun haben wir die ersten Abfüllungen gemacht und schon nach wenigen Monaten zeigt sich, wie unterschiedlich sich der Rum entwickelt je nach Fass. In drei bis vier Jahren werden wir mehr wissen.

**Inzwischen würden die grossen Händler vermutlich gerne mit Ihnen zusammenarbeiten.**

Ja, sogar Dieter Meier versuchte mich zu überzeugen, seinen Lieblingshändler in Zürich mit Zigarren zu beliefern. Das ist für mich kein Thema. Ich will klein und frei bleiben. Sobald etwas überall erhältlich ist, verliere ich die Kontrolle und das Produkt wird beliebig. Ich will doch nicht, dass meine Zigarren am Ende beim Discounter zu Spottpreisen verkauft werden. Lustig ist auch, dass plötzlich Banker auftauchen, die mich unbedingt an die Börse bringen wollen. Wachstum und Reichtum haben mich wirklich nie interessiert. Der ehemalige Henniez-Besitzer, mit dem ich befreundet bin, nannte mich kürzlich «den freisten Menschen, den es gibt».

**Worin äussert sich diese Freiheit?**

Ich kann noch immer meinem Spieltrieb und meiner Neugier folgen und mache viele Dinge, die andere unvernünftig finden. Ich besuche die Wirte und flicke wenn nötig gerne auch selber einen Humidor. Wäre das Geschäft auf Wachstum getrimmt, müsste ich das an Aussendienstmitarbeiter delegieren und mich um Vermögensverwaltung und Steueroptimierung kümmern. Wenn ich aber in eigener Manufaktur ein kleines Zigarrenetui ohne Ecken und Kanten entwickeln kann, das in Frauenhandtaschen garantiert keinen Schaden anrichtet, bin ich der glücklichste Mensch. Oder diese edel lackierte Kiste hier habe ich für einen Russen gemacht, der mir in Oligarchenmanier sagte: «Iwan, ich liebe deine Zigarren, aber sie sind viel zu billig.»

**Sie sind erst 46-jährig – was reizt Sie noch?**

Das Schöne ist: Wenn man keine Geschäftsmodelle und keine Kunden hat, sondern Emotionen und Freunde, kann man alles Mögliche machen, manchmal sogar das Unmögliche. Eine spezielle Schokolade in ganz kleinen Mengen zu produzieren, würde mich reizen, da gibts schon ein paar Ideen. Und ich habe eine grosse Schwäche für schöne Schuhe. Warum nicht irgendwann einen eigenen Lederschuh herstellen? Ich werde es merken, wenn die Zeit reif ist dafür. Wenn man den Dingen nicht hinterherrennt, sondern dem inneren Antrieb folgt, sucht einen das Glück immer wieder auf. ■

***Kontakt und Information:*** *info@caribean-tabaco.ch, www.caribean-tabaco.ch*

16.10.2010

**HINRICHS HANSJÖRG**
Vom Lehrer zum
Südseereisen-Spezialisten

# *«Wir drehten an der Erdkugel und suchten unbereiste Gegenden»*

*Nach sieben Jahren im Lehrerberuf entschied sich Hansjörg Hinrichs, das Weite zu suchen. Er bereiste die Welt und lernte dabei vor allem sich selber kennen. Seit 25 Jahren bietet Hinrichs, Gründer und Inhaber der Pacific Society, Reisen in die Südsee an. Wer mit ihm auf den Spuren von James Cook unterwegs sein will, braucht viel Geld, Geduld und Neugier.*

**Herr Hinrichs, Sie haben die Ferien gewissermassen zum Beruf gemacht. Wann dachten Sie zum ersten Mal daran, vom Reisen zu leben?**

HANSJÖRG HINRICHS: Ich bin da hineingerutscht – zunächst wusste ich nur, was ich nicht mehr machen wollte. Ich liebte den Lehrerberuf, aber nach sieben Jahren sehnte ich mich nach mehr Selbstbestimmung. Es war für mich unvorstellbar, im Lehrerberuf alt zu werden. Als ich im Alter von 27 Jahren hätte Land erwerben und ein Haus bauen können, merkte ich: Ich bin nicht bereit für eine solche Verwurzelung, ich brauche Bewegung, muss die Weite suchen.

**Kein sehr klares Programm für eine berufliche Neuorientierung ...**

Ich sprach damals lange mit einem älteren Mann, einem erfahrenen Gärtner und Fotografen. Er sagte zu mir: «Wenn du willst, dass etwas Neues in dein Leben tritt, dann befreie dich konsequent vom Alten und schaffe Raum.» So entschied ich mich für eine Auszeit von unbestimmter Dauer – ich wusste einzig, dass mein Erspartes bei bescheidenem Lebenswandel für ungefähr zwei Jahre ausreichen würde. Allein dieser Entschluss, aus dem bisherigen Alltag auszusteigen, gab mir einen grossen Adrenalin-Schub. Nach neun Monaten erhielt ich vom Trekking-Spezialisten Intertreck die Chance, eine Reise nach Borneo zu leiten.

**Konnten Sie das denn?**
Ich war überrascht, ich hatte bis zu diesem Zeitpunkt noch nie ein Flugzeug bestiegen und wusste folglich nicht, was «Einchecken» bedeutet. Aber ich hatte mich intensiv mit dem Reisen und dem Fotografieren auseinandergesetzt, insofern war es kein Zufall, dass ich diese Chance erhielt. Ich überstand die Reise, kehrte aber schwer krank zurück, gezeichnet von einem Niereninfekt, Gewichtsverlust, Haarausfall. Der Schulrat bot mir an, wieder zu unterrichten. Es war für mich kein leichter Entscheid, aber ich hörte auf mein Bauchgefühl und bewahrte mir das Gefühl der Freiheit. Bald darauf konnte ich für Intertreck neue Reiserouten nach Indonesien, Sibirien, China und in die Mongolei erschliessen. Ich lebte wie im Rausch: Wir drehten an der Erdkugel und suchten unbereiste Gegenden. Eines Morgens sagte ich zu meinem Chef: «Ich könnte die Südsee entdecken.» Und er antwortete: «Mach das und bring ein Maximum zurück.»

**War das ein Traumberuf?**
Ja und nein. Ich konnte meine Leidenschaften und Talente leben, unterwegs sein, fotografieren, ganz unterschiedliche Menschen kennenlernen. Aber der Preis, den ich bezahlte, war hoch. Ich erkrankte an Malaria und erfuhr am eigenen Körper, wie rasch man den Boden unter den Füssen verliert. Ohne Selbstdisziplin und harte Arbeit an sich macht man diesen Job nicht lange. Als ich in Sibirien etwas aufzubauen begann, konnte ich kaum glauben, wie korrupt die Menschen dort waren und wie ungesund sie lebten. Es wurde dort so brachial gesoffen – und als Geschäftspartner konnte ich mich dem nicht entziehen –, dass ich mir meine wichtigsten Ziele jeweils in grossen Buchstaben auf einen Zettel schreiben musste, um sie nicht aus den Augen zu verlieren. In Papua-Neuguinea habe ich mit steinzeitlich lebenden Menschen über

Produkte und Dienstleistungen für europäische Geschäftsleute verhandelt. Manchmal zogen sich die Häuptlinge zu Beratungen zurück und liessen mich tagelang im Dschungel warten, um mich zu zermürben. Da fühlt man sich ziemlich jämmerlich.

**Waren die Reisen auch eine Schulung in Demut?**
Ja, sehr ausgeprägt sogar. Man kommt da als junger weisser Haudegen in eine ganz andere Welt und denkt, mit einem Bündel Geldscheinen könne man alles kaufen und steuern. Wer nicht lernt, die Menschen dort zu verstehen und ihr Vertrauen zu gewinnen, erlebt sein blaues Wunder.

**Seit 25 Jahren bieten Sie nun mit einem eigenen Geschäft Reisen in die Südsee an. Was erwartet Ihre Kundschaft dort?**
Ich könnte jetzt von der traumhaften Landschaft sprechen. Aber es geht uns gerade nicht darum, eine schöne Gegend für Abenteuertrips zu instrumentalisieren. Im Vordergrund stehen drei Themen: das Weg- und In-die-Welt-Gehen, die Begegnung und Auseinandersetzung mit dem Fremden und dann die uralte Frage: Wer bin ich? Reisen bedeutet für mich, mit offenen Sinneskanälen Neues wahrzunehmen.

**Vor 50 Jahren war eine Reise ans Mittelmeer für viele ein Abenteuer, heute reisen schon Jugendliche um die halbe Welt, weil die meisten Orte rasch und billig zu erreichen sind. Ist das Reisen banal geworden?**
Die Reisebranche ist tendenziell durch ein horrendes Tempo und eine grosse Oberflächlichkeit geprägt. Ich kann auf der 3 Kilometer langen Reise von meinem Wohnort nach Appenzell mehr erleben als auf einem 2-wöchigen Malediven-Trip. Wir wollen unseren Kunden die Gelegenheit geben, an speziellen Orten langsam zu werden, sich auf eine neue Welt einzulassen und zu fragen: Was passiert da? Und was heisst das für mich? Das hat nichts mit einer Idealisierung anderer Kulturen zu tun. Aber manchmal kommt man näher zu sich selber, wenn man weit wegreist. Sich aus dem gewohnten Lebensrahmen herauszulösen und dem komplett Ungewohnten zu öffnen, kann neue Impulse geben.

**Die Kosten für eine mehrwöchige Reise in die Südsee betragen bei Ihnen zwischen 40 000 und 65 000 Franken. Wer leistet sich solchen Luxus?**
Vermögende Menschen in der zweiten Lebenshälfte, Anwälte, Unternehmer, Kreative. Wir haben noch nie Preisreklamationen erhalten. Wir reisen in kleinen Gruppen in eine der schönsten, aber auch teuersten Regionen der Welt. Und wir verbinden luxuriöse Unterkünfte und Transfers mit ganz einfachen, naturnahen Erlebnissen. Alle Reisen sind exklusive Einzelanfertigungen.

**Sie halten im Rahmenprogramm der James-Cook-Ausstellung im Historischen Museum in Bern Referate zur Südsee. Wie sehen Sie den grossen Abenteurer?**
Er war ein Genie in Bezug auf die Navigation und Kartografie und eine beeindruckende Persönlichkeit. Aber letztlich war er ein Instrument des britischen Kolonialismus. Er handelte im Interesse des englischen Königshauses, das nach dem Verlust von Kanada neues Land brauchte. In anderer Form gibt es die Kolonialisierung noch heute: Ganze Völker werden ausgebeutet im Kampf um Ressourcen und Macht. Auch deswegen halte ich regelmässig Vorträge über die Südsee. Diese wunderbare Destination hat in der westlich-zivilisierten Welt nicht sehr viele Fürsprecher. ■

***Kontakt und Information:** h.hinrichs@pacificsociety.ch , www.pacificsociety.ch*

*Hansjörg Hinrichs ist weiterhin regelmässig mit Kunden in den schönsten Gegenden der Welt unterwegs. In Vorträgen und Seminaren gibt er die Erfahrungen, die er als Reiseleiter, Unternehmer und Glückssucher gemacht hat, an ein breiteres Publikum weiter.*

15.9.2012

# *«Starbucks handelt mit Kühen, nicht mit Kaffee»*

*Seit 33 Jahren verströmt Francesco Illy in der Schweiz südländische Begeisterung für Espresso. Obwohl sein Amici Caffè in der Spitzengastronomie einen hervorragenden Ruf geniesst, ist der 59-jährige Patron notorisch unzufrieden. So tüftelt er seit Jahren an einer Alternative zum Kapselsystem und engagiert sich neuerdings in einem ökologischen Landwirtschaftsprojekt in Ägypten.*

**Herr Illy, Sie gehören der dritten Generation der italienischen Illy-Kaffee-Dynastie an und bearbeiten seit 33 Jahren mit der Amici Caffè AG den Schweizer Markt …**

FRANCESCO ILLY: … Moment, ich bearbeite nicht den Markt, ich arbeite jeden Tag daran, noch besseren Kaffee zu machen. Kaffee ist ein unglaublich komplexes Produkt. Schauen Sie diese grosse Büchse da. Sie steht unter einem Druck von bis zu 2 Bar. Kaffee besteht zu 18 Prozent aus Öl. Bei der Röstung entfalten sich die Aromastoffe, die Öltropfen bedecken die Zellwand der Kaffeebohnen und sorgen für eine hohe Aromenkonzentration im Fett. Durch Luftentzug und Stickstoffzugabe können wir die Oxidation verhindern und die ganze Aromenpracht erhalten. Ich rieche es auf drei Meter, wenn ein Kaffee zubereitet wird, der vorher unter Schutzgas war. Normalen Kaffee riecht man nicht. Die grosse Herausforderung ist nun, dass der Aromaturbo auch bei kleineren Portionen erhalten bleibt. Derzeit arbeiten wir mit diesen Aluminiumsachets. Mir schwebt eine Lösung mit Plastiksachets vor. Leider gibt es oft Probleme mit der Sauerstoffdurchlässigkeit.

**Ihnen eilt der Ruf eines Tüftlers voraus, der nie zufrieden ist.**
Das ist so, ich suche immer nach Wegen, der Perfektion näher zu kommen. Vieles, was ich vor 20 Jahren toll fand, finde ich heute furchtbar. Wer neugierig und mit Herzblut bei der Sache ist, kennt keine Zufriedenheit. Die wichtigsten Leute, die ich in meinem Leben getroffen habe, waren alles Passionierte. Es geht um Leidenschaft, nicht um Marketing. Natürlich kann man messen, was der Kunde in der Vergangenheit gemocht hat, und mehr davon anbieten. Das ist aber ein trauriges Business. Mutiger ist es, etwas erstmals zu machen – auch dann, wenn dir alle sagen: «Jetzt spinnst du total!» Das ist mir mehrmals passiert. So habe ich immer wieder versucht, die perfekte Kaffeemaschine zu entwickeln. Für das anspruchsvollste Modell ging ich zu den Konstrukteuren des Benzintanks von Ferrari. Die hörten mich an und sagten am Schluss: «Das ist nicht machbar.» Wir haben die Maschine dann doch konstruiert, eine Art Harley Davidson unter den Kaffeemaschinen.

**Wie hoch ist Ihr Umsatz in der Schweiz?**
Wir setzen in der Schweiz rund 10 Millionen Euro um und haben in der Gastronomie einen Marktanteil von knapp zwei Prozent. Damit leben wir ganz gut – und mit uns auch die Kaffeebauern, denen wir überdurchschnittlich viel zahlen für ihr Produkt. Klar, drei Prozent Marktanteil wäre noch schöner, fünf Prozent das absolute Maximum. Wir wollen nicht 100 Prozent wie Nespresso. (Lacht laut)

**Leiden Sie unter der Konkurrenz von Giganten wie Nespresso oder Starbucks?**
Starbucks? Das ist keine Konkurrenz. Die verkaufen 200 Gramm Milch mit 6 Gramm Kaffee. Starbucks handelt mit Kühen, nicht mit Kaffee. Vor Nespresso habe ich Respekt, deren Kapseln sind gut – nicht ganz so gut wie unsere, aber immer noch gut, was man von keinem der Nachahmerprodukte sagen kann. Wir haben 1979 als Erste den Espresso in Schweizer Haushalte gebracht. 1986 kam Nespresso, und nach der Jahrtausendwende explodierte der Absatz

der Kaffeekapseln. Seit vier Jahren bieten wir auch Kapseln an und profitieren vom Boom. Aber eigentlich möchte ich aus ökologischen und ökonomischen Gründen eine andere Lösung. Die Portionierung kostet 50 Prozent der industriellen Produktion und es entsteht viel Abfall. Vor Jahren habe ich mit den Universitäten Zürich und Florenz aufwändige Studien durchgeführt mit dem Ziel, den Kaffee in Salamiform zu komprimieren, so dass man ihn scheibenweise hätte verwenden können. Leider haben wir es noch nicht geschafft, das System zur Marktreife zu bringen.

**Ihr Grossvater erfand die Illy-Kaffeebüchse, Ihr Vater die Sortiermaschine...**
... manchmal sind es Niederlagen, die zu Innovationen führen. Als mein Vater die einmalige Chance erhielt, Mövenpick-Gründer Ueli Prager den Illy-Kaffee vorzustellen, hatte er grosses Pech. Die Röstung enthielt eine verdorbene Kaffeebohne, das Getränk schmeckte scheusslich und Prager zog sich unverzüglich zurück mit den Worten: «Wenn das Ihr Kaffee ist, gibt es nichts weiter zu besprechen.» In den Sechzigerjahren wurde die Kaffeeernte automatisiert, die Produzenten pflückten nicht mehr die einzelnen Kirschen, sondern ernteten maschinell ganze Äste ab – inklusive der von Insekten verunreinigten Exemplare. Das machte den Kaffee billiger, aber fehleranfälliger. Und die Fehler wurden in unserer speziellen Aroma-Aufbewahrung verstärkt. Deshalb entwickelte mein Vater eine Sortiermaschine, die mangelhafte Produkte eliminierte.

**Was ich fragen wollte: Ist es nicht schwierig, in dritter Generation das Familienerbe zu verwalten? Man hört, es sei zwischen Ihnen und Ihren Geschwistern immer wieder zu Spannungen gekommen, weil Sie sich nicht einig waren, wie das Unternehmen weiterzuentwickeln sei.**
Was gibt es Schlimmeres, als wenn sich alle einig sind in einem Unternehmen? Es braucht den Wettbewerb der Ideen. Aber klar, in einer Familienholding, die 350 Millionen Euro umsetzt, kann man das Rad nicht täglich neu erfinden. Je grösser eine Firma ist, desto mehr Manager haben ein Mitspracherecht. Das mindert einerseits das Risiko von Schnellschüssen und Anfängerfehlern, es kann aber auch zu Verlangsamung und strategischen Fehlentscheiden führen. Etwas vom Gefährlichsten, was einer Firma passieren kann, ist, dass alle nur noch versuchen, strategisch zu denken und die Risiken zu minimieren. RIM,

der Produzent des Blackberry-Smartphones, stürzte so innerhalb von drei Jahren von einem Marktanteil von 50 Prozent auf 11 Prozent ab. Bei uns stimmt die Balance. Meine Geschwister sind umsichtige Manager, ich bin eher der Künstler- und Erfindertyp, der die anderen immer wieder mit verrückten Ideen herausfordert. So entstanden unsere Designer-Kaffeetassen-Kollektion, die Retro-Look-Maschine «FrancisFrancis!» oder die neuste Espresso-Maschine Trizzy.

**Ihre zweite grosse Passion neben dem Kaffee ist der Wein. Auch als Winzer gehen Sie gerne neue Wege, bauen Pinot Noir in der Toskana an und experimentieren seit einigen Jahren mit Bonsai-Reben.**

Auf meinem Weingut Podere Le Ripi kann ich all die verrückten Dinge ausleben, die in einem grossen Unternehmen keine Chance hätten. Vom Bonsai-Experiment bin ich begeistert. Ich gab meinen Reben nur 40 Zentimeter statt 2,5 Meter Platz pro Pflanze. Dadurch schuf ich nicht nur den dichtesten Weinberg der Welt, sondern auch eine herausragende Qualität. Weil sie in die Breite keinen Platz haben, wachsen die Reben rasch in die Tiefe – nach fünf Jahren waren die Wurzeln drei Meter tief. Das führt dazu, dass sie keinen Wasserstress haben und verschiedene Erd- und Gesteinsschichten erreichen, was sehr komplexe Weine ergibt. Die Sterblichkeit der Bonsai-Reben liegt bei 8 statt 30 Prozent, die Erträge sind doppelt so hoch. Ohne meine Arbeit im Rebberg und Weinkeller wäre keine meiner Kaffeeinnovationen möglich gewesen. Beim Weinbau tanke ich auf und lerne enorm viel. Früher pfiff ich auf den Umweltschutz. Die Arbeit in der Natur hat mich dafür sensibilisiert. Schauen Sie hier (er zeigt auf Fotos), diese uralten Eichen vor meinem Haus in der Toskana sterben wegen der Dürre einfach ab, es ist eine Tragödie. Die Wüste kommt immer näher zu uns.

**Was unternehmen Sie dagegen?**

Gegen die hohen Temperaturen ist man machtlos. Wenn es wie diesen Sommer 41 Grad ist, schadet das dem Wein enorm – es ist, als würde man mit einem Heissluft-Föhn direkt auf die Trauben losgehen. Wir werden 2012 wohl bloss einen Drittel des Spitzenjahres 2010 ernten. Damals haben wir 33 000 Flaschen produziert. Aber es geht mir nicht in erster Linie um meinen

Wein. 1990 betrug der weltweite $CO_2$-Ausstoss 23 Milliarden Tonnen, 2010 waren es 33 Milliarden Tonnen. Oder wenn das zu abstrakt ist: Der Morteratsch-Gletscher ist heute sicher 200 Meter kürzer als noch vor 15 Jahren. Er sieht aus wie ein gestrandeter Wal. Es ist höchste Zeit, etwas zu tun. Die Politik hat viele andere Probleme, deshalb müssen Produzenten und Konsumenten aktiv werden. Ich habe dieser Tage einen Vertrag mit einer biodynamischen Firma in Ägypten unterzeichnet, um den $CO_2$-Ausstoss von Amici Caffè zu kompensieren. Sie baut Casuarina-Bäume an, die $CO_2$ absorbieren und Sauerstoff abgeben. Für uns ist es wichtig, unseren Kunden zu signalisieren: «Illy pflanzt Bäume. Wenn du unseren Kaffee trinkst, tust du nicht nur etwas Gutes für deine Geschmacksnerven, sondern auch fürs Klima.»

**Kompensieren Sie auch privat Ihren $CO_2$-Ausstoss?**

Ja. Es kostet mich 400 Euro im Jahr, obwohl ich sehr viel reise. Das sind doch Peanuts. Mein grösstes Aha-Erlebnis war ein Artikel im «Time Magazine» über ein Baum-Projekt in der Niger-Halbwüste. Nachdem dort in unwirtlichen Wüstengebieten 200 Millionen Bäume angepflanzt worden waren, entspannte sich die Lage in der ganzen Region. Es gab weniger ethnische Kriege, mehr Nahrung, mehr Beschäftigung und Einkommen für die Bevölkerung. An vielen Orten die Wüste zu bepflanzen und so ihre rasante Ausdehnung zu bremsen, halte ich für eine enorm wichtige Aufgabe. Wir, die wir hier in Reichtum leben, können mit einem kleinen Effort dafür sorgen, dass andere wieder eine Perspektive haben, und gleichzeitig die Planetenerwärmung stoppen. Das ist eine weitaus lohnendere Tätigkeit, als im Sekundentakt mit Aktien zu handeln und mit fallenden Kursen Geld zu verdienen. Nennen Sie mich altmodisch, aber wir sollten uns wieder weniger mit virtuellem Geld und Spekulation, dafür mehr mit von Menschen gemachten Produkten beschäftigen. Dann würden wir auch begreifen, dass die Ressourcen beschränkt sind und wir endlich Verantwortung übernehmen sollten. ■

***Kontakt und Information:*** *illy@amici.ch, www.amici.ch*

10.4.2010

**KEEL ANDY**
Vom UBS-Direktor
zum Hausmann und Teilzeit-Profi

# *«Manchmal fühle ich mich wie ein neugeborener Eisbär»*

*Bis letzten Sommer war Andy Keel auf Direktionsstufe für die UBS tätig. Dann tauschte er Anzug gegen Kochschürze und wurde Vollzeit-Hausmann und Betreuer dreier Kinder. Seither fühlt sich der 31-Jährige oft wie ein Exot, der Schaulustige anzieht. Trotz Identitätskrisen und finanzieller Einbussen sagt Keel: «Das Positive überwiegt.»*

**Herr Keel, wie sieht Ihr Arbeitsalltag aus?**

ANDY KEEL: Es ist ein klassisches Hausfrauenprogramm. Der Tag beginnt meistens um 6 Uhr, wenn das Baby schreit, später mache ich Frühstück für meine Frau und die älteren zwei Kinder, schaue, dass sie rechtzeitig in die Schule kommen. Am Mittag, wenn ein Teil der Hausarbeit erledigt ist und das Baby schläft, habe ich zwei ruhige Stunden zum Arbeiten. Dann kommen die beiden Älteren von der Schule zurück, wir essen zusammen und ich helfe bei den Hausaufgaben.

**Sie gehen keiner Erwerbsarbeit nach?**

Nein, seit letztem Sommer bin ich vollamtlich Hausmann. Daneben verfolge ich zwei kleine Projekte. Meine Frau arbeitet zum ersten Mal in ihrem Leben praktisch Vollzeit; sie leitet ein grosses Jugendnetzwerk und unterstützt Jugendliche, die Schwierigkeiten haben, im Arbeitsmarkt Fuss zu fassen.

**Sie haben zuvor auf Direktionsstufe bei der UBS gearbeitet. Was hat Sie veranlasst, Ihre Stelle aufzugeben und sich ganz auf Hausarbeit und Familie zu konzentrieren?**

Ich blicke auf eine klassische Bankkarriere zurück. Es begann mit der Lehre, dann folgten berufsbegleitend Matura und Studium, parallel dazu der hierarchische Aufstieg. Letztes Jahr merkte ich: Wenn man 15 Jahre immer am Drücker ist, wird man nicht mehr besser, sondern nur noch müder. Durch die Geburt unseres gemeinsamen Sohnes vor eineinhalb Jahren hat sich mir eine komplett neue Welt erschlossen. Das gab mir den Mut, das Erreichte loszulassen und mich ganz um die Kinder zu kümmern.

**Fiel Ihnen die Umstellung leicht?**

Nein, es war ein brutaler Einschnitt. Im Büro hat man seinen Outlook-Kalender, kann mit Terminen jonglieren. Auch wenn man das nicht so empfindet: Man hat unglaublich viele Freiheiten. Zuhause bestimmen die Kinder den Rhythmus, man plant, organisiert und wirft ständig alles wieder über den Haufen. Und man ist an sieben Tagen pro Woche ständig gefordert. Es ist anstrengender zu Hause als im Büro.

**Wie hat sich der Wechsel auf Ihr Selbstwertgefühl ausgewirkt?**

Es gab und gibt immer wieder Krisen. Ich tue mich schwer damit, kein eigenes Erwerbseinkommen zu erzielen. Ich weiss, dass es vielen Frauen ähnlich ergeht, aber ich komme trotzdem nicht klar damit. Zudem vermisse ich die Anerkennung für das, was ich leiste. Bis letzten Sommer konnte ich einfach meine Visitenkarte vorzeigen, dann war ich jemand – als Hausmann mit verschmierter Kleidung erzielt man keine vergleichbare Wirkung.

**Ernten Sie keine Bewunderung?**

Wenn Bewunderung, dann meist in übertriebenem Masse. Manchmal fühle ich mich wie ein neugeborener Eisbär – ein Exot, der Schaulustige anzieht und begutachtet wird. In der Krippe, beim Babyturnen, in den Tea-Rooms … überall bin ich der einzige Mann mit Baby. Da fühlt man sich ziemlich einsam. Und vom finanziellen Aspekt her ist es natürlich ein Wahnsinn, was wir machen. Durch den Rollentausch hat sich das Einkommen mehr als halbiert.

**Das klingt, als möchten Sie bald wieder tauschen.**

Nein, wir haben dieser Tage entschieden, dass ich nach dem Jahr unbezahltem Urlaub nicht mehr in die Bank zurückkehre. Es ist uns wichtig, dass wir unseren Sohn die ersten drei Jahre selber betreuen. Ich werde versuchen, mit einem Mini-Pensum auf Mandatsbasis wieder einzusteigen; solche Jobs sind nirgends ausgeschrieben, die muss man sich selber kreieren. Natürlich kostet das alles Energie, aber das Positive überwiegt. Mein Sohn ist jetzt eineinhalbjährig. Es vergeht kein Tag, an dem er mich nicht mit etwas Neuem überrascht. Jeden Tag erlebe ich Dutzende von Glücksmomenten – davor gab es in zehn Jahren Karriere vielleicht drei Gelegenheiten, in denen ich mich ähnlich erfüllt fühlte.

**Letzten Sommer haben Sie das Portal teilzeitkarriere.ch lanciert. Ist «Teilzeitkarriere» nicht ein Widerspruch in sich?**

Teilzeitkarriere steht für eine Vision, die Realität sieht anders aus. Ich sehe heute zwei Modelle auf Management-Stufe. Modell 1 bedeutet: Man ist 80 Prozent angestellt und erledigt praktisch ein Vollzeitpensum in vier Tagen. Modell 2 bedeutet: Man arbeitet zwischen 50 und 80 Prozent und verzichtet auf Führungsfunktion, Förderung und herausfordernde Aufgaben. Natürlich gibt es Ausnahmen, aber die Mehrheit der Teilzeit-Karrierejobs gehört in eine dieser zwei Kategorien. Das Portal teilzeitkarriere.ch soll Hilfe zur Selbsthilfe bieten.

**Was heisst das konkret?**

Einerseits ist es eine Plattform, auf der in Zusammenarbeit mit jobheidi.com alle Teilzeit- und Job-Sharing-Stellen ausgeschrieben sind. Andererseits ermöglichen wir einen Austausch unter hoch qualifizierten Teilzeit-Berufstätigen. Wir haben heute fast 2000 registrierte Nutzer, 70 Prozent davon sind Akademiker. Zudem helfen wir Menschen, die in Stellenteilung arbeiten wollen, den geeigneten Partner für eine solche Tandem-Bewerbung zu finden.

**Erzielen Sie Gewinn mit dem Portal?**

(Lacht) Nein, es ist ein hochgradig ideologisches Projekt. Wir zahlen jeden Monat rund 1000 Franken drauf.

**Sie bieten auch Argumentationshilfe für Erwerbstätige, die ihren Arbeitgeber von einer Teilzeitlösung überzeugen müssen. Was sind die besten Argumente?**

Teilzeitarbeit ist auch für die Arbeitgeber ein Gewinn. Angestellte, die freiwillig Teilzeit arbeiten, sind produktiver, loyaler, motivierter – das zeigt der kürzlich publizierte HR-Barometer der Uni und ETH Zürich. Zudem bringen Teilzeit-Angestellte zusätzliche Perspektiven ein, leisten also einen Beitrag zu mehr Vielfalt. Der wichtigste Bremsfaktor sind die emotionalen Vorbehalte der Chefs. Die Kultur wird geprägt von Männern, die sich jeden Tag zehn Stunden und mehr abrackern oder zumindest diesen Eindruck erwecken. Das zementiert den Mythos, dass wichtige Leute unentbehrlich und allzeit verfügbar sind. Dabei gibt es Beispiele, die zeigen, dass es auch anders geht: Peter Spuhler ist Konzernchef und Nationalrat, Carsten Schloter verbringt ab sofort zwei bis drei Tage in Mailand, um die Swisscom-Tochter Fastweb auf Kurs zu bringen. Ämterkumulation ist offenbar kein Problem – warum sollte es da nicht möglich sein, dass ein Firmenchef Teilzeit arbeitet und sich daneben um die Familie oder ein soziales Projekt kümmert? ■

***Kontakt und Information:** info@teilzeitkarriere.ch, www.teilzeitkarriere.ch*

*Nach gut einem Jahr als Vollzeithausmann wurde Andy Keel wieder für die UBS tätig. Er entwickelte für die Grossbank verschiedene Projekte im Bereich «Mobile Banking», «Social Media» und Produktinnovation – allerdings nicht als Angestellter, sondern auf Mandatsbasis. Parallel dazu erfüllte er sich einen Bubentraum und gründete die Firma Dade-design.com, die Betonküchen und Betonbadewannen herstellt. Er schaffte es mit seinen Betonwannen bis ins Museum für moderne Kunst in Barcelona. Zudem ist Keel Initiant und Ko-Projektleiter von «Der Teilzeitmann», einer vom Bund finanzierten Sensibilisierungskampagne, die dazu führen soll, dass der Anteil Teilzeit arbeitender Männer jährlich um 25 000 steigt.*

**LOCHBRUNNER DANIEL**
Berufstraum Polizist –
Traumberuf Bestatter

16.2.2013

# *«Es gibt wohl keinen emotionaleren Beruf als den des Bestatters»*

*Eigentlich wollte Daniel Lochbrunner Polizist werden, doch heute kann er sich keinen vielseitigeren und schöneren Beruf vorstellen als den des Bestatters. Manche Schicksale bringen ihn auch nach 20 Jahren Erfahrung an seine Grenzen. Am schwierigsten wird seine Arbeit dann, wenn der Verstorbene nichts geregelt hat und die Hinterbliebenen sich nicht einigen können.*

**Herr Lochbrunner, das muss belastend sein: Als Bestatter haben Sie ausnahmslos unglückliche Kunden.**

DANIEL LOCHBRUNNER: Sie haben Recht, die Kunden sind tatsächlich unglücklich, wenn sie mit mir Kontakt aufnehmen. Entscheidend ist für mich, wie ich sie durch diese schwierige Phase begleiten kann. Wenn es mir gelingt, ihnen beizustehen und manches zu erleichtern, dann sind sie am Ende zwar nicht glücklich, aber sehr dankbar. So gesehen gibt es wohl kaum einen emotionaleren Beruf als den des Bestatters. Ich gehe mit meinen Kunden durch ein Wechselbad der Gefühle und erhalte nach Abschluss der Zusammenarbeit oft sehr herzliche Dankesschreiben.

**Können Sie sich emotional überhaupt auf die Geschichten einlassen, die Ihnen Hinterbliebene erzählen?**

Manchmal sagen mir Bekannte: «Nach mehr als 20 Jahren im Geschäft geht dir sicher nichts mehr unter die Haut.» Das trifft nicht zu. Wer diesen Beruf mit Engagement und echter Einfühlsamkeit ausübt, erlebt immer wieder Situationen, die ihn durchschütteln. Wenn Eltern, die durch Suizid oder Unfall ein Kind verloren haben, fassungslos bei mir sitzen, dann komme auch ich an meine Grenzen. Manchmal sitze ich dann wortlos mit der Trauerfamilie am Tisch und wir weinen alle. Natürlich passiert das selten und ich fange mich dann als Erster wieder – schliesslich bin ich der Profi, dem die Leidtragenden vertrauen, und es wäre nicht gut, wenn am Ende sie mich trösten müssten. Ich will damit nur sagen: Die Geschichten gehen mir nahe, nicht nur bei jungen Menschen. Letzte Woche starb eine Frau im Altersheim und ich versuchte vergeblich, ihrem dementen Ehemann zu erklären, was passiert ist und was wir machen. Drei Tage später ist ihr der Mann nachgestorben.

**Gibt es Momente, in denen Sie überfordert sind von den Emotionen Ihrer Kunden?**

Ja, das kommt vor, denn wir sind meistens die erste Anlaufstelle, noch vor dem Pfarrer. Manchmal erfahren Menschen von der Polizei, dass ein Familienmitglied nie mehr nach Hause kommen wird, und dann kontaktieren sie als Erstes den Bestatter. Da kann man nicht in jedem Fall ein Beratungsgespräch durchführen nach Schema F. Immer wieder kommt es vor, dass Betroffene im ersten Moment sehr gefasst reagieren und dann mitten in der Besprechung von den Emotionen überwältigt werden. Vor kurzem war ich bei einer Frau, deren Mann bei Arbeiten im Wald von einer Tanne erschlagen worden war. Er musste von der Rega ausgeflogen werden, wies schwere Verletzungen auf. Die Frau wollte unbedingt alles mit mir besprechen, aber während des Gesprächs wurde klar, dass es für sie das Wichtigste war, ihren Mann zu sehen. Also legten wir alles andere beiseite, ich kümmerte mich darum, das Gesicht des Verstorbenen zu rekonstruieren und ihm seine persönliche Kleidung anzuziehen. Nachdem die Frau sich so von ihm hatte verabschieden können, verlief das Trauergespräch gelöster.

**Ist das üblich, dass die Hinterbliebenen sich Zeit nehmen wollen für den Abschied vom Toten?**

Es gibt da grosse Unterschiede zwischen Stadt und Land. In ländlichen Gebieten leben die Menschen näher bei der Natur, sie sind mit dem Kreislauf des Lebens, der die Vergänglichkeit einschliesst, vertraut. Entsprechend beziehen sie den Tod in ihr Leben mit ein, etwa indem sie den Verstorbenen noch ein, zwei Tage bei sich zu Hause haben oder ihn aufbahren. In der Stadt geht der Trend – drastisch ausgedrückt – eher in Richtung Entsorgungspolitik. Manchmal habe ich das Gefühl, es könne den Leuten gar nicht schnell genug gehen mit der Überführung ins Krematorium, weil der Verstorbene sie unangenehm an die eigene Vergänglichkeit erinnert. Oft ist es auch schwierig, überhaupt einen Termin für Beisetzung und Bestattung zu finden, weil die Angehörigen von weit anreisen müssen und schlicht zu beschäftigt sind. Manche finden keinen Termin, um einem Elternteil das letzte Geleit zu geben. Das kann ich nicht nachvollziehen. Ich habe meinen Eltern so viel zu verdanken – ich würde alles fallen lassen, um für sie da zu sein. Und ich sehe keinen Grund, den Tod wegzusperren. Er ist doch das grösste Geheimnis unseres Lebens.

**Kommt es auch vor, dass sich Ihre Kunden streiten in den Tagen nach dem Verlust?**

Oh ja, manchmal geht das wenige Stunden nach dem Tod des Angehörigen los. Da brechen alte Wunden auf, und wenn der Verstorbene selber nichts geregelt hat, gibt es sofort Differenzen und Machtkämpfe – um die Bestattungsart, um die Abdankung – und natürlich um Geld. Manchmal wird den Hinterbliebenen mit einem Schlag bewusst, dass durch den Tod ihre eigene Existenz gefährdet ist – etwa wenn jemand 25 Jahre in einer Partnerschaft gelebt hat, diese aber nicht rechtlich legitimiert hat. Da stehen dann plötzlich die Kinder aus erster Ehe auf der Matte, die kaum noch Kontakt mit dem Verstorbenen hatten, und erheben Anspruch auf Firma, Haus und Geld. Deshalb ist es so wichtig, das frühzeitig zu diskutieren und schriftlich festzuhalten. Sterbevorsorge ist eine elementare Art, über den eigenen Tod hinaus Verantwortung zu übernehmen gegenüber seinen Nächsten.

**Sie haben Landwirt gelernt und wurden mit 22 Jahren Bestatter. Ich nehme nicht an, dass das Ihr Traumberuf war. Was hat Sie zum Wechsel veranlasst?**
Ich wollte Polizist werden nach der Rekrutenschule, wurde aber wegen meiner Französisch-Schwäche um ein Jahr vertröstet. Um die Zeit zu überbrücken, arbeitete ich als Chauffeur für ein Bestattungsinstitut. Bald hatte der Chef den Eindruck, ich würde mich eignen für den Beruf des Bestatters. Nach 10 Jahren wechselte ich dann zum Rettungsdienst und machte mich sechs weitere Jahre später als Bestatter selbständig. Ich kann gut zuhören und auf Menschen eingehen und bewahre immer die Ruhe, was sich auf die Kunden überträgt. Und ich mag die Vielseitigkeit meines Berufs: Ein Bestatter ist Seelsorger, Floristiker, Dichter, Trauerredner, Bürolist, Projektmanager – die Arbeit mit Sarg und Bestattungswagen macht den kleinsten Teil unserer Arbeitszeit aus. In meinem Fall kommt noch die Arbeit als Thanatologe dazu: Ich übernehme die Rekonstruktion des äusseren Erscheinungsbildes bei Verstorbenen, die entstellt sind, und bei Bedarf auch die Einbalsamierung für Auslandüberführungen.

**Wie wird man Thanatologe?**
Ich habe eine berufsbegleitende Ausbildung in Deutschland, Irland und England absolviert. Da ich im Moment in der Schweiz der einzige praktizierende Thanatologe bin, biete ich diese Arbeiten freischaffend auch für meine Berufskollegen an. Viele machen davon leider aufgrund des Konkurrenzdenkens keinen Gebrauch, selbst wenn ihre Kunden es wünschten. Dabei ist heute gut belegt, dass die visuelle Abschiednahme ein wichtiger Grundstein für die Akzeptanz und Verarbeitung des Todes ist. Ich weiss von Hinterbliebenen, die sich noch zehn oder 20 Jahre nach dem Verlust eines Menschen mit der Frage quälen, ob er wirklich in diesem Sarg gelegen hat und tot ist.

**Was kostet das Sterben?**
Das kann ich Ihnen nicht sagen, weil es sehr davon abhängt, was man alles mit einschliesst – der Grabstein etwa oder das Essen nach der Bestattung fallen da ins Gewicht. Die Bestatterkosten liegen in unserem Betrieb durchschnittlich um die 3000 Franken.

**Haben Sie etwas Grundlegendes über das Leben oder den Tod gelernt in den letzten 20 Jahren?**
Der Tod hat für mich seinen Schrecken verloren. Ich habe heute keine Angst mehr vor dem Tod – höchstens vor qualvollem Sterben. Dass ich diesem letzten Geheimnis ruhig entgegensehen kann, gibt mir ein wohliges Gefühl. Im Gegensatz zu manchen Kollegen bin ich aber nicht von Sterben und Tod besessen. Ich bin ein fröhlicher Mensch, Mitglied im Jodlerklub und früher in einer Guggenmusik.

**Durch die Schweizer Krimiserie mit Mike Müller erlangte Ihr Beruf grosse Medienpräsenz. Haben Sie sich mehr gefreut oder geärgert?**
Ich war neugierig und habe mir eine Folge angeschaut. Natürlich ist es nicht so, dass wir Bestatter im Rotlichtmilieu Leichen bergen, bevor die Polizei eintrifft. Aber insgesamt war die Sendung amüsante Fiktion vor realistischem Hintergrund. ■

***Kontakt und Information:** info@lochbrunner-bestattungen.ch, www.lochbrunner-bestattungen.ch*

**LÜTHI ARIANE**
Von der Studentin zur Expertin für soziale Verantwortung

14.8.2010

# «Ich war Feuer und Flamme, als ich sah, wie viel man verändern kann»

*Mit 26 Jahren hat Ariane Lüthi nicht nur einen Studienabschluss und ein Stipendium in der Tasche, sondern auch viel von der Welt gesehen. Nach einem Trainee-Aufenthalt in Shanghai will die Bernerin einen nächsten Karriereschritt machen und dafür sorgen, dass weltweit tätige Unternehmen ihre soziale Verantwortung noch besser wahrnehmen.*

**Frau Lüthi, Sie haben mit 26 Jahren mehr von der Welt gesehen als andere im Rentenalter. Woher rührt Ihr Interesse an fremden Kulturen?**

ARIANE LÜTHI: Ich war ab meinem vierten Lebensjahr viel unterwegs – in Mexiko, Kuba, Costa Rica, Ecuador, Peru, Bolivien, Chile und Argentinien, später für Sprachaufenthalte in den USA, Indien und Bolivien. Ich bin meinen Eltern sehr dankbar für all diese mehrmonatigen Reisen, die zu den prägendsten Eindrücken meiner Kindheit gehören. Ich denke nicht nur an all die Abenteuer, die wir dank den Reisen erlebt haben, sondern auch an meinen Blick auf die Schweizer Realität: Ich empfand es nie als selbstverständlich, wie wir hier leben können, sondern ich wusste, dass ich grosses Glück habe, in einer solchen Familie, einem solchen Umfeld zu leben und in Sachen Ausbildung freie Wahl zu haben. Ich verstand das als Verpflichtung, ein Maximum aus diesen Möglichkeiten herauszuholen.

**Sie haben mit 25 Jahren den Master am Institut für internationale Beziehungen in Genf gemacht, arbeiten derzeit als Hochschulpraktikantin des Eidgenössischen Departements für auswärtige Angelegenheiten in Shanghai und starten im Herbst ein Stipendienprogramm für eine internationale Karriere. Wo soll diese Blitzkarriere hinführen?**
Ich habe eine sehr klare Vorstellung davon. Während meiner Sozialarbeit- und Sozialpolitikstudien arbeitete ich in Schweizer Flüchtlingsheimen. Diese Arbeit war sehr bereichernd, doch oft setzt man dabei Vorgaben um, die man selber nicht verändern kann, ist der verlängerte Arm eines Bundesamtes. Schon damals spürte ich den Wunsch, weiter oben mitzumischen, eine Position zu erreichen, aus der heraus ich die Strategie mitbestimmen kann.

**Was schwebt Ihnen konkret vor?**
Ich möchte den Hebel bei der sozialen Verantwortlichkeit von grossen Unternehmen ansetzen. Vor zwei Jahren realisierte ich im Auftrag des Staatssekretariats für Wirtschaft (Seco) mit dem bolivianischen Institut für Aussenhandel ein Projekt. Die internationalen Konzerne sind mächtige Akteure, sie haben einen grossen Einfluss auf die Umwelt und die Arbeits- respektive Lebensbedingungen in den Ländern, in denen sie tätig sind. Wenn man die grossen Unternehmen darin unterstützt, ihre soziale Verantwortung noch besser wahrzunehmen, kann man wesentlich mehr bewegen, als wenn man von aussen mit dem Finger auf die Konzerne zeigt. Der Uno-Generalsekretär hat vor einiger Zeit John Ruggie zum Sonderbeauftragten für Wirtschaft und Menschenrechte bestimmt. Daraus ist erstmals ein internationaler Konsens darüber entstanden, wie weit die Verantwortung von Unternehmen im Bereich Menschenrechte geht.

**Sie klingen, als wären Sie seit 20 Jahren in diesem Gebiet tätig.**
Nein, aber ich habe als Praktikantin beim Uno Hochkommissariat für Menschenrechte das Mandat von John Ruggie unterstützt. Und ich war Feuer und Flamme, weil mir rasch bewusst wurde, dass das Zukunft hat, dass man auf dieser Ebene viel verändern kann. Deswegen ist es mein Ziel, künftig bei einer grossen Firma im Bereich «Corporate Social Responsibility» tätig zu sein.

**Um was zu erreichen?**

Wenn eine Firma irgendwo eine Fabrik baut, dann sollte sie darauf achten, dass sie weder in Sachen Umweltverschmutzung sündigt noch indirekt zur Kinderausbeutung oder Folter beiträgt. Das ist nicht eine Frage der Philanthropie, sondern eine ganz rationale Form des Risikomanagements: Man bindet Mitarbeiter ans Unternehmen, verhindert Produktionsausfälle, beugt Klagen und Schadenersatzforderungen vor und vermeidet einen Imageschaden.

**Bei manchen Unternehmen hat man das Gefühl, die Abteilung «Corporate Social Responsibility» diene als Feigenblatt, um die ungezügelte Profitmaximierung zu verdecken. Wie gut kennen Sie die betriebliche Realität?**

Im Moment noch kaum, aber ich glaube, es gibt in der Schweiz Unternehmen, die sehr gut unterwegs sind. Vor zehn Jahren hatte noch praktisch kein Unternehmen Angaben zur sozialen Verantwortung auf seiner Homepage, heute gibt es ganze Abteilungen dafür. Ab September werde ich einen vertieften Einblick erhalten. Als Stipendiatin des Mercator-Kollegs für internationale Aufgaben kann ich ein Projekt zur «Wahrnehmung der unternehmerischen Sorgfaltspflicht in Bezug auf Menschenrechte» umsetzen.

**Wie wollen Sie vorgehen?**

Ich will eng mit mindestens einem international tätigen Schweizer Unternehmen zusammenarbeiten, das in dieser Hinsicht schon ein hohes Level erreicht hat. Hauptsächlich geht es darum, den Status quo zu erfassen, Entwicklungspotenzial aufzuzeigen und Werkzeuge für weitere Verbesserungen zu erarbeiten. Dabei kann ich unter anderem auf das Wissen und die Evaluationsinstrumente des Instituts für Menschenrechte und Wirtschaft in Holland und des dänischen Instituts für Menschenrechte zurückgreifen.

**Sind die Konzernmanager erfreut, wenn eine 26-Jährige ihnen erläutern will, wie sie ihrer sozialen Verantwortung besser nachkommen sollten?**

Ich gehe ja nicht mit dem Zeigefinger auf die Unternehmen zu, sondern ich möchte zuerst die Innensicht kennenlernen und verstehen, wie die Prozesse funktionieren. Ich habe bei Unternehmen angeklopft, die schon viel unternommen haben. Die Rückmeldungen waren durchwegs positiv.

**Wie profitieren Sie konkret vom im Herbst beginnenden Stipendium?**
Die Stiftung Mercator Schweiz und die Schweizerische Studienstiftung geben mir die Chance, einen weiteren Schritt vorwärts zu machen auf dem Weg zu einer internationalen Karriere. Nebst dem Lohn werden mir auch alle Reisespesen von und zu den Einsatzorten bezahlt. Und ich profitiere von einem Sprachstipendium. Entweder möchte ich etwas Neues lernen wie Chinesisch, Hindi oder Arabisch oder dann mein Französisch oder Spanisch perfektionieren.

**Ganz nebenbei sind Sie auch noch eine sehr gute Saxophonistin mit Konzert- und CD-Aufnahme-Erfahrung. Hatten Sie daran gedacht, die Musik zum Beruf zu machen?**
Ja, das war eine Option, ich habe ein Jahr an der Swiss Jazz School studiert. Aber Musik ist für mich etwas Emotionales – das verträgt sich schlecht mit Zielgerichtetheit und Karriereplanung.
Deswegen ist es gut, wenn ich das in der Freizeit mache. So kann ich spielen, was ich mag. ■

***Kontakt und Information:*** *www.studienstiftung.ch*

30.4.2011

**MANSER GABRIELA**

Die Kindergärtnerin mit Flair für Kräuter und Mineralwasser

# *«Wenn man zu hoch fliegt, fällt man rasch vom Himmel»*

*Vor zwölf Jahren hat Gabriela Manser die angeschlagene Mineralquelle Gontenbad von ihrem Vater übernommen. Der Wechsel vom Kindergarten in den Chefsessel gelang: Dank cleverem Marketing und feinem Gespür für den Zeitgeist steigerte die Appenzellerin den Getränke-Absatz auf das Siebenfache und wurde zur gefeierten Unternehmerin.*

**Frau Manser, was ist spannend daran, 15 Millionen Flaschen Mineralwasser und Süssgetränke im Jahr herzustellen?**

GABRIELA MANSER: Das macht grosse Freude, sonst würde ich sofort aufhören damit. Ich kann mir keine schönere Tätigkeit vorstellen, als mit Menschen kreativ zu sein und neue Projekte auf die Beine zu stellen. Der Entscheid, die acht Kräuter für die neuen Limonaden hier in der Alpstein-Region anzubauen, war zum Beispiel ein Riesenschritt für unseren kleinen Abfüllbetrieb. Wir arbeiten mit Bauern zusammen, die in Demeter-Qualität produzieren, mussten uns also intensiv mit Anbauverträgen, Bodenbeschaffenheit und dergleichen auseinandersetzen.

**Als Sie vor zwölf Jahren als gelernte Kindergärtnerin den elterlichen Traditionsbetrieb übernahmen und umkrempelten, ernteten Sie viel Applaus. Sie waren in Zeitungen, in Illustrierten, am Fernsehen und auf Tagungen enorm präsent. Lässt man Sie heute wieder in Ruhe arbeiten?**
Ich erhalte eher mehr Einladungen als in der Anfangsphase – nur hat sich das von der Publikums- auf die Fachebene verschoben. Am Anfang war alles neu und spannend, wir legten eine spektakuläre Pionierphase hin, hauchten einem in die Jahre gekommenen Traditionsbetrieb mit Absatzproblemen neues Leben ein. Heute sind wir in der Professionalisierungsphase. Es geht nicht mehr darum, einfach Wachstum zu bewältigen, sondern wir versuchen, alles noch ein wenig besser zu machen. Dazu gehört auch, dass ich mich selber zurücknehme. Ich brauche Mitarbeiter, die eine solide Ausbildung mitbringen und dadurch die Dinge besser machen, als ich das könnte. Das gibt mir die Möglichkeit, in jenen Dingen besser zu werden, die nur ich tun kann.

**Hatten Sie nie genug davon, überall die Vorzeigeunternehmerin zu sein?**
Natürlich war das manchmal anstrengend. Dass die Firma stark über meine Person wahrgenommen wurde, war aber ein grosser Vorteil – diesen Bekanntheitsgrad hätten wir sonst nie erreichen können. Für mich war es eine permanente Weiterbildung. Wer immer wieder an Tagungen auftritt und sich in Interviews äussert, lernt viel von Kollegen und stellt sich stets neuen Fragen. Ich habe bei all dem Medienrummel nie vergessen, was ich kann und was ich nicht kann. Es ist wichtig, dass man nicht zu hoch fliegt, sonst fällt man rasch vom Himmel.

**In einem Interview sagten Sie einmal, Sie zählten die Stunden im Büro nicht, aber Sie versuchten, nicht vor 5.30 Uhr aufzustehen. Das klingt, als wäre die Work-Life-Balance in Schieflage geraten.**
Work-Life-Balance ist für mich kein brauchbarer Begriff, das Leben funktioniert anders. Natürlich gelingt mir das Abschalten nicht immer. Es gibt so viele Ideen, die ich sofort umsetzen möchte. Ich musste lernen, mir selber einen Rahmen abzustecken, auch einmal erst um acht oder neun Uhr ins Büro zu kommen ohne schlechtes Gewissen. Hilfreich war zudem die Ausbildung zur Atempädagogin. Nach bewusstem Ausatmen erfahren wir, dass irgend-

wann der nächste Atemzug einsetzt ohne jede Anstrengung. Das ist eine gute Übung in Gelassenheit und Vertrauen. Heute reagiere ich in schwierigen Situationen ruhiger. Ich habe gelernt, dass Glück kein Zustand ist, den man erzwingen kann. Das Glück verlässt uns, damit es uns wieder treffen kann!

**Sie verkaufen 15 Millionen Flaschen Mineralwasser und Süssgetränke pro Jahr, erwirtschaften einen zweistelligen Millionenumsatz und arbeiten profitabel. Was machen Sie anders als andere Manager?**

Machen wir wirklich viel anders? Wir versuchen, unseren ganz eigenen Weg zu finden. Das kann ich nicht alleine, dazu brauche ich gute Leute um mich. Eine meiner Stärken ist sicher, dass ich ein Gespür für den Zeitgeist habe. Ich unternehme gerne Spaziergänge oder beschäftige mich mit zeitgenössischer Kunst – das hilft mir bei der Entschleunigung und beim Querdenken. Zudem sind wir unverwechselbar durch unsere Verwurzelung im Appenzell– das hilft uns. Und dann waren wir offensichtlich zur richtigen Zeit am richtigen Ort mit den richtigen Ideen. Mir ist Sorgfalt und Achtsamkeit in meinem Wirken wichtig.

**Letzten Oktober haben Sie die neuste Kreation aus der Mineralquelle Gontenbad lanciert – ein Cola-Getränk, das mit Stevia gesüsst ist. Wie entwickelt sich die Nachfrage?**

Hier in der Region kommt die Cola gut an, der Getränkehandel hat Freude daran. Im Moment ist die Goba-Cola ein Geheimtipp – das ist auch nicht schlecht. Ob es ein Erfolg wird, wissen wir erst in ein bis zwei Jahren. Es ist nicht einfach, weil es schon viele Cola-Getränke gibt.

**Das wussten Sie schon vor der Lancierung. Was hat Sie dazu bewogen, gegen Konzerne wie Coca-Cola, Pepsi oder Red Bull anzutreten?**

Wer wartet schon auf ein neues Getränk? Wir denken, dass wir genauso eine Existenzberechtigung haben. Der erste Gedanke war, ein Getränk mit dem natürlichen Süssstoff Stevia zu produzieren. Wir experimentierten mit einer Cola, und der erste Entwurf wurde so fein, dass wir entschieden, ihn so schnell wie möglich auf den Markt zu bringen. Nach nur fünf Monaten Entwicklungszeit waren wir so weit. Hätten wir viel Zeit zum Nachdenken gehabt, hätten wir vielleicht den Mut verloren.

**Wie wollen Sie weiter wachsen in diesem gesättigten Markt?**
Wir besetzen eine Nische in einem Verdrängungsmarkt und versuchen, diese Nische zu dehnen. In der gehobenen Schweizer Gastronomie sind wir schon gut etabliert. Im Ausland ist der Durchbruch bis jetzt noch nicht gelungen. Deswegen wollen wir in erster Linie durch Innovation in der Schweiz weiter zulegen. Von der Lancierung der neuen Flauder-Produkte Holunderbeeren und Quitten/Rhabarber profitiert zum Beispiel auch das Original Flauder. Und manchmal ist gute Innovation ganz unspektakulär: Weil die Gastronomie schon lange eine Mineralwasserflasche zwischen 50 und 100 cl wünschte, beauftragten wir einen Designer und einen Goldschmied aus Appenzell mit der Gestaltung einer 80cl-Flasche. Und wir gründeten einen Fonds zur Unterstützung von Wasserprojekten. Jeder, der eine 80cl-Flasche aus unserer Quelle kauft, engagiert sich mit 5 Rappen für die Verbesserung der weltweiten Wasserversorgung. Sie sehen, es kann enorm spannend und befriedigend sein, Millionen von Wasserflaschen zu verkaufen. ■

***Kontakt und Information:*** *www.mineralquelle.ch*

9.4.2011

**MESSERLI JÜRG**
Vom Schreiner und Sozialarbeiter zum Schatzsucher

# *«Eigentlich bin ich heute in erster Linie ein Schatzsucher»*

*Als er 16-jährig war, standen Jürg Messerli viele Wege offen. Mit 30 war er körperlich und psychisch so angeschlagen, dass an Arbeit nicht mehr zu denken war. Nach «sieben Jahren Intensivausbildung in Psychiatrie und Psychosomatik» hat Messerli wieder in der Arbeitswelt Fuss gefasst – als Unternehmer, der Handwerkskunst und Einfühlsamkeit kombiniert.*

**Herr Messerli, was antworten Sie, wenn jemand Sie nach Ihrem Beruf fragt?**
JÜRG MESSERLI: Für das, was ich mache, gibt es keine etablierte Bezeichnung. Ein Freund sagte mir vor einiger Zeit: «Du hast kein Produkt, das wir bewerben können, du schaffst in erster Linie Emotionen.» Auf dem Papier bin ich Schreiner und Sozialarbeiter mit Weiterbildung in Innenarchitektur. Aber eigentlich bin ich heute in erster Linie ein Schatzsucher und Wertzuschreiber.

**In einem Ihrer Arbeitsräume hier auf dem Areal der ehemaligen Gurtenbrauerei sieht es ein wenig aus wie in einer Gerümpelkammer. Viele alte Gegenstände, die keinen Nutzen mehr bringen.**
Das ist ein Teil meiner Arbeit. Ich kümmere mich um ausrangierte Gegenstände und verwandle sie durch Handwerk in Objekte, denen Betrachter wieder Wert zuschreiben. Viele alte Möbel sind extrem sorgfältig und aufwändig hergestellt worden. Wir werfen sie weg, weil sie uns nicht mehr zeitgemäss er-

scheinen, und ersetzen sie bedenkenlos durch Dutzendware. Ich versuche, da Gegensteuer zu geben. Die Leute bringen mir Dinge, die sie sonst wegschmeissen würden, und machen dann grosse Augen, wenn sie sehen, was daraus geworden ist. Ich kombiniere die alten Objekte mit schlichten, edlen zeitgenössischen Materialien.

**Können Sie das an einem Beispiel konkretisieren?**
Ein Kollege vertraute mir eine alte Eichenholztüre aus einem Bauernhaus an. Er hing emotional daran, weil die Tür zu den wenigen Dingen gehörte, die übrig blieben, als der Bauernhof abbrannte, aber er hatte keine Ahnung, was er mit einer alten Türe hätte anfangen sollen. Ich restaurierte die Türe, baute ein modernes Chromstahl-Gestell, befestigte die Türe darauf und überzog sie mit einer Glasplatte, die den wuchtigen Türknauf ausspart. Als mein Kollege sah, dass aus seiner Tür ein Tisch geworden war, kaufte er mir diesen sofort ab. Der Raum, in dem dieser Tisch steht, ist für ihn zum wichtigsten Rückzugsort geworden. Kein noch so trendiger Tisch könnte für ihn auf emotioneller Ebene ähnlich wertvoll sein.

**Sie begleiten Ihre Kunden auch beim Innenausbau oder der Wohnungseinrichtung. Worauf achten Sie dabei?**
Immer wieder wundere ich mich, wie stark sich die Leute an Trends orientieren und wie wenig sie ihr subjektives Wohlfühlen gewichten. Eine Familie zieht in einen Loft, weil sie in vielen Hochglanzheftchen gelesen hat, es sei der letzte Schrei, in grossen, lichtdurchfluteten Industrieräumen zu wohnen. Kaum ist das Prestigeprojekt möbliert und bezogen, gibt es Konflikte, alle fühlen sich unwohl. Ich orientiere mich stark an den individuellen Bedürfnissen, Träumen und Erfahrungen der Bewohner. «Wohnen» geht auf das gotische Wort «wunian» zurück, was so viel bedeutet wie: im Frieden bleiben, geschützt sein vor Schaden und Bedrohung.

**Wie kamen Sie dazu, sich für individuelles Wohnen und ausrangierte Gegenstände zu interessieren?**
Ich wurde ja selber von einem Tag auf den anderen ausrangiert. Mit 30 gabs einen grossen «Chlapf», mein Körper streikte, ich lag drei Wochen lang im

Spital, hatte Lähmungserscheinungen und Todesängste. Von einem Tag auf den anderen wurde ich von einem funktionierenden Teil der Gesellschaft zu einem komplett wertlosen Fall. Da ich nicht mehr arbeiten konnte, stand ich vor der immensen Aufgabe, mir selber Wertschätzung zu geben. Als die Ärzte keine medizinischen Ursachen gefunden hatten für die Funktionsstörungen, kümmerten sich die Psychiater um mich und fragten mich: «Wessen Leben haben Sie eigentlich gelebt in den 30 Jahren? Ihres jedenfalls nicht.»

**Als Sie 16 waren, standen Ihnen viele Türen offen. Sie waren ein begabter Trompeter und ein talentierter Handballer...**
Ich hätte diese Begabungen gerne zum Beruf gemacht, hörte aber immer wieder, ich sei leider in den falschen Bereichen talentiert. Die Angst vor dem Versagen, die Angst, Menschen zu enttäuschen und ihre Anerkennung zu verlieren, war zu gross. Also gehorchte ich der Stimme der Vernunft, gab den Sport, die Musik und all die anderen Dinge, die mir wichtig waren, auf und schlug einen soliden Berufsweg ein. Ich bereue es nicht, Schreiner geworden zu sein, aber ich wünschte mir, ich hätte mich weniger stark amputiert auf dem Weg dorthin.

**Ist das so etwas wie Ironie des Schicksals, dass Sie heute Ihre Kunden an die Bedeutung der Emotionen und des Wohlfühlens in ihren vier Wänden erinnern?**
Das hat schon seine Richtigkeit. Ich weiss, was passieren kann, wenn man seine Bedürfnisse komplett aus den Augen verliert und sich nur an Wertzuschreibungen anderer orientiert. Mein Körper hat mit einem extremen Hilfeschrei darauf reagiert, dass ich mir selber nicht genug Raum gab. Sieben Jahre lang durchlief ich eine Intensivausbildung in Psychiatrie und Psychosomatik – am eigenen Leib. Ich war gezwungen, mich sehr gründlich mit mir auseinanderzusetzen. Das war furchtbar, aber auch eine Riesenchance. Hätten mich meine Frau und meine beiden Töchter in dieser Zeit verlassen, hätte ich das wohl nicht durchgestanden. So konnte ich mich irgendwann mit der Frage beschäftigen, was ich beruflich noch machen könnte.

**Wie verlief der Wiedereinstieg?**
Verschiedene Menschen ermutigten mich, wieder ins kalte Wasser zu springen. Die IV, das RAV und die Psychiatrie konnten nicht meine einzigen Anlaufstellen bleiben. Mein Coach fädelte ein, dass ich bei der Awiwa Bau GmbH mit einem kleinen Pensum als Hilfsarbeiter auf dem Bau einsteigen konnte. Meine Muskeln schmerzten höllisch, aber ich war glücklich, die Erschöpfung zu spüren und daran ablesen zu können, dass ich mich ins Zeug gelegt und etwas Nützliches gemacht hatte. Mit der Zeit wagte ich es, auf mein handwerkliches Geschick und meine Sensibilität zu setzen. Für mich war es ein komplett neuer, gewöhnungsbedürftiger Gedanke, das zu tun, was ich gerne mache, und damit erst noch den Lebensunterhalt zu finanzieren.

**Gelingt Ihnen das?**
Mal besser, mal weniger gut – meine Frau arbeitet ebenfalls und unterstützt mich enorm. Die handwerkliche Arbeit in engem Kontakt mit Kunden tut mir gut. Ich bin glücklich, heute jene Stärken einsetzen zu können, die mir lange Zeit eher wie eine Last vorkamen. Es ist wichtig, im Gespräch mit Kunden hellhörig zu sein, auch Zwischentöne herauszuhören. Und es braucht Intuition, einen sechsten Sinn dafür, was jemandem wichtig ist. Das ist vielleicht das Schönste in meinem heutigen Beruf: Ich verwandle Bedürfnisse, Wünsche und Träume in individuell gestaltete Wohnform – und kann immer wieder miterleben, wie viel sich für die Kunden dadurch verändert. ■

***Kontakt und Information:*** *info@fundstatt.ch, www.fundstatt.ch*

**METZENER PAUL**
Vom Ökonom und Architekten
zum humanitären Helfer

23.7.2011

# *«Schwierig wurde es erst, als ich wieder in der Schweiz war»*

*Nach einem Lawinenunfall entschied sich der Architekt und Ökonom Paul Metzener, seine Karriere in der Privatwirtschaft aufzugeben und sich in Hilfsprojekten zu engagieren. Sein erster Einsatz führte ihn nach Haiti, wo er nach drei Monaten mit ansehen musste, wie ein Erdbeben Tod und Verwüstung brachte. Der 49-Jährige tat sich danach schwer, in der Schweiz wieder Fuss zu fassen.*

**Herr Metzener, Sie waren 25 Jahre lang erfolgreich in der Privatwirtschaft tätig und haben Ihre Karriere dann an den Nagel gehängt. Was ist passiert?**
PAUL METZENER: Vor fünf Jahren bin ich auf einer Skitour von einem Schneebrett verschüttet worden. Ein Kollege konnte mich zum Glück rasch wieder ausgraben, aber die Nahtoderfahrung hat bei mir Spuren hinterlassen. Ich absolvierte zwar weiterhin meine Zwölf-Stunden-Tage als Bauchef einer grossen Versicherung, aber ich stellte mir immer öfter die Frage: «Willst du wirklich so weitermachen?» Meine Frau sagte mir, ich wirke nervös und gestresst. Nach einiger Zeit hörte ich auf mein Bauchgefühl und gestand mir ein: Es braucht eine einschneidende Veränderung.

**Wie sah diese aus?**
Ich bewarb mich beim Schweizerischen Korps für humanitäre Hilfe (SKH). Sofort merkte ich: Hier wird reiche Berufs- und Lebenserfahrung geschätzt. In der Privatwirtschaft hatte ich bei älteren Kollegen gesehen, wie der eine oder andere plötzlich sanft aufs Abstellgleis geschoben wurde.

**Wie haben Sie Ihren ersten Auslandeinsatz erlebt?**
Im September 2009 trat ich meinen ersten Einsatz in Haiti an. Ich sollte während eines halben Jahres die humanitäre Hilfe kennenlernen. Einen Drittel der Zeit kümmerte ich mich um Finanzen und Personalführung, zwei Drittel um Projekte wie Milchpulververteilung in Schulen und Kinderheimen. Es war sehr spannend für mich, in einem derart armen Land, in dem eigentlich gar nichts funktioniert, einzusteigen. Ich lernte enorm viel über wahre Armut. Aus der Ferne machen wir uns ein komplett falsches Bild. Es hat mich beeindruckt, wie diese Menschen, die täglich ums Überleben kämpfen, trotz allem sehr fröhlich sind. Ich habe vermutlich nie in meinem Leben so viel gelacht und so viele komische Situationen erlebt wie in den ersten drei Monaten in Port-au-Prince.

**Am 12. Januar 2010 brachte ein gewaltiges Erdbeben grosses Leid über das Land. Wie haben Sie diesen Moment erlebt?**
(Schweigt) Noch heute bekomme ich Hühnerhaut, wenn ich darauf angesprochen werde. Ich hatte Besuch von einem Berner Kollegen. Am Montag verteilten wir im Hafen 30 Tonnen Milchpulver. Am Dienstag Nachmittag machten wir einen Ausflug. Wir hatten erwogen, die Kathedrale in Port-au-Prince zu besichtigen, fuhren dann aber auf einen Hügel oberhalb der Stadt. Von dort oben sahen wir, was das Erdbeben anrichtete. Die Kathedrale wurde komplett zerstört. Ich hatte keine Zeit, mir zu überlegen, was dies alles für die 3-Millionen-Einwohner-Stadt bedeutete. Wir fuhren hinunter ins Büro, das intakt geblieben war, und sahen verletzte Kinder auf dem Schulhausplatz liegen. Sie waren aus dem zweiten Stock gesprungen. Ich musste mir eingestehen, dass ich nicht helfen konnte. Via Satellitentelefon verständigte ich das Eidgenössische Departement für auswärtige Angelegenheiten.

WEISHENG

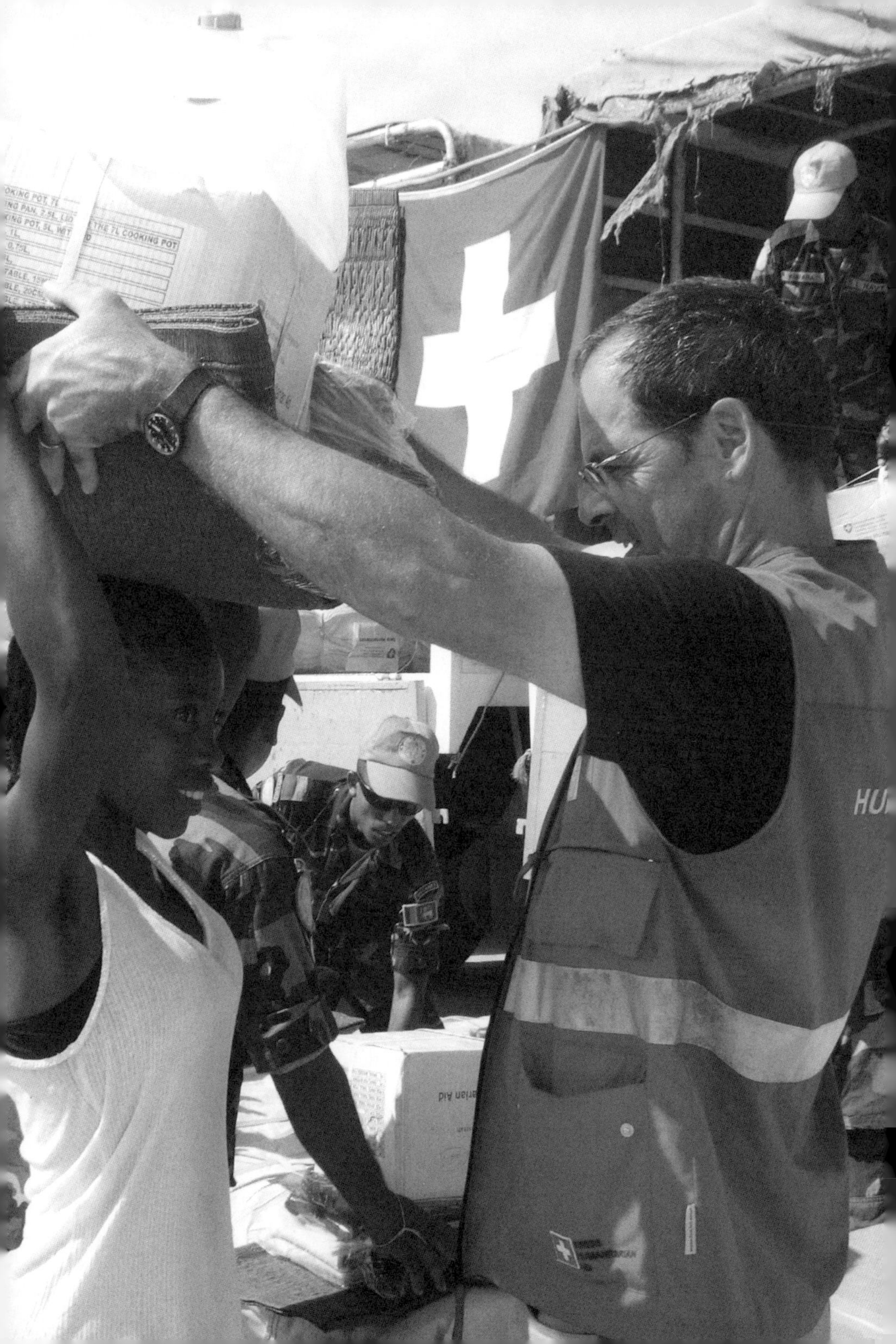
THE 7L COOKING POT

**Wie haben Sie es geschafft, in dieser Situation kühlen Kopf zu bewahren und zu funktionieren?**

Indem ich mich auf das konzentrierte, was ich tun konnte. Natürlich war es schrecklich, all die eingestürzten Gebäude, all die verletzten Menschen, die vielen Toten am Rand der Strassen. Aber dank der schnellen Reaktion der Schweiz und anderer Staaten konnte ich sofort mit Ärzten und Katastrophenhelfern zusammenarbeiten. Ich erlebte meine Arbeit als hilfreich, das gab mir Kraft. Die erste Hilfsgüterverteilung war für mich ein Schlüsselerlebnis. Wir konnten nur 500 von mehreren Tausend Menschen etwas abgeben. Trotzdem spürte ich eine grosse Dankbarkeit. Menschen, die nichts erhalten hatten, umarmten mich. So ist es kein Problem, wochenlang sieben Tage durchzuarbeiten. Als ich nach dem halben Jahr zurückkehrte, war meine Frau darauf gefasst, einen abgekämpften Mann in Empfang zu nehmen. Sie sagte mir später, sie sei völlig perplex gewesen, dass ich so voller Energie auf sie zugekommen sei. (Schweigt) Richtig schwierig wurde es eigentlich erst, als ich wieder in der Schweiz war.

**Das klingt paradox.**

Ich weiss. Alle dachten, ich hätte schon viel früher zurückkehren wollen und sei froh, endlich in der sicheren Schweiz zu sein. Meine Wahrnehmung war anders. Hier fühlte ich mich komplett unverstanden. Wo immer ich hinging, tauchten in meinem Kopf Bilder aus Haiti auf, die sich vor die Schweizer Realität schoben. Wenn mich jemand nach meinen Erlebnissen fragte, tauchte ich wieder ganz in diese Welt ein. Davon zu erzählen, kostete mich Kraft, ich exponierte mich, gab Gefühle preis. Für viele Gesprächspartner war es aber nicht mehr als Small Talk. Sie antworteten mit ein paar Vorurteilen gegenüber Schwarzen und kamen im nächsten Atemzug auf Fussball oder Fernsehserien zu sprechen. Für mich war es eine Zeit grosser Einsamkeit. Ich zog mich zurück, fühlte mich unverstanden. Später sagten mir Berufskollegen, die Ähnliches erlebt hatten: «Schütze dich. Es ist sinnlos, viel zu erzählen.» Seither rede ich meistens über ein paar Sachen, von denen ich weiss, dass sie gut ankommen.

**War es auch ein Belastungstest für Ihre Ehe?**
Ja, trotz ihrer Unterstützung war es eine grosse Herausforderung nach 20 Ehejahren. Ein Grund, warum ich meine Karriere beendet hatte, war ja, dass ich mehr Zeit für mich und für unsere Partnerschaft haben wollte. Vorher hatte ich in meinem Kaderjob zwar gutes Geld verdient, aber fast keine Zeit zum Leben. Jetzt arbeite ich nur noch halb so viel und verdiene maximal einen Viertel – und es fühlt sich viel besser an. Glücklicherweise konnte mich meine Frau bei meinem Libanon-Einsatz zwei Wochen besuchen. Seither versteht sie viel besser, was ich tue und warum die Umstellung schwierig ist.

**Haben Sie während Ihrer Schweiz-Aufenthalte nie ein schlechtes Gewissen, wie gut Sie es sich gehen lassen?**
Nein, ich geniesse die Zeit hier – ich hatte ja auch egoistische Gründe, mich für diese Arbeits- und Lebensform zu entscheiden. Ich habe kein Helfersyndrom und ich opfere mich nicht auf bis zur Selbstaufgabe, sondern ich möchte meine Erfahrung und meine Schaffenskraft temporär weniger Privilegierten zur Verfügung stellen. Das fühlt sich für mich richtig an. Gleichwohl frage ich mich von Zeit zu Zeit, ob ich nicht noch mehr tun könnte oder müsste. Ich versuche, bewusster zu leben, viel zu lernen und der Gemeinschaft etwas zurückzugeben. Und ich muss manchmal lachen über unser Sicherheitsbedürfnis hier in der Schweiz. Kürzlich hatte ich Krankenkassen- und Versicherungsvertreter bei mir im Haus. Es ist nicht ganz einfach, das alles ernst zu nehmen, wenn man gerade aus Haiti oder dem Libanon zurückgekehrt ist. ■

***Kontakt:*** *paul.metzener@bluewin.ch*

**MEYER STEFAN**
Musiklehrer mit MBA-Titel
und Vermittlungstalent

25.6.2011

# *«Ich bin ein Vermittler zwischen Marktwirtschaft und Kunst»*

*Gestern hat Stefan Meyer sein MBA-Diplom der Universitäten Rochester und Bern erhalten. Im Gegensatz zu den meisten der 26 Absolventen hat der 49-Jährige keinen Arbeitgeber im Rücken und keinen Karrieresprung in Aussicht. Der gelernte Musiklehrer gründete vor kurzem sein eigenes Unternehmen. Er will dafür sorgen, dass Kulturschaffende ihre Berührungsängste gegenüber der Wirtschaft ablegen.*

**Herr Meyer, wie kommt ein Musiklehrer dazu, einen MBA-Titel zu erwerben? Damit schmücken sich normalerweise Führungskräfte mit Aufstiegsambitionen in grossen Konzernen.**

STEFAN MEYER: Meine Karriere verlief nicht sehr gradlinig. Im Gymnasium lernte ich Latein und Griechisch, später studierte ich Naturwissenschaften und wechselte nach zwei Jahren ans Konservatorium. Schliesslich habe ich in der Schulmusik Fuss gefasst. Ich arbeitete als Klavierlehrer, Chorleiter, Sekundarlehrer und als Musikschulleiter des Bezirks Einsiedeln. Dort führte ich 70 Mitarbeiter, da taucht das Thema Management unweigerlich auf. Später konnte ich im Auftrag der Stiftung Liner Appenzell einen ganzjährigen Konzertbetrieb aufbauen und leiten. Da verhandelt man mit Berufsmusikern und Agenturen. Ich war auch für das Marketing und die Finanzen zuständig. Um mir das nötige Rüstzeug zu holen, studierte ich Kulturmanagement und Wirtschaft an der Hochschule Luzern. Anfang 2010 nahm ich dann noch das MBA-Programm Bern-Rochester in Angriff.

**Fühlten Sie sich als Exot in Ihrer MBA-Klasse?**

Ja, das war ich sicher. Ich trat mit ein wenig Verspätung ins Programm ein. Es war ein Sprung ins kalte Wasser. Erstens, weil alles in Englisch vermittelt wurde, zweitens, weil sich vieles um Weltwirtschaft und Hochfinanz drehte, während ich bis zu diesem Zeitpunkt nur mit relativ kleinen Budgets zu tun gehabt hatte. Den meisten anderen Teilnehmern zahlten die Arbeitgeber einen Teil oder auch das ganze Schulgeld, einigen winkte die baldige Beförderung. Ich investierte rund 100 000 Franken ohne Garantie für einen Karrieresprung. Man sagt ja zu Recht, der MBA-Titel sei das Tüpfchen aufs i, nur war bei mir nicht klar, was genau das i ist.

**Sie haben zeitgleich zur MBA-Ausbildung Ihre eigene Firma Swiss Arts Management gegründet. Was bieten Sie genau an?**

Mich interessiert die Schnittstelle zwischen Kultur und Wirtschaft. Würde diese Schnittstelle besser gepflegt, könnte mit den gleichen Mitteln viel mehr Kultur finanziert werden. Bekanntlich haben viele Kulturschaffende immer noch eine Abneigung gegenüber allem, was mit Finanzen zu tun hat. Und die Wirtschaft hat umgekehrt oft wenig Gespür für Kultur. Ich will mich hier als Vermittler zwischen diesen sehr unterschiedlichen Welten etablieren.

**Wie äussert sich die Abneigung Kunstschaffender gegenüber Management-Fragen?**

Ich habe für meine Masterarbeit eine Umfrage bei führenden Schweizer Musikern durchgeführt. Eine zentrale Frage war, wie sich die Künstler managen und wie sie sich gegenüber Publikum, also ihren Kunden, positionieren. Viele haben erstaunlicherweise kein klares Konzept. Die meisten Musiker leisten einen enormen künstlerischen Einsatz und vernachlässigen dabei andere Bereiche, wie die eigene Gesundheit oder die Familie. Es gibt Musiker, die 80 Stunden pro Woche arbeiten, ohne Gewissheit, ob ihnen jemals der Durchbruch gelingt.

**Darf die Kunst denn Kompromisse machen und auf den Markt schielen?**
Nein, es ist die Aufgabe und das Privileg der Künstler, inhaltlich kompromisslos zu sein. Orientiert sich ein Künstler zu stark daran, was gefragt ist, kommt er nie über das Mittelmass hinaus. Gerade weil es diesen Grundwiderspruch zwischen der Marktwirtschaft und der Kunst gibt, braucht es Vermittler. Für die meisten freischaffenden Künstler wird es zudem immer schwieriger, mit ihrer Arbeit den Lebensunterhalt zu verdienen.

**Das betrifft auch Sie, denn das sind ja Ihre Kunden.**
Ich hatte einige spannende Aufträge im Managementbereich, aber Künstler, die hofften, dass ich ihnen reihenweise Engagements vermittle, musste ich enttäuschen. Ich bin kein Verkäufer, kann aber Kulturschaffende anleiten, sich selber besser zu positionieren, sich ein klares Profil zu erarbeiten. Ich könnte mir auch vorstellen, wieder für eine Institution zu arbeiten, die mit Kulturvermittlung und -finanzierung zu tun hat. Allerdings musste ich feststellen, dass manche Arbeitgeber lieber Spezialisten als Generalisten mit breitem Erfahrungsschatz und Know-how einstellen.

**Ist es für Sie belastend, mit 49 Jahren keine klaren beruflichen Perspektiven zu haben?**
Ich kann damit leben. Meine Frau und meine 13-jährige Tochter stehen voll hinter mir. Zudem gibt es in der Familie Vorbilder in Sachen Zickzack-Karrieren. In der Gesellschaft erhält man aber nach wie vor mehr Anerkennung für eine geradlinige Karriere. Ich wurde in den letzten Jahren oft gefragt, wie das geht, wenn ich nur Teilzeit arbeite. Eine Frage, die meiner Frau nie gestellt wird. Von einem Mann wird halt immer noch erwartet, dass er Vollzeit arbeitet und möglichst viel Geld nach Hause bringt. Ich spüre, dass es mit zunehmendem Alter, trotz guter Ausbildung, schwieriger wird, in einem neuen beruflichen Umfeld akzeptiert zu werden – obwohl man mir mein Alter eigentlich nicht ansieht.

**Sie vermitteln den Eindruck eines Menschen, der sehr sorgfältig abwägt. Wie kam es, dass Sie viel Geld in ein MBA investierten, ohne den Nutzen zu kennen?**

Es gibt im Leben Chancen, die man schnell packen muss. Fürs Rochester-Bern MBA habe ich mich innerhalb von drei Tagen entschieden. Im Zweifelsfall sollte man versuchen, einen Traum zu verwirklichen. Nun habe ich es geschafft; im anderen Fall hätte ich ebenfalls etwas gelernt. Und ich muss im Alter nicht damit hadern, nichts gewagt zu haben. Die intensive Weiterbildung hat auf jeden Fall mein Denken und mein Leben dauerhaft bereichert. Das kann man nicht mit Geld aufwiegen.

**Es klingt, als habe die Zeit in Rochester, wo Sie sechs Wochen des MBA absolvierten, Sie geprägt.**

Die amerikanische Kultur hat mich in dieser Hinsicht positiv beeindruckt: Da geht jemand mit einer Firma pleite – und gründet sofort die nächste. Auch wenn er ein drittes Mal neu anfängt, gilt er nicht als ewiger Verlierer, sondern als einer, der immer wieder aufgestanden ist. Davon könnten wir uns ein Stück abschneiden. Während unseres Seminars in Shanghai bekam ich auch einen prägenden Eindruck von der chinesischen Wirtschaftsmacht. Das Tempo ist unglaublich. Wir in der Schweiz neigen dazu, zehn Jahre darüber zu diskutieren, ob es auch wirklich mit Sicherheit der richtige Weg ist, den man einschlagen will. ■

***Kontakt:** stefan.meyer@swissartsmanagement.ch*

*Stefan Meyer hat in der Zwischenzeit die Ausbildung zum eidg. dipl. Immobilienbewirtschafter absolviert und einiges investiert. Die regelmässigen Einkünfte aus seinen eigenen Liegenschaften erlauben es ihm nun, sein kulturelles Engagement ohne Existenzängste weiterzuführen, so dass ihm der Spagat zwischen Kunst und Wirtschaft zunehmend Freude bereitet.*

26.3.2011

**NOTTER PIUS**
Vom Bäcker zum
Bonsai-Experten

# *«Ich kann mir nicht vorstellen, irgendwann pensioniert zu werden»*

*Bis zum 25. Lebensjahr schuftete Pius Notter «wie ein Sklave» als Bäcker-Konditor. Zehn Jahre später verdiente er 200 000 Franken und erhielt bei der Rentenanstalt die Prokura – was ihn nicht davon abhielt, den Job zu kündigen und bei einer Baumschule anzuheuern. Heute ist Notter als Bonsai-Experte und Gartengestalter so gefragt, dass die Reichsten seine Kreationen als Statussymbole einsetzen.*

**Herr Notter, Sie haben Bäcker-Konditor gelernt, machten später in der Rentenanstalt Karriere und sind heute einer der gefragtesten Bonsai-Experten und Gartengestalter. Nach systematischer Laufbahnplanung sieht das nicht gerade aus.**

PIUS NOTTER: Da gibt es schon eine innere Logik. Ich war als Kind sehr kreativ und wäre gerne an die Kunstgewerbeschule, aber das kam nicht in Frage – mein Vater hatte als Fabrikarbeiter grösste Mühe, die achtköpfige Familie durchzubringen. Als ich aus der Schule kam, nahm ich die Lehre in der Dorfbäckerei in Angriff, meine Mutter hatte das eingefädelt.

**Waren Sie erfreut über die Berufswahl, die Ihre Mutter für Sie getroffen hatte?**
Ich war nicht abgeneigt, aber rückblickend muss ich sagen, dass ich in der Zeit ein Sklave war. Ich arbeitete 65 Stunden pro Woche, musste immer mitten in der Nacht aus dem Bett und hatte bloss einen Sonntag im Monat frei. Es war eine harte Lebensschule. Mit 25 Jahren musste ich etwas Neues suchen, weil der Mehlstaub mir gesundheitlich zu schaffen machte.

**Und da fädelte wieder Ihre Mutter etwas ein?**
(Lacht) So war es, ja. Sie hörte von einer frei gewordenen Stelle bei der damaligen Rentenanstalt. Ich durchlief eine Kürzestausbildung zum Bezirksinspektor und konnte sofort einsteigen. Es ging nur um Lebensversicherungen, das hatte man schnell begriffen. Ich war von Anfang an sehr erfolgreich. Im ersten Jahr hätte ich 900 000 Franken Umsatz erreichen sollen, am Ende waren es 4,2 Millionen. Zwischen 1976 und 1985 gehörte ich immer zu den fünf besten Aussendienst-Mitarbeitern. So verdiente ich am Ende 200 000 Franken, was vor 25 Jahren eine stolze Summe war.

**Da müssten Sie heute eigentlich ein hohes Tier in der Swiss-Life-Direktion sein.**
Je mehr Druck ich beruflich spürte, desto mehr beschäftigte mich die Frage, wo ich meine Energiespeicher wieder füllen kann. Ich war damals ein passionierter Berggänger, ein Strahler, der in jeder Felsspalte nach Mineralien suchte. Ab und zu nahm ich auch kleine Bäumchen aus den Bergen mit, die auf dem Fels kaum wachsen konnten. Und eines Tages schenkte mir meine Mutter dieses Allround-Gartenbuch von Reader's Digest. Als ich die eine Seite über Bonsai-Bäume sah, war ich elektrisiert. Schlagartig wurde mir bewusst, dass ich Bonsais zu sammeln begonnen hatte, ohne den Namen zu kennen.

**Was haben die verkrüppelten Bäume aus den Bergen mit japanischen Zuchtbäumen zu tun?**
Sehr viel. Jeder Baum kann als Miniaturversion existieren. Wenn ein Baum in einem Felsspalt aus einer Handvoll Erde entspringt, wird er keine 30 Meter hoch. Sobald die Wurzeln nicht weiterkommen, reduziert der Baum alles aufs Minimum. Ich habe in den Bergen Bäume gefunden mit 1 Zentimeter Stamm-

durchmesser und über 100 Jahrringen. Mit der Zeit fand ich heraus, wie man die Form des Baums durch Zuschneiden gestalten kann. In den Achtzigerjahren investierte ich fast jede freie Minute in meine Bonsai-Passion. Ich gründete mit Mitarbeitern der örtlichen Baumschule einen Schweizer Bonsai-Club und schrieb, weil es keine deutsche Literatur gab zu diesem Thema, neun Bücher. Ich sog als Autodidakt alles auf, lernte nebst den deutschen auch noch die lateinischen und japanischen Namen von über 60 Bonsai-Arten – heute arbeitet der deutsche Pflanzenschutz an den Flughäfen nach meiner Klassifikation.

**Wann trauten Sie sich, das Hobby zum Beruf zu machen?**
Bereits 1985 wagte ich diesen Schritt. Im Januar hatte ich bei der Rentenanstalt die Prokura bekommen, als Nicht-Akademiker! Im Frühling kündigte ich und begann bei der Baumschule Zulauf. Um die Lohneinbusse in Grenzen zu halten, hatte ich mit dem Direktor der Baumschule einen Deal ausgehandelt: Er zahlte mir fix einen Drittel meines vorherigen Lohnes und beteiligte mich zur Hälfte am Gewinn der Bonsai-Sparte seines Unternehmens. Die Direktoren bei der Rentenanstalt dachten, ich habe völlig den Verstand verloren.

**Warum war Ihnen der Job in der Baumschule wichtiger?**
Ich konnte auf diesem Weg alle Träume realisieren. Als Präsident des Weltverbands war ich zu Gast in den schönsten Gärten dieser Welt. Speziell die tief im Buddhismus verwurzelte japanische Gartentradition hat mich beeindruckt. Für den Japaner ist klar, dass der Garten ein dreidimensionales Bild ist, das dem Menschen als Seelennahrung dient. In Europa gabs – mit Ausnahme der Schlossanlagen – lange Zeit nur den Gemüsegarten. Nach dem Krieg entdeckten die Gärtner den Rasen als Luxus. Noch heute investiert man hierzulande eine Million Franken in den Bau eines Hauses und, wenns hoch kommt, 10 000 Franken in den Garten. In Japan ist die Gewichtung gerade umgekehrt.

**Sie wurden mehr und mehr vom Bonsai-Experten zum Gartengestalter.**
Meine Bonsai-Privatsammlung ist unverändert wichtig. Als ich im Jahr 2000 als erster und bis heute einziger Nicht-Asiate die Bonsai-Weltmeisterschaft gewann, wuchs mir der Medienrummel fast über den Kopf. Der Bonsai-Handel

wurde aber immer schwieriger und härter. Ich erhielt zunehmend spannende Aufträge im Bereich Gartengestaltung, erst von Fürst Rainier von Monaco, dann vom Investor, der das Parkhotel Weggis neu gestalten wollte. So gründete ich vor 7 Jahren meine eigene Firma Natural Art Services AG. Das Geschäft läuft enorm gut. Ich kann längst nicht alle Aufträge annehmen. Als kürzlich die neue «Bilanz»-Liste mit den 300 reichsten Schweizern herauskam, musste ich lachen ...

**... waren Sie auf der Liste?**
(Lacht) Nein, wo denken Sie hin, aber ein Dutzend der Allerreichsten sind Kunden von mir.

**Der Garten ist also das neue Statussymbol derer, die schon alles haben?**
Es gibt tatsächlich Leute an der Zürcher Goldküste, die sich mit einem Notter-Japangarten brüsten. Aber im Vergleich mit Japan ist die Schweiz immer noch arm an Statussymbolen.

**Zu Ihren Kunden gehört Novartis-Chef Daniel Vasella – wie war der Kontakt mit ihm?**
Mich hat beeindruckt, wie viel Vasella über Asien und die Kunst weiss. Zum ersten Treffen kam er alleine, das zweite Mal nahm er seine Frau und seine Tochter mit. Nun kümmere ich mich um die Bonsais auf seinem Privatgrundstück und um die Gartengestaltung beim Novartis-Campus. Aber damit hier keine Missverständnisse aufkommen: Ich bin mit gleicher Leidenschaft dabei, wenn die Putzfrau aus der Nachbarschaft mir ihren gelb gewordenen Migros-Bonsai zur Pflege vorbeibringt. Entscheidend ist, dass ich meinen Traum leben kann. Ich gehe jetzt gegen die sechzig zu, aber ich kann mir nicht vorstellen, irgendwann pensioniert zu werden. Für meinen Sohn habe ich eine Servicefirma gegründet. Schöne Gärten anlegen ist das eine, aber wenn man sie anschliessend nicht pflegt, wird das, was als Seelennahrung gedacht war, rasch zum Albtraum. ■

***Kontakt und Information:*** *www.swiss-bonsai.ch*

11.9.2010

**OGI ADOLF**
Intersport-Manager, Olympia-Held, Bundesrat, Uno-Botschafter

# *«Ich erhalte noch immer jeden Tag 30 Briefe und viele Anrufe»*

*Er sei in den letzten zwei Jahren ein wenig zum Doktor und Seelsorger geworden, sagt Alt-Bundesrat Adolf Ogi zehn Jahre nach seinem Rücktritt. Der 68-Jährige erläutert, warum er heute nicht mehr Bundesrats-Kandidat sein möchte, wie er mit der teils heftigen Kritik leben lernte und weshalb er seinem Rivalen Otto Stich zu Dank verpflichtet ist.*

**Herr Ogi, wie erleben Sie das, wenn wie jetzt Bundesratswahlen anstehen? Spüren Sie Wehmut oder sind Sie froh, dass das alles Sie nichts mehr angeht?**

ADOLF OGI: Ehrlich gesagt bin ich glücklich, dass mich das nicht mehr betrifft. Ich staune immer wieder, was Journalisten und Politologen alles zu solchen Wahlen einfällt. Manchmal muss ich lachen, was diese Leute, die nie im Bundesrat waren, für abenteuerliche Geschichten erfinden. Nein, ich möchte nicht noch einmal Kandidat sein.

**Mit welchen Gefühlen denken Sie zehn Jahre nach Ihrem Rücktritt an Ihre Amtszeit zurück?**

Ich habe das Amt mit viel Einsatz und Freude ausgeübt. Es war in den Neunzigerjahren einfacher, ein guter Bundesrat zu sein, als heute. Es herrschte wirtschaftliche Prosperität, die Schweiz war ein neutrales Land mit guten

Freunden – Kohl, Mitterand, Vranitzki, Clinton, Annan. Auch innerhalb des Bundesrats war es einfacher. Seit Frau Metzler und Herr Blocher nicht mehr gewählt worden sind, macht das parteipolitische Geplänkel auch vor dem Bundesrat nicht Halt.

**Damals herrschte auch nicht immer eitel Sonnenschein. Otto Stich sagte kürzlich im Interview...**

... Stich zwang mich, die Finanzierung der Neat immer wieder zu überdenken, das war sehr verdienstvoll. Etwas vom Wichtigsten, was ich als Bundesrat gelernt habe, ist Folgendes: Es gibt Zeitfenster, die kurz aufgehen und sich dann rasch wieder schliessen. Diese Zeitfenster muss man nutzen. Ich darf sagen, dass ich das im Fall der Neat realisiert habe und mit voller Konsequenz gesagt habe: «Ich will!» Damit so ein Wurf gelingt, braucht es ein gutes Zeitfenster und bedingungslosen Einsatz. Ich wurde im Dezember 1987 in den Bundesrat gewählt, genau 20 Jahre später wurde der Lötschberg-Tunnel eröffnet. Das Wallis ist dadurch viel näher gerückt, Visp zum achtgrössten Bahnhof der Schweiz geworden.

**Was ich vorher sagen wollte: Otto Stich hat kürzlich im Interview mit der «Zeit» auf die Frage, warum die Stimmung im Bundesrat schlechter geworden sei, lapidar geantwortet: «Der Ogi ist passiert.»**

Das spricht ja für mich, wenn ich eine so grosse Bedeutung hatte. Ich will das nicht dramatisieren. Ich war immer ein Gestalter und klar der Meinung, dass Verkehrspolitik keine Frage von Franken und Rappen sein darf; auf meiner Agenda standen ganz oben die Fertigstellung der Projekte Bahn 2000 und Nationalstrassennetz sowie der Bau der Neat und der Ausbau des Agglomerationsverkehrs – dass das einiges kostete und der Finanzminister mir auf die Finger schauen wollte, war nichts als normal.

**Sie wurden 1987 überraschend und dank einer sehr günstigen Konstellation in den Bundesrat gewählt. Fühlten Sie sich in den ersten Wochen und Monaten manchmal überfordert?**

Das ist jetzt eine Fangfrage. Ich war stets mein grösster Kritiker. Natürlich profitierte ich von glücklichen Umständen, aber ich erzielte 1987 das beste

Resultat aller Nationalräte und ich war zuvor Parteipräsident der SVP. Wenn man dann Ja sagt zum Amt, darf man keine Schwäche mehr zeigen – Johann Schneider-Ammann und Simonetta Sommaruga betonen ja auch seit Wochen nur ihre Stärken. Ich fand das ganz gut, dass ich anfänglich nicht sehr viel Kredit hatte und mir den Respekt erarbeiten musste. Und ich darf sagen: Überfordert war ich nie – ich konnte immer innerhalb von einer Minute einschlafen und ich wurde nie ernsthaft krank. Aber ich hatte stets grossen Respekt vor diesem enormen Auftrag.

**An welche Situation denken Sie gerade?**

Ich weiss noch ganz genau, wie ich damals nach 22 Uhr allein im Büro sass inmitten von Papierbergen, mit denen man problemlos ein Schwimmbad hätte füllen können. Erst machte ich einen Strich zwischen Altdorf und Biasca, dann legte ich den Bleistift hin, nahm allen Mut zusammen und machte einen Strich aus dem Raum Frutigen in den Raum Gampel-Steg. In diesem Moment wusste ich: Jetzt gibts kein Zurück mehr. Jetzt darfst du keine Schwäche mehr zeigen. Jetzt beginnt die ganz grosse Arbeit, die deinen totalen Einsatz verlangt.

**Warum sagten Sie vorhin, die Frage nach der Überforderung sei eine Fangfrage?**

Es ist ja bekannt, dass ich Primarschüler bin, dass der NZZ-Inlandchef Kurt Müller mir fünf Tage vor meiner Wahl die intellektuelle Befähigung für dieses Amt absprach. Mein Vater fasste mich an diesem Abend um die Schulter und sagte zu mir: «Döfi, es ist wichtig, intelligent zu sein – aber viel wichtiger ist es, weise zu sein.» Daran musste ich noch oft denken.

**In einem Gespräch mit dem Rhetoriktrainer Harry Holzheu sagten Sie einmal, Sie hätten ungefähr zehn Jahre gebraucht, bis Sie sich als Bundesrat spontan ausdrücken konnten. Fühlten Sie sich besonders beobachtet?**

Ich habe mich zu Beginn ein paar Mal ungeschickt geäussert. Als mir bewusst wurde, wie genau jedes Wort beachtet wird, trat ich auf die Bremse. Was ich sagte, wurde immer sehr kritisch beleuchtet. Wenn andere nach Worten suchten und umständliche Sätze von sich gaben, galt das als hochintellektuell.

Wenn ich einmal einen Akkusativfehler machte oder in einem nicht ganz Oxford-tauglichen Englisch redete, fanden die Journalisten das schlimm oder lächerlich.

**Hat Sie das frustriert?**

Manchmal hat es mich geärgert, aber gleichzeitig trugen solche Dinge ja zu meiner Popularität bei. Zudem wusste ich immer sehr genau, was ich kann und was ich nicht kann. Ich war ein guter Generalist, ein entschlossener Kämpfer, einer, der die wichtigen Akteure überzeugen und bewegen konnte. Aber mir war stets klar, dass ich fachlich sehr gute Leute um mich brauchte – einen Fritz Mühlemann, einen Oswald Sigg, einen Hans Peter Faganini, Max

Friedli, Juan Gut und die treuen persönlichen Mitarbeiter. Ich habe die besten Leute geholt, ohne auf die Parteizugehörigkeit zu schauen. Jedes Jahr, wenn ich mit diesen Weggefährten im Gasterntal wandern gehe, bin ich sehr stolz, was aus ihnen geworden ist. Überhaupt konnte ich im Moment meines Rücktritts allen in die Augen schauen – 94 Prozent der Bevölkerung hätten sich gewünscht, dass ich bleibe. Rückblickend muss ich sagen: Ich bin im idealen Moment gegangen. Und ich wusste damals, nach den vielen Lobeshymnen in der Presse: «Du warst nicht so schlecht wie dein Ruf und nicht so gut wie dein Nachruf.»

**Was soll dereinst in Ihrem Nachruf stehen?**
Das ist eine gefährliche Frage. Ich brauche kein Denkmal für die Neat oder sonst etwas, ich darf mich zeigen auf der Strasse, werde immer noch sehr oft angesprochen, immer positiv. (Überlegt) Am wichtigsten wäre mir, dass man einmal sagt: «Der Ogi ist nach seinem Rücktritt aus dem Bundesrat nicht einfach gut bezahlter Verwaltungsrat geworden, sondern er hat eine Stelle in der Uno angenommen, wo er sich für die Ärmsten der Welt eingesetzt hat.» Ich habe so viel Hass, Leiden, Krankheit, Armut miterlebt, habe mit eigenen Augen Kinder sterben sehen, weil es am Nötigsten fehlte – das Wichtigste ist, dass wir möglichst vielen Kindern helfen, denn die Kinder von heute sind die Leader von morgen.

**Hat sich für Sie persönlich durch die Arbeit als Uno-Sonderbeauftragter für Sport im Dienst für Entwicklung und Frieden ein Kreis geschlossen? Sie sind selber in sehr einfachen Verhältnissen aufgewachsen.**
Mein Vater war Bergführer und Förster. Er hätte 70-mal für einen Bergführerlohn von 70 Franken auf die Blümlisalp steigen müssen, um mir ein Jahr Pension und Schule in der Ecole Supérieure de commerce in La Neuveville zahlen zu können. Er war kein Intellektueller, aber als Förster und Bergführer sah er viel klarer, wie verantwortungslos wir mit der Natur umgehen. Früh sagte er: Naturkatastrophen werden die Welt zugrunde richten. Und heute sehen wir, dass wir nicht in der Lage sind, ein Ölleck zu stopfen, Waldbrände in Russland zu löschen, Überschwemmungen in Pakistan einzudämmen. Ich bin meinem Vater sehr dankbar. Er war ein einfacher und gleichzeitig sehr weltoffener

Mann. Durch ihn kam ich sehr jung schon in Kontakt mit Belgiern, Franzosen, Engländern und Amerikanern, die mit ihm Ski fuhren oder Berge bestiegen.

**Welches sind heute Ihre Haupttätigkeiten?**
Ich erhalte jeden Tag rund 30 Briefe und sehr viele Telefonanrufe, das allein nimmt Zeit in Anspruch. Hauptsächlich bin ich bei Swisscor, Right to play, Scort und beim Swiss Economic Forum engagiert, sitze in einigen weiteren Stiftungen wie Stockalperturm Gondo und ein paar Verwaltungsräten und könnte – wenn ich alles annehmen würde – jeden Abend ein Referat halten. Zudem pflege ich weiterhin Kontakt mit Gerhard Schröder, Tony Blair, Kofi Annan oder Sepp Blatter, um nur ein paar zu nennen. Aber das alles wurde von meinen zwei Operationen und vom Tod meines Sohnes überschattet.

**Menschen, die Sie gut kennen, sagen, Sie hätten sich viel zu stark zurückgezogen.**
Für einen Bergler gehört sich das so. Wenn der einzige Sohn stirbt, dann macht man nicht weiter wie bisher. Als Mathias krank wurde, gab ich mein Uno-Amt ab, nach seinem Tod zog ich mich für rund ein Jahr stark zurück. Nun ist es eineinhalb Jahre her, dass er gestorben ist, und ich weiss noch immer nicht, wie ich es verkraften soll. Das Leben wird nie mehr so sein, wie es war.

**Dazu kamen die gesundheitlichen Probleme, eine Schulterverletzung, eine Thrombose und eine Verengung im Spinalkanal, die grössere Eingriffe erforderlich machten. Als Bewegungsmensch müssen Sie sehr darunter gelitten haben.**
Ich bin jetzt 68-jährig und mir ist klar, dass ich mich schrittweise entlasten muss. Ich hatte nach den beiden Operationen viel Zeit zum Nachdenken, gönnte mir sogar 16 Tage Rehabilitation in Leukerbad – vor ein paar Jahren hätte ich das sicher nicht gemacht. Auch da kam mir das Wort meines Vaters in den Sinn, dass man weise sein sollte. Mir wurde klar, dass ich nichts erzwingen kann. Ich haderte nicht mit dem Schicksal, aber ich brauchte Zeit für mich. Bei dieser Gelegenheit merkte ich, wer wirklich hinter mir steht. Manchmal muss ich darüber lachen, dass ich ein wenig zum Doktor und Seelsorger

geworden bin. Es kommt vor, dass mich Leute anrufen, um mit mir über ihre Rückenprobleme oder über psychische Belastungen zu reden. Das war nie mein Ziel, aber ich halte es für ein gutes Zeichen, wenn die Leute auch 10 Jahre nach meinem Rücktritt noch das Gefühl haben, der Ogi sei für sie da.

**Sie waren bekannt dafür, dass Sie die Menschen mit Geschichten abholen und so dauerhafte Beziehungen aufbauen. Haben Sie diese Technik bewusst eingesetzt?**

Das war aus der Not geboren. Ich merkte rasch, dass die meisten Briefe im Ausland nicht genau gelesen werden, ganz egal, ob da ein Bundesrat oder gar der Bundespräsident schrieb. So startete ich die Aktion «Chum und lueg», führte die europäischen Verkehrsminister ins Birrfeld und nach Wassen, um ihnen zu zeigen, dass wir nicht überall Autobahnen bauen konnten. Diejenigen, die es nicht begriffen, flog ich direkt in die Eigernordwand. Jean-Luc Dehaene, damals Verkehrsminister und später Ministerpräsident von Belgien, stellte sich stur auf den Standpunkt: «Tu pourrais, mais tu ne veux pas.» Als wir im Helikopter von Wassen nach Kandersteg flogen, sagte ich dem Piloten, er solle so nahe wie möglich an die Nordwand fliegen. Die Rotoren kamen dem Fels so nahe, dass ich selber Angst hatte. Auf 3700 Metern Höhe öffnete ich Dehaene den Gürtel und sagte: «Jean-Luc, ici on peut vraiment pas construire une autoroute.» Von da an war er der beste Vertreter der Schweizer Verkehrspolitik und sagte mir immer, wen ich noch in die Nordwand fliegen sollte.

**Reden wir noch von Ihren Schwächen. Welche berechtigte Kritik hat Sie besonders geschmerzt?**

Jede Kritik hatte eine gewisse Berechtigung. Am Anfang nahm ich das zu ernst, da wusste ich noch nicht, dass ungefähr ein Drittel meines Gehalts Schmerzensgeld ist. Und wenn einer viele Schwächen hat wie ich, dann hagelts halt Kritik.

**Welche Schwächen haben Ihnen das Leben schwer gemacht?**

Dass ich meine Worte manchmal zu wenig auf die Goldwaage legte, sagte ich schon. Gleichzeitig nahm ich es mir anfänglich zu stark zu Herzen, was andere über mich sagten, und verkrampfte mich dadurch teilweise. Und wahrscheinlich habe ich ein paar Mal zu oft Hand geboten für Boulevard-Geschichten. Durch meine Erfolge im Skiverband war ich ein wenig ein Medienprodukt, als Bundesrat hätte mehr Zurückhaltung manchmal nicht geschadet. Und als Sportler schlug ich gelegentlich ein zu forsches Tempo an.

**Welche Ziele haben Sie für die nächsten Jahre?**
Ich möchte möglichst bald ganz gesund werden, damit ich wieder Ski fahren, bergsteigen und Golf spielen kann. ■

***Kontakt:*** *info@adolfogi.ch*

24.10.2009

# *«Mein Leben hat dann einen Sinn, wenn ich dazu beitragen kann, chronische Krankheiten zu heilen»*

*Andrea Pfeifer hasst Krankheiten und Niederlagen. Wenn sich die Unternehmerin des Jahres 2009 etwas in den Kopf gesetzt hat, erreicht sie es meistens. Mit 17 Jahren hatte sie das Abitur in der Tasche, später wurde sie Forschungschefin von Nestlé, schliesslich übernahm sie die Leitung der Lausanner Firma AC Immune, um ein wirksames Medikament gegen Alzheimer auf den Markt zu bringen.*

**Frau Pfeifer, Sie sind gestern als Unternehmerin des Jahres ausgezeichnet und für Ihre Arbeit bei der Entwicklung eines Medikaments gegen Alzheimer geehrt worden. Wie sind Sie in Berührung gekommen mit dem Thema Alzheimer?**

ANDREA PFEIFER: Ich habe mich aus persönlicher Betroffenheit schon sehr früh für chronische Krankheiten interessiert. Meine Eltern sind beide an chronischen Krankheiten erkrankt. Mein Vater war immer ein grosser Kämpfer gewesen, aber der Krebs hatte ihn so erschöpft, dass er nicht mehr die Kraft hatte, alles Menschenmögliche zu versuchen. Deshalb kämpfte ich als 17-Jährige für das Leben meines todkranken Vaters. Ich suchte die besten Ärzte in den besten Zentren der Welt – und gemeinsam gelang es uns, die Krankheit zu besiegen.

**Man siegt über den Krebs oder verliert den Kampf gegen ihn? Wollen Sie sagen, das liege in der Macht jedes Einzelnen?**
Nein, nicht immer. Es gibt Hunderte von Krebsarten. Bei manchen Erkrankungen ist man chancenlos. Aber oft lohnt es sich, zu kämpfen. Mein Vater gewann 15 Jahre zusätzliches Leben. Für mich war diese Erfahrung prägend. Ich hatte von da an das Gefühl: Mein Leben hat dann einen Sinn, wenn ich mithelfen kann, chronische Krankheiten zu heilen. Das ist meine Möglichkeit, der Gesellschaft etwas zurückzugeben.

**Sie haben versucht, Gegensteuer zu geben zur Krankheitsgeschichte Ihrer Eltern?**
Es war mir sehr früh schon ein Anliegen, meinen Eltern und der Gesellschaft etwas zurückzugeben. Ich sehe in meiner guten Erziehung und meiner robusten Konstitution eine Verpflichtung, etwas zu schaffen, das von allgemeinem Nutzen ist.

**Sie haben eine Blitzkarriere hingelegt.**
Wenn man motiviert ist und hart arbeitet, ist vieles möglich. Nach dem Pharmazie-Studium und der Dissertation in Pharmakologie forschte ich mehrere Jahre in den USA am Krebs-Institut des National Institute of Health. Dann wurde ich Forschungschefin bei Nestlé. Hier standen nicht die Krankheiten im Vordergrund, sondern der Einfluss der Ernährung auf unsere Gesundheit. Nach 16 Jahren bei Nestlé kam der Wunsch auf, wieder näher an der medizinischen Forschung und der Therapie von Krankheiten zu arbeiten. Als das Alzheimer-Projekt auf mich zukam, habe ich mich nach reiflicher Überlegung entschieden, noch einmal bei null zu beginnen.

**Als Nestlé-Forschungschefin haben Sie 600 Mitarbeiter geführt. Warum haben Sie die Verantwortung übernommen für ein Unternehmen, das noch nicht einmal ein Produkt vorweisen konnte?**
Weil ich vom Potenzial überzeugt war. Es ist immer heikel, wenn man um eine Technologie herum eine Firma gründen muss, ohne ein Produkt zu haben. Das Gründerteam hatte hervorragendes Forschungsmaterial, es fehlte aber jemand mit internationaler Management-Erfahrung. Ich brauchte ein paar

Monate, um die wissenschaftliche Basis zu prüfen und den Markt zu sondieren. Dann war ich überzeugt, dass wir mit AC Immune im Weltmarkt eine wichtige Rolle spielen können. Also sagte ich zu.

**Wo haben Sie angesetzt beim Versuch, ein Medikament gegen Alzheimer zu entwickeln?**

Als kleines Unternehmen mit wenig Geld mussten wir sehr fokussiert arbeiten. Nach der Gründung von AC Immune 2003 konzentrierten wir uns vorerst auf zwei Schienen: auf die klassische Impfung und die aktive Immunisierung, die zur Bildung von Antikörpern anregt. Nach zwei Jahren kam ein drittes Feld dazu, jenes der «kleinen Moleküle». Auch dieser Ansatz zielt auf den Abbau der Protein-Aggregate ab, die Wirkung ist ähnlich wie bei der Impfung. Die Entwicklung ist hier schwieriger, die Anwendung für den Patienten einfacher, weil er bloss eine Tablette schlucken muss. Eine der Herausforderungen war, therapeutische Ansätze zu entwickeln, bevor die Wissenschaft die Krankheit gründlich erforscht hat. Es gab keine Vorbilder bezüglich der Methoden. In einer solchen Situation braucht es immer auch Glück.

**Woran denken Sie konkret?**

Man glaubte ja lange, dass die Krankheit Alzheimer auf Proteine zurückzuführen ist, die im Gehirn Aggregate bilden. Später, nachdem wir schon zwei Jahre geforscht und entwickelt hatten, stellte sich heraus, dass vermutlich Subgruppen dieser Aggregate für die Toxizität verantwortlich sind. Wir waren dann sehr erleichtert, dass wir mit allen drei Ansätzen auch diese Untergruppen attackieren konnten.

**Das heisst: Die Landschaft verändert sich, und Sie müssen hoffen, dass Ihr veraltetes Navigationsgerät Sie nicht aufs Abstellgleis führt?**

Natürlich beobachten wir die wissenschaftliche Forschung sehr genau, aber Forschung und Entwicklung brauchen Fokus und Zeit, man kann nicht täglich das Steuer herumreissen. Deswegen braucht es auch Glück. Ich habe schon mit 19 Jahren bei Carl Zuckmayer ein für mich prägendes Prinzip gelernt: Die eine Hälfte des Lebens ist Glück, die andere ist Disziplin. Wichtiger ist die Disziplin, weil man dem Glück keine Chance gibt, wenn man sie ver-

nachlässigt. Das Glück fällt auch in unserer Disziplin nicht vom Himmel, man muss es sich hart erarbeiten.

**Wie haben Sie Geldgeber gefunden für das Projekt?**

Wir haben von Anfang an auf eine solide Planung gesetzt. Wenn man sich in einem intensiven weltweiten Wettlauf befindet, muss man sich sehr disziplinieren, nur das Geld auszugeben, das man hat, und nicht auch noch jenes, das man vielleicht in zwei Jahren einnehmen wird. Wir haben konservativ geplant, Puffer eingebaut und stets auch einen Plan B und Plan C in der Schublade gehabt. Als wir 2003 starteten, war gerade die Biotech-Blase geplatzt. Wir waren froh, 3 Millionen Startkapital auftreiben zu können. 2005 kamen weitere 21 Millionen dazu, 2006 konnten wir uns aufgrund der vielversprechenden Resultate mit der Roche-Tochter Genentech auf einen Lizenzvertrag über 300 Millionen Dollar einigen. Dadurch wurde der Name AC Immune bekannt und unser Leben etwas leichter.

**2008 ist die Antikörper-Therapie erstmals am Menschen getestet worden. Sie haben trotz konservativer Strategie ein horrendes Tempo angeschlagen.**
2008 war ein unglaublich intensives und wichtiges Jahr. Erstens konnte der Antikörper-Ansatz an Patienten mit leichter bis mittelschwerer Alzheimer-Krankheit getestet werden. Wir erhielten von Genentech die vereinbarten Meilensteinzahlungen. Zweitens erzielten wir in einer dritten Finanzierungsrunde mit den bestehenden Investoren 40 Millionen Franken weiteres Kapital. Drittens wurde auch der oral verfügbare Medikamentenkandidat an Patienten getestet. Viertens wählte das World Economic Forum AC Immune zum Technologiepionier 2009. Sie können mir glauben: Wir waren Ende Jahr ziemlich müde.

**Heute leiden 10 Prozent der 65- bis 70-Jährigen und 50 Prozent der über 85-Jährigen an Alzheimer. Was für die einzelnen Betroffenen und vor allem für ihr Umfeld eine Tragödie ist, bedeutet für Sie ein immenses Marktpotenzial.**
Das Leid der Menschen ist unbeschreiblich. Da brechen Eltern plötzlich weg, sind nicht mehr erreichbar, kennen ihre eigenen Kinder nicht mehr. Betrachtet man die demografische Entwicklung, stellt man fest, dass unvorstellbar hohe Gesundheitskosten auf uns zukommen. Im letzten Jahr gab es weltweit 26 Millionen Alzheimer-Patienten, im Jahr 2050 dürften es rund 107 Millionen Patienten sein. Schon jetzt verursacht die Alzheimer-Krankheit einen Viertel der gesamten Gesundheitskosten.

**Ist die Erkrankung reversibel, oder zielt Ihre Arbeit darauf ab, den Krankheitsverlauf zu verlangsamen respektive zu stoppen?**
Beim Tier schaffen wir es inzwischen, den Gedächtnisverlust rückgängig zu machen. Beim Menschen geht es derzeit darum, den Krankheitsverlauf zu stoppen. Ich bin überzeugt, dass das in wenigen Jahren möglich sein wird. Wir rechnen damit, dass mindestens eines unserer Medikamente in zwei bis fünf Jahren auf dem Markt sein wird. Auch die Verzögerung des Krankheitsausbruchs ist ein wichtiges Ziel. Könnte man den Ausbruch generell um ein Jahr hinauszögern, ergäbe das heute Kosteneinsparungen von 9 Milliarden Dollar.

**Problematisch ist doch, dass es nach wie vor keine gute Diagnostik gibt.**
Das stimmt. Deshalb haben wir uns entschieden, uns in diesem Feld zu engagieren, denn: Je früher eine gute Diagnostik möglich ist, desto besser sind die Heilungschancen. Heute erfolgt die klinische Diagnose oft erst in fortgeschrittenem Krankheitsstadium. Es ist wichtig, dass rasch neue bildgebende Diagnoseverfahren Marktreife erlangen. Wir fördern dies durch Kooperationen mit anderen Unternehmen.

**Sie haben vorher den weltweiten Wettlauf angesprochen, dem Sie ausgesetzt sind. Wissen Sie, wo Ihre Konkurrenz steht, oder kann es sein, dass Sie schon morgen von einem Pharmakonzern rechts überholt werden?**
Oh nein, das wäre eine inakzeptable Situation, wenn wir einfach so überholt werden könnten. Wir überwachen den Patentmarkt und die wissenschaftlichen Arbeiten sehr genau. Wir wissen von jedem Konkurrenten, wo er steht.

**Stehen Sie mit AC Immune an der Spitze des Feldes?**
Ich darf in aller Bescheidenheit sagen, dass wir eine führende Rolle innehaben. Wir sind nicht die Ersten, aber hoffentlich die Besten. Das müssen wir sein, sonst haben wir als kleine Biotech-Firma mit 40 Angestellten keine Chance.

**Man sagt Ihnen einen unglaublichen Siegeswillen nach. Können Sie unter gar keinen Umständen verlieren?**
Ich hasse Niederlagen. Wenn ich unterliege, will ich das möglichst rasch korrigieren. Meine 90-jährige Mutter kann das bestätigen. Wir spielen manchmal Karten, und es käme mir nie in den Sinn, sie gewinnen zu lassen. Bei AC Immune sind ehrgeizige Zielvorgaben ein wichtiger Antreiber. Wir haben acht Schlüsselwerte definiert für unser Unternehmen, einer davon lautet: «Passion to win». Das ist eine Verpflichtung für alle und Teil unserer Kultur.

**Fragen Sie sich manchmal, welchen Preis Sie dafür bezahlen? Eine Ihrer Mitarbeiterinnen hat mit Blick auf Ihren Terminkalender gesagt, sie möchte keinesfalls in Ihrer Haut stecken.**
Als Chefin bin ich oft die Erste, die kommt, und die Letzte, die geht. Ich kann doch nicht auf dem Golfplatz an meinem Handicap feilen und von meinem

Team vollen Einsatz verlangen. Die Arbeit ist für mich keine Belastung – natürlich bin ich manchmal müde, aber die Freude über das Erreichte und die hoch gesteckten Ziele geben mir Energie. Wenn meine Mutter mich gelegentlich ermahnt, etwas weniger zu arbeiten, entgegne ich ihr: «Ich habe das Glück, gesund zu sein, über viel Energie zu verfügen und nur fünf Stunden Schlaf zu benötigen. Es wäre unverantwortlich, aus diesen Geschenken nicht ein Maximum herauszuholen.»

**Nebenbei unterrichten Sie auch noch als Professorin an der ETH in Lausanne. Bleibt da noch Zeit für ein Privatleben?**

Ja, ich pflege meine 90-jährige Mutter, führe eine Ehe mit einem ebenfalls stark beschäftigten Gatten, habe eine Katze und koche fürs Leben gerne. Letzten Samstag gabs wieder einmal einen Siebengänger. Wenn man sich sehr gut organisiert, kann man sich Freiräume bewahren.

**Was bedeutet Ihnen der Titel «Entrepreneur of the Year»?**

Ich freue mich sehr über die Anerkennung, und wir werden diese tolle Rückmeldung mit dem ganzen Team feiern. Ich glaube, es ist heute wichtiger denn je, echte Unternehmer zu identifizieren und zu fördern. Es gibt sie auch in grossen Unternehmen, aber oft geben dort leider Manager den Ton an. Der Unternehmer fördert neue Ideen, auch wenn sie nicht von ihm selber sind, der Manager fördert primär seine Karriere. Er zelebriert Stärke und Souveränität, während der Unternehmer seine Stärken und Schwächen so gut kennt, dass er nicht immer recht haben muss.

**Welches sind Ihre grössten Stärken?**

Nebst der angesprochenen «Passion to win» sind das eine ausgeprägte analytische Komponente, hohe Disziplin und Integrität, eine starke weibliche Intuition, ein grosses Herz und eine gehörige Portion Mut und Zuversicht: Es gibt eigentlich kein Vorhaben, das so gross wäre, dass ich es nicht mindestens in Erwägung zöge. ■

**SCHLÄPFER EMILIO**
Der Tänzer, der in der Coaching-Praxis Menschen bewegt

15.1.2011

# «Ich nutze den Leidensdruck als Instrument der Verwandlung»

*«Ich leiste Brückenbauer- und Hebammendienste», sagt der Berner Coach Emilio Schläpfer. Er begleitet Menschen, die sich irgendwann eingestehen: «Ich bin etwas geworden gegen meinen Willen.»*
*Ohne Leidensdruck, sagt Schläpfer, gelinge die Neuausrichtung selten. Denn sich von Bekanntem zu lösen und auf seine Träume zu besinnen, ist ein hartes Stück Arbeit.*

**Herr Schläpfer, Sie waren Tanzperformancekünstler und arbeiten heute als Coach. Gestatten Sie die Frage: Warum braucht unsere Gesellschaft so viele Coaches? Sind wir nicht in der Lage, unser Leben selber zu gestalten?**

EMILIO SCHLÄPFER: Wir leiden sicherlich auf hohem Niveau. Unsere Grundbedürfnisse sind gestillt, insofern geht es den meisten gut. Wenn die Grundbedürfnisse gestillt sind, rückt die Frage ins Zentrum, was jeder Einzelne aus seinem Leben macht. Im Bereich der Selbstverwirklichung sehe ich bei vielen grosse Verwirrung und beträchtlichen Orientierungsbedarf. Als Berufungsberater begleite ich zum Beispiel Menschen, die sich irgendwann eingestehen: «Ich bin etwas geworden gegen meinen Willen.» Seinem Leben nochmals eine andere Richtung zu geben, ist kein banaler Prozess. Da kann professionelle Begleitung hilfreich sein.

**Kann man das überhaupt: seinem Leben eine neue Richtung geben?**
Ich erlebe immer wieder, wie es Klienten gelingt, neue, stimmige Ziele zu finden. Wenn diese Ziele einem inneren Bedürfnis entsprungen sind, erzeugen sie eine ungeheure Sogkraft. Dann fallen plötzlich alle Bedenken weg, und es gibt kein Zurück mehr. Insofern kann jeder seinem Leben eine neue Richtung geben. Ich brauche gerne das Bild der Skulptur: Wir können keine neue Skulptur bauen, das Ausgangsmaterial und die Grundstruktur sind gegeben. Aber wir können die Skulptur drehen, modellieren, weiterentwickeln.

**Was sind die wichtigsten Auslöser, die Menschen veranlassen, sich beruflich neu auszurichten?**
Oft braucht es einen Schicksalsschlag oder zumindest einen Leidensdruck, der sich in Handlungsdruck verwandelt. Aus ganz freien Stücken verändern sich nur wenige. Leidensdruck ist ein wichtiger Transformer. Wenn man ihn gezielt nutzt, mobilisiert er ungeahnte Kräfte. Ich nutze im Coaching diesen Druck als Instrument der Verwandlung. Am besten gelingt das, wenn jemand erkrankt oder die Stelle verliert. Anspruchsvoller ist es, wenn der Leidensdruck nur darin besteht, dass sich jemand innerlich leer fühlt und die Sinnkomponente in seinem Tun vermisst. Es ist eine grosse Herausforderung, jemanden zu mobilisieren, der 20 Jahre lang für 150 000 Franken im Jahr an seinen Interessen vorbeigearbeitet hat.

**Warum tut sich das jemand an?**
Dass jemand von jungen Jahren an konsequent seiner Berufung folgt, ist eher die Ausnahme. Viele orientieren sich in den ersten Berufsjahren nicht an der inneren Stimme, sondern an anderen Kriterien wie Familientradition, Prestige, Marktsituation, Lohnerwartungen etc. Dann entwickelt sich die Karriere vielfach zufällig. Massgeblich sind dann nicht die inneren Bilder, die eigenen Träume, sondern Opportunitäten. Manchmal stelle ich in der Arbeit mit sehr erfolgreichen Berufsleuten fest: Die haben 20 oder 30 Jahre lang für andere gearbeitet – nicht aus altruistischen Gründen, sondern aufgrund von Fremdbestimmtheit. Sie wollten dem Vater, dem Chef, dem Lehrer, der Gesellschaft etwas beweisen und bewegten sich immer weiter weg von ihrer Berufung. Wenn man sich dessen bewusst wird, gewinnt man neue Perspektiven.

**Wie arbeiten Sie konkret mit den Kunden?**
Ich ermutige sie, Unternehmer in eigener Sache zu werden. Das setzt sorgfältige Biografiearbeit voraus. Es ist in diesem Kontext viel von der «inneren Stimme» die Rede – es ist gar nicht so einfach, sie zu vernehmen und daraus die richtigen Schlüsse zu ziehen. Innere Bilder im Unterbewussten anzuzapfen und in Abgleich zu bringen mit der Aussenwelt ist eine Aufgabe, die viel Sorgfalt verlangt. Ich gehe mit den Klienten hinaus in die Natur. In einem faden Büro entstehen selten grosse Würfe. Ab und zu wandere ich mit den Klienten der Aare entlang. Erst aufwärts, gegen den Strom – das gibt Gelegenheit, die Lebensgeschichte aufzurollen. Auf dem Rückweg in Fliessrichtung richten wir den Fokus darauf, was nun neu ins Leben treten soll, was verschüttet war und sich nun herauskristallisieren will. Es geht darum, Blockaden aufzulösen und neue starke Bilder zu verankern.

**Das kriegen Sie während eines Aarespaziergangs hin?**
Manchmal gelingt es erstaunlich rasch, die Weichen neu zu stellen, in anderen Fällen pendeln die Klienten immer wieder ins Alte zurück, auch wenn sich dieses nicht bewährt hat. Es gibt immer eine Phase der Konfusion, wo man zwischen Stuhl und Bank fällt. Wir ziehen viele Fäden aus einem alten Teppich heraus und versuchen, damit einen neuen Teppich zu weben. Das Chaos angesichts der vielen ungeordneten Fäden kann Angst einflössen. Manchmal greifen mich Kunden im Verlauf des Coachings an und sagen vorwurfsvoll: «Jetzt hast du mir alles weggenommen.» Das ist ein schmerzhafter Prozess: Wie viele Dinge man loslassen muss, um Raum zu schaffen für Neues. Bei dieser Gelegenheit merken wir: Wir identifizieren uns stark mit der gewohnten Situation, sogar mit unseren Problemen. Manche kleben richtiggehend an ihren Dramen.

**Kann man seine Berufung in einem Angestelltenverhältnis leben oder muss man sich dazu selbständig machen?**
Das ist sehr unterschiedlich. Ich habe einige Klienten begleitet, die schlicht am falschen Ort arbeiteten: einer als einsamer Forscher in einem Labor, obwohl für ihn offenbar die sozialen Kontakte sehr wichtig waren. Er übernahm später die Verantwortung für das Qualitätsmanagement in einem halbstaatlichen

Institut und fühlt sich dort genau am richtigen Platz. Für viele andere führt die Auseinandersetzung mit den eigenen Zielen in die Selbständigkeit. In der Schweiz ist allerdings das Unternehmertum nicht sehr weit verbreitet. Das Sicherheitsbedürfnis ist oft grösser als die Lust, etwas Neues aufzubauen. Auch das gehört zu meinen Aufgaben: mithelfen, dass Menschen sich dorthin bewegen, wo es sie hinzieht. Ich leiste Brückenbauer- und Hebammendienste.

**Welche Ziele haben Sie sich selber gesteckt für dieses Jahr?**
Ich möchte dazu beitragen, dass die Menschen nicht erst ins Coaching kommen, wenn sie krank oder stellenlos sind. Mir schwebt ein offenes Zentrum vor, eine Art «Coaching-Permanence» mit offenen Türen, wo Passanten spontan eintreten können, oder sich in einem Coaching-Café austauschen und mit einer Fachperson ihre Anliegen besprechen. ■

***Kontakt und Information:*** *emilio.schlaepfer@berufstransfer.ch, www.berufstransfer.ch*

20.1.2012

# *«Ich gab den Rebell, aber eigentlich war ich nur ein gut verkleideter Streber»*

*Er stieg im Eiltempo in die Roche-Konzernleitung auf, fand sich wenig später mit Drogendealern im Gefängnis wieder und wurde schliesslich Chef bei Berna Biotech, wo er gemäss eigener Einschätzung «zu schnell und zu frech» agierte. In seiner dritten Karriere konzentriert sich der 55-jährige Kuno Sommer auf Verwaltungsratsmandate.*

**Herr Sommer, Sie wurden im Alter von 42 Jahren jüngstes Konzernleitungsmitglied bei Roche, ein Jahr später kamen Sie wegen Kartellrechtsverletzungen für vier Monate in den USA ins Gefängnis, im Jahr darauf wurden Sie Chef bei Berna Biotech. Seit gut fünf Jahren stehen Sie nicht mehr als Chef im Rampenlicht. Was beschäftigt Sie heute?**

KUNO SOMMER: Ich bin jetzt 55-jährig; es war immer mein Ziel, in diesem Alter nicht mehr operativ tätig zu sein. In meiner dritten Karriere stehen Verwaltungsmandate im Vordergrund. Mein Ziel ist nicht, möglichst viele davon oder möglichst prestigeträchtige anzunehmen, sondern solche, wo ich dem Management ein unabhängiger und kompetenter Sparringpartner sein kann. Ich habe in meiner ersten Karriere erlebt, was passieren kann, wenn leitende Führungskräfte ihre Verantwortung ungenügend wahrnehmen. Ich will versuchen, es als aktiver Verwaltungsrat besser zu machen.

**Sie sind Gründungsmitglied und Präsident des Berner Biotech-Unternehmens Kenta Biotech, das vor sechs Jahren aus Berna Biotech ausgegliedert wurde. Welche Ziele verfolgen Sie mit diesem Start-up?**
In dieser Branche muss ein Start-up drei Fragen beantworten können: Ist das Produkt neu? Gibt es einen Markt dafür? Und: Funktioniert es beim Menschen? Kenta konzentriert sich auf die Entdeckung und Entwicklung humaner Antikörper für die lebensrettende Behandlung von Patienten mit schweren Infektionskrankheiten. Bakterienresistente Infektionen sind ein grosses Problem, auch wenn die Spitäler nicht gerne darüber reden: Das Risiko, auf der Intensivstation eines Spitals mit einer bakteriellen Infektion angesteckt zu werden, beträgt bis zu 30 Prozent; das Sterberisiko liegt bei bis zu 40 Prozent.

**Kann Kenta Biotech dieses Risiko reduzieren?**
Ja. In den ersten fünf Jahren haben wir 35 Millionen Franken eingesetzt, um zu zeigen, dass unser Ansatz funktioniert. Ein erstes Produkt steht erfolgreich in der zweiten Phase der klinischen Entwicklung, wir suchen dafür einen Partner. Weitere Produktkandidaten kommen jetzt in die klinische Entwicklung.

**Woher stammen die 35 Millionen?**
Das Geld stammt aus «Family Offices», also von erfolgreichen Unternehmern, die einen Teil ihres Geldes dafür einsetzen, gut positionierte Start-ups in der risikoreichsten Phase voranzubringen. Nun brauchen wir nochmals 15 Millionen Franken, um Kenta in den nächsten zwei bis drei Jahren für Allianzen bereit zu machen. Deswegen öffnen wir die Firma nun für unternehmerisch denkende externe Investoren.

**Wie lange wollen Sie die Kontrolle über Kenta Biotech behalten?**
In zwei bis drei Jahren wird ein Exit möglich sein, sprich: eine Lizenzpartnerschaft mit einem grösseren Player oder der Verkauf. Ideal wäre der Gang an die Börse, aber das ist im heutigen Umfeld sehr schwierig. Wir haben den Vorteil, dass wir Kenta von Anfang an auf die höchsten Industriestandards ausgerichtet haben. Es ist keine Firma verträumter Uni-Abgänger und auch kein Prestigeobjekt von Selbstdarstellern.

**Stichwort Selbstdarsteller: Ihnen eilt der Ruf voraus, gerne im Rampenlicht zu stehen. Als Sie nach der Haftentlassung in den USA Chef von Berna Biotech wurden, wollten Sie allen zeigen, was Sie können. Dem ehemaligen Schweizerischen Serum- und Impfinstitut Bern kam das nicht unbedingt zugute. Waren Sie zu ungeduldig und zu ehrgeizig?**
Als ich in den USA zu Gefängnis und Busse verurteilt wurde, hiess es: Der wird nie wieder eine Stelle finden. Als mich dann Berna Biotech holte, schrieb die Wirtschaftspresse: Das ist seine letzte Chance, zu beweisen, dass er ein guter Manager ist. Das geht nicht spurlos an einem vorbei. Natürlich wollte ich beweisen, dass ich etwas kann. Natürlich wollte ich wieder geschätzt werden. Deshalb hatte der neue Job für mich auch eine Art therapeutisches Element. Dies alles führte dazu, dass ich manchmal nicht die nötige Geduld aufbrachte für die neue Aufgabe. Ich war vielleicht zu schnell und zu frech – sicher für Berner Verhältnisse.

**An welche Situationen denken Sie?**
Vor allem im Umgang mit den Medien und Analysten zahlte ich Lehrgeld. Ich habe zu aggressiv kommuniziert, manche Prognosen waren zu optimistisch. Bei Roche gab es dafür viele Spezialisten und Berater, eine Art Sicherheitsnetz für jeden Manager. In Bern war ich dann eher auf mich gestellt, und ich merkte rasch, dass das eine schwierige Konstellation ist. Sie dürfen aber nicht vergessen, dass Berna Biotech in einer sehr heiklen Lage war, als ich im Jahr 2000 die operative Verantwortung übernahm. Die Produkte-Pipeline war zwar gut gefüllt, bei den Investitionen gab es aber einen Nachholbedarf von über 100 Millionen Franken. Angesichts dieser Ausgangslage lässt sich das Resultat sehen: Der Besitzer hat zwar zwei Mal gewechselt, der Standort Bern wurde aber konsequent weiterentwickelt und zurzeit wird meines Wissens wieder massiv investiert.

**Damit deuten Sie an: Sie haben alles richtig gemacht.**
Um Himmels willen, nein, welcher Chef kann das allen Ernstes von sich sagen? Für Firmenchefs gilt grundsätzlich das Gleiche wie für Fussballtrainer: Es gibt immer Gründe, sie zu entlassen. Auch mich hätte man immer wieder absetzen können. Rückblickend kann man sagen: Ich forcierte zu stark und zu

schnell die neuen Produkte und unterschätzte die grossen Altlasten. Einiges haben wir aber vermutlich auch richtig gemacht, sonst wäre Berna Biotech nicht von Crucell und später vom amerikanischen Multi Johnson & Johnson zu einem guten Preis übernommen worden.

**Reden wir über Ihre Zeit bei Roche in den USA. Sie zogen bereits in jungen Jahren die Aufmerksamkeit von Roche-Chef Fritz Gerber auf sich und erklommen spielend leicht die Karriereleiter. Sind Sie zu rasch aufgestiegen?**
Aus heutiger Sicht: Ja, ich hatte zu wenig Lebenserfahrung gemessen an der grossen Verantwortung, die ich damals trug. Mit 39 Jahren wurde ich weltweiter Leiter des Marketings der Division Vitamine und Feinchemikalien und übernahm die Verantwortung für einen Jahresumsatz von rund 2,5 Milliarden Franken und 1700 Angestellte. Wenn man so den Karrierekamin hochgesogen wird, neigt man früher oder später zu Überheblichkeit. Damals galt das Motto: Was gut ist für die Firma, ist gut für die Welt. Wir verdienten viel Geld, flogen 1. Klasse, hatten bei Bedarf einen Privatchauffeur und weitere Zudiener – da hebt man als Junger leicht ab. Erschwerend kam hinzu, dass es kaum kritische Instanzen gab. Kartellabsprachen waren damals vor allem in der Schweiz legal und eher die Regel als die Ausnahme.

**Dann muss es Sie wie ein Blitz aus heiterem Himmel getroffen haben, als Sie 1999 als einer der Hauptakteure des Vitaminkartells von Roche, BASF und Rhône-Poulenc zu vier Monaten Gefängnis und 100 000 Dollar Busse verurteilt wurden und es als Sündenbock bis in die CNN-Schlagzeilen schafften.**
Jugendliche Arroganz und unkritische Begeisterungsfähigkeit sind eine gefährliche Mischung, die blind macht für Gefahren. Ich hätte mir im Nachhinein gewünscht, dass mich die Chefs, die mich so entschieden gefördert hatten, in dieser Sache gebremst hätten. Aber ich war natürlich ein Teil des Problems, deshalb war ich bereit, Verantwortung zu übernehmen, indem ich einen Vergleich mit den US-Behörden abschloss und die Gefängnisstrafe absass. Heute bin ich wieder ein freier Mensch und kann beliebig in die USA reisen. Rückblickend kann ich sagen: Ich bin dankbar für diese Korrektur. Sie hat mich gezwungen, mein Leben zu überdenken und bescheidener zu werden.

**Mit welchen Gefühlen gingen Sie ins Gefängnis in West Virginia?**

Ich war wütend auf mich – und ich hatte schlichtweg Angst. 100 Häftlinge in einem Schlafsaal, 80 davon farbig, viele wegen Drogendelikten zu sechs Jahren und mehr verurteilt. Mein erstes Ziel war es, nicht zur Zielscheibe dieser Leute zu werden, die die Statur von Schwergewichtsboxern hatten. Erst als ich merkte, dass sich niemand für mich interessierte, wurde ich ruhiger. Ich setzte auf Mikro-Management mit Mars, spendierte anderen Häftlingen Süssigkeiten, wenn sie Reinigungsarbeiten für mich verrichteten. So gewann ich viel Zeit für Reflexion, Lektüre und Sport. Ich überdachte meinen Werdegang, und ich reduzierte mein Gewicht von 72 auf 62 Kilo – leider nicht nachhaltig.

**Was haben Sie über sich selber herausgefunden hinter Gittern?**

Mir wurde bewusst, dass ich mich extrem stark darüber definiert hatte, wie viel Anerkennung mir andere entgegenbrachten. Als Jugendlicher gab ich zwar mit Lederjacke und langen Haaren den Rebell, aber eigentlich war ich nur ein gut verkleideter Streber, der seinen Vater und seine Chefs mit überdurchschnittlicher Leistung beeindrucken wollte. Mein Vater hatte sich aus ärmlichen Verhältnissen mit enormer Leistungsbereitschaft zum Chefbeamten und Manager in der Uhrenindustrie hochgekämpft. Dann wurde er Opfer von Machtspielen und frühzeitig zwangspensioniert. Drei Jahre später ist er an Magenkrebs gestorben. Er konnte die Degradierung, die nichts mit seiner Leistung zu tun hatte, nicht verdauen.

**Wie gingen Sie mit dem Prestigeverlust um?**

Erstaunlicherweise habe ich während meines Aufstiegs mehr Freunde verloren als durch den Fall. Natürlich gibt es Menschen, die heute noch sagen: «Mit diesem Kriminellen will ich nichts zu tun haben.» Bei allen anderen habe ich beobachtet: Wenn du ganz unten bist, fällt der Neidfaktor weg. Du erhältst zwar weniger offizielle Einladungen, kannst aber interessantere Beziehungen aufbauen.

**Und heute sind Sie geduldig, abgeklärt und frei von Narzissmus?**

(Lacht) Wer kann das schon von sich sagen? Mein Ego ist intakt, aber ich bin weniger selbstbezogen. Ich bin zum zweiten Mal verheiratet, mit einer Frau, die in meinem Alter ist und die mir auf Augenhöhe begegnet. Wenn ich überborde, gibts eins aufs Dach. Im Sparring mit Unternehmern ist ebenfalls Kritikfähigkeit gefragt – KMUs sind keine Narzissmus-Biotope wie viele Konzerne. Ich bin überzeugt: Durch die Rückschläge bin ich eine bessere Führungskraft und ein reiferer Mensch geworden.

**Reizt es Sie nicht, als Manager nochmals etwas zu bewegen, statt andere Manager als Verwaltungsrat zu beaufsichtigen?**
Nein, wenn man älter wird, sollte man nicht verzweifelt versuchen, mit den Jüngeren zu konkurrenzieren, sondern seine Erfahrungen weitergeben. Ich habe 25 Jahre an vorderster Front gearbeitet und war dabei stark fremdbestimmt, jetzt darf ich mehr Kür laufen. Dazu gehört auch, dass meine Frau und ich erstmals drei Wochen Ferien am Stück machen und dass ich jetzt viel Zeit mit meinen beiden Kindern im Teenageralter verbringe. Früher war meine Agenda immer auf ein Jahr hinaus und länger randvoll. Die vielen Verpflichtungen halfen mir, mich davon abzulenken, dass das Leben endlich ist. Nun hat sich der Schwerpunkt verschoben. Das Wichtigste sind heute die physische und die psychische Gesundheit der Menschen in meinem nächsten Umfeld. ■

***Kontakt und Information:*** *www.kentabiotech.com*

28.5.2011

**STAUB MATS**
Vom Dramaturg zum Leiter eines Erinnerungsbüros

# *«Die Neugier war meistens grösser als die Angst»*

*Mats Staub wollte Manager werden, doch nun erfindet er sich Jahr für Jahr ein neues Projekt. Dabei ist ihm wichtig, die Menschen zum Erinnern anzuhalten. «Es braucht Momente des Innehaltens, um sich zu vergegenwärtigen, was gewesen ist, woher etwas kommt, wie wir zu denen geworden sind, die wir sind – und ob das so bleiben soll», sagt der 39-jährige Künstler.*

**Herr Staub, Sie realisieren Jahr für Jahr eigene Kunstprojekte. Einmal eine Audio-Bar mit Liebesbriefen, dann ein Erinnerungsbüro, in dem Sie die Erinnerungen von Enkeln an ihre Grosseltern aufzeichnen, und nun verwandeln Sie die Berner Rathausgasse in einen Ausstellungsort. War in Ihrem Leben die Neugier immer grösser als die Angst?**

MATS STAUB: Die Angst war nicht klein, aber die Neugier konnte sich meistens durchsetzen. Wenn es stimmt, dass man entweder Glückssucher oder Unglücksvermeider ist, dann gehöre ich sicher zu jenen, die das Glück suchen. Das Wirtschaftsgymnasium begann ich noch mit dem erklärten Ziel, später ein Manager zu werden. Glücklicherweise weckten ein guter Deutsch- und Musiklehrer andere Interessen. Nach der Matura hätte ich am liebsten ein Zwischenjahr eingelegt und jeden Monat einen anderen Beruf ausprobiert – vier Wochen in einer Fabrik, vier Wochen im Büro, vier Wochen als Strassenwischer und so weiter. Die wirtschaftliche Lage war aber so unsicher, dass ich fürchten musste, ein Jahr in der Fabrik hängen zu bleiben. Also begann ich dann doch, Theaterwissenschaften, Journalistik und Religionswissenschaften zu studieren.

**Da waren Sie immer noch auf gutem Weg, später einen ganz gewöhnlichen Beruf zu ergreifen.**

Ich arbeitete neben dem Studium als Journalist. Das war fantastisch, weil mir diese Rolle erlaubte, unterschiedlichsten Menschen Fragen zu stellen. Die Kehrseite war, dass man für alles zu wenig Zeit hatte. Wenn ich eine Geschichte so recherchierte und schrieb, wie ich das für richtig hielt, standen Aufwand und Ertrag in keinem Verhältnis. Zudem tat ich mich bald schwer mit der Rolle des Theaterkritikers. Was zählte, war doch, ob mich eine Aufführung berührte, und genau dies war nicht möglich, wenn ich möglichst objektiv darüber schreiben musste.

**Nach dem Universitätsabschluss wechselten Sie die Seite und wurden Assistent am Neumarkttheater.**

Ja, «Tramaturg», wie der Beamte ins Formular schrieb, als ich mich in Zürich anmeldete. Ich bin da hineingerutscht und erhielt relativ rasch die Chance, etwas Eigenes zu machen. Das Theater ist ja sehr feudalistisch organisiert, es gibt die Könige, sprich: die Intendanten, und wenn du deren Gunst hast, kannst du etwas tun. Ich schlug das Projekt «5000 Liebesbriefe» vor, das den Theaterbesuchern erlauben sollte, in vielstimmige Liebesgeschichten aus dem 20. Jahrhundert einzutauchen. Das ungewohnte Projekt zog allen Bedenken zum Trotz sehr viele Besucher an, auch solche, die sonst nie einen Fuss in dieses Theater gesetzt hätten.

**Trotz des Erfolgs verliessen Sie das Neumarkttheater.**

Wenn der König abdankt, muss der Hofstaat auch gehen. Es gab aber noch einen tieferen Grund. Ich war als Dramaturg immer im Spannungsfeld zwischen Intendant und Regisseur. Da wirst du oft zwischen fremden Interessen zerrieben, kommst eigentlich immer zu spät und kannst nur das Schlimmste verhindern. Da ich mich bei einem Gastspiel verliebt hatte, lockte der Umzug nach St. Petersburg. Ich fragte mich: Was wird dich mehr reuen, wenn du als

Grossvater auf dein Leben zurückschaust? Nicht Chefdramaturg in Hamburg geworden oder nicht nach Russland gezogen zu sein? Ich entschied mich für das Abenteuer und adaptierte das Liebesbriefe-Projekt für Russland und später für Wien.

**Und dann lancierten Sie in Bern das Langzeitprojekt «Meine Grosseltern», das inzwischen weit über die Landesgrenzen hinaus Erfolge feiert. Hat es Sie nie gestört, keiner Erwerbsarbeit mit sicherem Einkommen nachzugehen?**
Nach der Rückkehr in die Schweiz habe ich das versucht. Als notorischer Vielarbeiter sagte ich mir: 80 Prozent Brotjob und 70 Prozent Kunst, das müsste aufgehen. Leider ging es überhaupt nicht auf. Nach Feierabend im Büro konnte ich nicht einfach auf Inspiration schalten. Ich realisierte, dass ich mich

mit einem sogenannten Standbein zu wenig bewegen kann, dass ich beide Beine brauche, um in der Kunst etwas zu realisieren. Natürlich ist es schwierig, die Ungewissheit auszuhalten. Ich habe nur eine ungefähre Ahnung, was ich in einem oder zwei Jahren machen werde, und kann nicht sicher sein, dass ich mich davon werde ernähren können.

**Zuletzt haben Sie 2,5 Monate in der Berner Rathausgasse gelebt und Gespräche aufgezeichnet mit den Bewohnern. Was war Ihr Antrieb für dieses Projekt?**

Es gab ein langjähriges Interesse und einen plötzlichen Impuls. Bereits beim Liebesbrief- und beim Grosseltern-Projekt standen Lebensgeschichten von Menschen im Zentrum, die nie prominent gewesen sind. Und seit fünf Jahren hatte ich den Arbeitstitel «Blick hinter erleuchtete Fenster», weil ich mich bei abendlichen Stadtspaziergängen oft fragte, was für Geschichten dahinter verborgen sind und wie verschiedenste Schicksale zu einer Nachbarschaft in derselben Strasse geführt haben. Im letzten Herbst betreute ich im Schlachthaus Theater an der Rathausgasse eine Theaterproduktion – da dachte ich auf einmal, dass man sich hier mit derselben Aufmerksamkeit wie in einer Ausstellung bewegen sollte. Im Frühling quartierte ich mich hier ein, führte Gespräche, nahm mir viel Zeit und gewann das Vertrauen von immer mehr Geschäftstreibenden und Bewohnern. Die Besucher werden nun im Schlachthaus-Theater mit einem iPod ausgerüstet und können damit durch die Gasse gehen und all den Lebensgeschichten lauschen.

**Welches Anliegen verfolgen Sie mit Ihrer Arbeit?**

Ich finde es gut, wenn sie Menschen zum Erinnern anhält. Anhalten ist durchaus wörtlich zu verstehen. Es braucht Momente des Innehaltens, um sich zu vergegenwärtigen, was gewesen ist, woher etwas kommt, wie wir zu denen geworden sind, die wir sind – und ob das so bleiben soll. Vieles, womit wir uns im Alltag beschäftigen müssen, ist doch eigentlich Schrott. Ich bin kein Nostalgiker, benutze ein Smartphone und blättere auch in Gratisblättern, aber ich möchte mich nicht nur mit Unwesentlichem herumschlagen. Wenn wir etwas tiefer in Lebensgeschichten anderer Menschen eintauchen, führt das immer auch zu einer Auseinandersetzung mit uns selbst.

**Schliessen Sie aus, wieder eine feste Anstellung anzunehmen?**
Ich weiss es nicht. Jedes Mal, wenn ich einem Impuls gefolgt bin, der tief aus mir kam, sind daraus gute Projekte entstanden. Ich kann nur hoffen, dass das weiterhin funktioniert. Im Moment recherchiere ich in Wien, dort gibt es ähnlich spannende Gassen wie die Rathausgasse – und ich möchte mit dem «Memory Bureau» in England Geschichten von Grosseltern sammeln. ■

***Kontakt und Information:*** *www.erinnerungsbuero.net*

*Das Projekt «Metzgergasse 2011» hat sich zu einem Langzeitprojekt entwickelt, das auch 2013 wieder stattfindet. In der Zwischenzeit hat Mats Staub zwei weitere Langzeitprojekte realisiert («21» und «Zehn wichtigste Ereignisse meines Lebens»). Den Sprung nach England hat er hingegen noch nicht gewagt.*

**STEUDER ANANTA**
Vom Elitesoldaten zum Zen-Mönch
und Meditationstrainer

4.8.2012

# *«Das Einzige, worauf es wirklich ankommt, ist Stille»*

*Pausenlos aktiv zu sein, ist leicht – auf Dauer aber nicht bekömmlich. Wer die Entspannung vernachlässigt, gerät früher oder später aus dem Gleichgewicht. Ananta Steuder hat das am eigenen Leib erfahren. Durch die Zen-Meditation lernte er, die rotierenden Gedanken zum Ruhen zu bringen und sich in der Stille von allem zu befreien, was ihm eingetrichtert worden war.*

**Herr Steuder, Sie sind Meditationslehrer und bezeichnen die Stille als Basis all Ihres Tuns. Wie schaffen Sie es, sich stille Momente zu bewahren und sich nicht von der Hektik des Alltags treiben zu lassen?**

ANANTA STEUDER: Es gab in meinem Leben eine grosse Wende. Nach dem Scheitern meiner zweiten Ehe habe ich alles aufgelöst. Ich kündigte die Wohnung, trennte mich von meinem Hab und Gut und ging weg, ohne zu wissen, ob ich wieder zurückkehre. Ein Jahr lang lebte ich in einem Zen-Kloster in Japan, ohne Medien, ohne Ablenkung, es gab nur die Gemeinschaft im Kloster und die Meditation. Als ich wieder in die Schweiz zurückflog, war mir eines vollkommen klar: Das Einzige, worauf es wirklich ankommt, ist Stille: sich hinsetzen, schweigen, die Aufmerksamkeit auf den Atem richten und sich selber wahrnehmen.

**Das klingt ein wenig weltfremd.**
Es gibt die Gefahr, sich in die Stille zu verlieben, dauerhaft in spirituelle Höhen zu entschwinden und keinen Fuss mehr in den Alltag zu setzen. Das halte ich für eine Sackgasse. Bei der Zen-Meditation geht es nicht um Weltflucht, sondern um mehr Balance und Gelassenheit im Hier und Jetzt. Die Meditation gibt den Rahmen und sorgt für die Verwurzelung, der Alltag ist die Feuerprobe, in der wir uns bewähren sollen.

**Bei vielen ehrgeizigen Berufsleuten bleibt kein Raum für Stille im Alltag. Der Kalender ist randvoll, es gäbe dauernd noch mehr zu tun. Wie verbinden Sie Meditation und Aktivität?**
Es ist nicht einfach, Stille in den Alltag zu integrieren, und allein ist es besonders schwierig. Im Zen-Zentrum Scheunenberg, wo derzeit sechs Menschen in Wohngemeinschaft leben, ist die Stille ein fester Bestandteil jedes Tages. Wir beginnen um 5.15 Uhr mit 20 Minuten Meditation, dann folgen eine körperliche Übungsreihe, nochmals 20 Minuten Stille und anschliessend das gemeinsame Frühstück. Danach sind wir alle bereit für die Herausforderungen des Arbeitstages. Der nächste Fixpunkt ist das gemeinsame Nachtessen. Um 21.20 sitzen wir noch einmal für 40 Minuten gemeinsam in der Meditation, danach ist Schweigen.

**Ist das nicht ein furchtbar enges Korsett?**
In meiner Wahrnehmung ist es ein sehr gesunder Rahmen. Früher waren die Menschen zwischen Sonnenaufgang und Sonnenuntergang aktiv, mit Einbruch der Nacht begann die Zeit der Stille. Wir haben leider vergessen, dass es weder normal noch gesund ist, die Nacht zum Tag zu machen. Wir können uns darüber hinwegtäuschen, uns wach halten mit künstlichem Licht und Koffein, aber im Körper hinterlässt das Spuren. Die Folgen zeigen sich im vegetativen Nervensystem und speziell im Atem. Wir tendieren dazu, zu viel zu sprechen und hyperaktiv zu sein, und vernachlässigen das tiefe Ausatmen, die Entspannung, das Weich-Werden. Da ist etwas fundamental aus dem Gleichgewicht geraten. Dazu gehört auch, dass in unserem Kopf pausenlos die Gedanken rotieren. Wenn wir uns zur Meditation hinsetzen und trotz körperlichen Beschwerden sitzen bleiben, tritt irgendwann der Moment ein, in dem

wir durch die Gedanken nicht mehr gestört werden. Wir identifizieren uns dann nicht länger mit ihnen, sondern nehmen uns selber wahr und stossen zum Urgrund vor, aus dem alle Dinge entstehen und in den alle zurückgehen.

**Warum ist die pausenlose Aktivität für viele so attraktiv? Warum finden Manager, die mit vier Stunden Schlaf auskommen und 80 Stunden pro Woche arbeiten, so viele Nachahmer?**

Das hat viel mit den Prägungen in den ersten Lebensjahren zu tun. Wenn es uns an Selbstvertrauen fehlt, verlangen wir nach ständiger Zuwendung und Bestätigung. Oft entsteht der Hang zu Macht, Dominanz und Kampf aus einem Minderwertigkeitsgefühl, einer inneren Leere heraus. Wir versuchen, das Loch mit Geld, Prestige und Ansehen zu stopfen, und müssen dafür ständig schneller, besser, grösser sein als die anderen. Das bedeutet Dauerstress und permanente Versagensangst. Wenn wir uns der Prägungen bewusst werden, können wir sie auflösen – allerdings nicht auf intellektueller Ebene. Und es ist immer ein Wagnis. Jede Therapie führt an den Abgrund. Die Meditation ist der Sprung, den wir am Rand des Abgrunds wagen können, wenn wir bereit sind, ein wenig Kontrolle abzugeben. Paradoxerweise fürchten wir uns panisch vor diesem Sprung, weil wir nicht wissen, wo wir landen werden. Wo sollten wir landen, wenn nicht bei uns selber?

**Das ist nicht immer eine angenehme Angelegenheit.**

Wir identifizieren uns oft stark mit den Rollen, die wir über die Jahre angenommen haben, und klammern uns daran fest. Bei der Meditation geht es auch darum, wieder leer zu werden, uns von all dem zu befreien, was man uns eingetrichtert hat. Ein Kleinkind ist ein stiller Teich mit klarem Wasser, man kann bis auf den Grund schauen. Dann werfen die Eltern Steine in diesen Teich, später tun es Lehrer, Sporttrainer, Pfarrer, viele andere. Wir nehmen all diese Steine auf, meinen, es sei unser Eigenes, und lassen uns dadurch programmieren. Wenn wir 30- oder 35-jährig sind, ist das Wasser trüb. Wir spulen als Selbstläufer unser Programm ab, wähnen uns auf Kurs, aber wir sehen nicht auf den Grund, wissen nicht, wer wir sind.

**Und die Meditation wäre dann die Suche nach dem Original?**

Ja. Wenn wir uns in Stille hinsetzen, dann schweigt das Handy, schweigt der Partner, schweigt der Chef. Niemand kann in diesem Moment weitere Steine in unseren Teich werfen. Allmählich setzt sich der Moder, alles sinkt auf den Grund, das Wasser wird klar, wir sehen das Eigentliche. Das gibt uns Gelassenheit und Vertrauen zurück. Wir müssen dann nicht länger auf Nebenschauplätzen glänzen, durch intellektuelle Brillanz oder einen bis in die letzte Faser austrainierten Körper.

**Wie sind Sie selber mit der Meditation in Berührung gekommen?**

(Lacht) Ich habe die erste Hälfte meines Lebens damit verbracht, aus mir einen richtigen Mann zu machen – oder das, was ich dafür hielt. Frühe Erlebnisse von Unterlegenheit und Schwäche führten dazu, dass ich alles daran setzte, stark und unverletzlich zu werden. Ich stand mit 12 Jahren zum ersten Mal vor Publikum im Boxring und härtete mich später in der Armee in einer Elitetruppe weiter ab. Mein Hauptziel war, meinen Bauch so hart wie möglich zu machen. Mit 30 Jahren machten sich gravierende Atemprobleme bemerkbar, dazu kam ein problematischer Umgang mit Alkohol. Ich begann, heimlich zu meditieren – und erlebte das wie eine Offenbarung. Im Kloster in Japan wurde mir dann bewusst: Alles, was ich 30 Jahre lang hart gemacht hatte, kann ich jetzt die nächsten 30 Jahre allmählich wieder weich machen. Später, in der Arbeit als Therapeut und Meditationslehrer, merkte ich, dass es vielen Männern und auch manchen Frauen so geht.

**Woran denken Sie?**

Ich erlebe immer wieder Manager, die gerne und überzeugend den «Tough Guy» geben, aber unfähig sind, sich selber wahrzunehmen, sich berühren zu lassen, etwas anzunehmen. Manche trainieren in der raren Freizeit noch für Ironman-Triathlon-Wettkämpfe. Fast vier Kilometer schwimmen, 180 Kilometer Rad fahren und zum Schluss einen Marathon laufen – warum macht das jemand? Er muss eine immense Spannung in sich haben. Der Versuch, diese Spannung durch Abhärtung auszugleichen, ist nicht immer der beste Weg. Manchmal ist es besser, zu fragen, wo diese Spannungen aufgebaut wurden, ob es Gewalt gab in der Kindheit, physische oder psychische. Wenn man vor solchen Fragen davonrennt, ist die Gefahr gross, dass man in den Mustern der Kindheit gefangen bleibt und diese weitergibt. Wenn wir die Risse in unserem Urvertrauen erkennen und akzeptieren, können wir sie Schritt für Schritt schliessen. Dann brauchen wir vielleicht keinen Ironman mehr, um uns kraftvoll zu fühlen. ■

***Kontakt und Information:*** *steuder@zencom.ch, www.zencom.ch*

**STRAUB MATTI**
Der Kaospilot, der sich 9 Monate Auszeit gönnte

27.11.2010

# *«Die wichtigen Erfahrungen habe ich in der Stille gemacht»*

*In 15 Jahren intensiver Arbeit hat Matti Straub als Unternehmer, Coach, Moderator und Berater viele Kunden weitergebracht. Der Erfolg, so schien es, gab ihm Recht – nur er selber traute der Sache nicht ganz. Nach einer neunmonatigen Auszeit kennt der 38-Jährige nun auch die Bedürfnisse seines wichtigsten Kunden.*

**Herr Straub, Sie sind Coach, Helikopterpilot, Trainer, Talent Scout, Unternehmensberater, Gemeindeentwickler, Manager auf Zeit, Moderator, Firmenchef – ist das nicht furchtbar anstrengend, permanent auf so vielen Hochzeiten zu tanzen?**

MATTI STRAUB: Ich kenne nichts anderes, ich habe mich schon immer in fünf bis sechs Berufsfeldern bewegt und fand die Abwechslung immer spannend. In der Vielfalt blühe ich erst richtig auf. Aber natürlich gab es immer wieder atemlose Momente – man hüpft hin und her zwischen ganz unterschiedlichen Biotopen und wechselt pausenlos die Rolle. Die Gefahr, sich zu verzetteln, ist gross. Deshalb habe ich mich jetzt neu organisiert, mehr nach dem Marktstandprinzip.

**Nach was?**

So wie ein Gemüsebauer nicht permanent alles im Angebot hat, konzentriere ich mich pro Halbjahr auf einen Schwerpunkt. Das Helikopter-Fliegen ist das Einzige, das durchläuft. Das ist ein Bubentraum von mir, deshalb will ich dieser Tätigkeit ein bis drei Tage pro Woche widmen. Ansonsten entlaste ich mich aber vom Anspruch, permanent alles anzubieten. Ich habe gemerkt, dass es mehr Zeit und Fokus braucht, um etwas gedeihen zu lassen.

**Sie sind vor kurzem von einem neunmonatigen Sabbatical zurückgekehrt. Brauchten Sie die Auszeit, weil Sie sich müde gearbeitet hatten?**

Ich habe 15 Jahre lang voller Enthusiasmus in sehr verschiedenen Feldern gearbeitet. Das Geschäft lief gut, die Kunden waren zufrieden, ich war immer auf Achse, aber irgendetwas stimmte nicht. Mir wurde bewusst: Bei meinen Kunden legte ich den Finger oft auf die wunden Punkte, ich half ihnen, sich klar zu werden, was sie brauchten, um mit gutem Gefühl erfolgreich zu sein. Doch wie sah das bei mir aus? Was brauchte ich? Bei mir selber schaute ich weniger genau hin. Deshalb entschied ich mich, das herauszufinden. Dafür braucht es Abstand, Ruhe, Zeit ohne Computer und Kollegen. Man kann nicht im gewohnten Umfeld bleiben und radikal alles hinterfragen.

**Was haben Sie gemacht?**

Ich lebte zuerst 2,5 Monate auf einem Bauernhof in Italien, wo ich täglich im Garten arbeitete und mich um den Hund kümmerte – manchmal war ich allerdings nicht ganz sicher, wer hier zu wem schaute. Am Anfang war es hart. Wenn man sich selber stark darüber definiert, was man für Kunden macht und welche Anerkennung man dafür erhält, fällt man erst einmal in ein Loch. Ich hatte immer das Gefühl, ich sei zwar ein Workaholic, aber einer mit sehr vielen Freiheiten. In der Abgeschiedenheit wurde mir bewusst, wie stark mein Selbstwertgefühl von den beruflichen Erfolgen abhing, wie nackt und wertlos ich mich fühlte ohne Rollen und Leistungsausweis. Mit der Zeit gewöhnte ich mich an den neuen Alltag: ein bis zwei Stunden Tagebuch am Morgen, dann Olivenbäume schneiden, jäten, kochen, Kontrabass, E-Piano oder Alphorn spielen, ein wenig Sport – das alles hat mich sehr geerdet.

**Und die Mails, den Computer haben Sie nicht vermisst?**

Nur ganz zu Beginn. Bald merkte ich, wie gut es mir tut, offline zu sein, ganz in der analogen Welt. Körperliche Arbeit oder Bewegung unterstützt die Inspiration, der Computer hingegen dimmt meine Kreativität auf ein unerfreuliches Niveau hinunter. Seither brauche ich den Computer primär als Schreibmaschine, die ich nutze, wenn ich genau weiss, was ich schreiben will. Um Dinge zu erarbeiten, gehe ich lieber ins Atelier, in eine Werkstatt oder in die Natur.

**Welche Fragen haben Sie durch die Auszeit begleitet?**

Im Kern ging es immer wieder um die Frage: Was brauche ich? Daraus leitet sich ab, welchen Weg ich gehen will und mit wem. Das klingt furchtbar selbstbezogen und egoistisch, immerhin war ich ja privat und beruflich seit 15 Jahren fest liiert – es war daher ein Risiko, sich dieser Frage vorurteilsfrei zu stellen. Es war aber dringend notwendig, denn wer nicht nah bei sich und seinen Bedürfnissen ist, schöpft sein Potenzial nicht aus und kann auch anderen nie das Maximum geben.

**Was machen Sie anders, seit Sie zurück sind?**

Die Grundhaltung ist eine andere. Vor der Auszeit war ich unterwegs wie ein Eichhörnchen. Ich rannte oft durch die Gegend, um möglichst viele Nüsse zu sammeln, und pfiff oft und laut, damit mich die Umgebung auch wirklich wahrnahm. In der Auszeit wurde mir klar: Dieses emsige, atemlose Sammeln entspricht gar nicht meiner Art. Ich bin eher der Steinbock-Typ, der oben den Überblick behält und die feinen Kräuter geniesst. Damit war auch klar: Ich muss nicht dauernd Lärm machen und allem nachrennen; wer Steinböcke sucht, weiss, wo er sie findet. Oder konkreter: Ich muss nicht pausenlos auf irgendwelchen Kanälen networken und kommunizieren vor lauter Angst, dass ich vergessen gehe – mir als Steinbock können Portale wie Xing oder Facebook egal sein. Wichtiger ist, dass ich mir Zeit für mich nehme und wählerisch bin in dem, was ich mache. Diese Erkenntis gab mir viel Ruhe.

**Das klingt so simpel: Man geht 10 Wochen in ein Landhaus und kehrt mit einem veränderten Selbstbewusstsein zurück.**

So einfach war es nicht. Ich kehrte nach knapp drei Monaten zu den Mitarbeitern ins Büro zurück. Bald merkte ich: Ich hatte über viele Dinge nachgedacht, ein paar Lektionen hatte ich gelernt, aber es war noch überhaupt nicht gefestigt. Nach ein, zwei Wochen wäre ich im alten Fahrwasser zurück gewesen. Zudem merkte ich, dass mein Team gut zurechtgekommen war ohne mich in der Zeit – als Chef bringt man ja nicht nur Projekte zum Laufen, manche Dinge blockiert man auch, ohne es zu merken. So konnte ich meine Auszeit mit gutem Gefühl um ein halbes Jahr verlängern.

**Waren Sie immer allein unterwegs?**

Nein, aber die wichtigen Erfahrungen habe ich alleine in der Stille gemacht. Ich begann die Auszeit mit einer indianischen Winterzeremonie in Dänemark und beendete sie mit einem «Vision Quest», einer Visionssuche. Nach indianischer Tradition macht man das mit 18 Jahren am Übergang zum Erwachsensein, ich habe halt 20 Jahre länger gebraucht. Ich sass fünf Tage lang mit einem Biwaksack und einem Zelt auf 2000 Metern Höhe am Rand eines Canyons. Jeden Morgen besuchte mich eine Medizinfrau und gab mir eine Aufgabe. Die meiste Zeit regnete und stürmte es – das war fantastisch. So wurde alles, was ich noch an Zweifeln und Ängsten mitschleppte, weggespült. Die wichtigen Dinge haben sich klar herauskristallisiert. Wir meinen ja immer, wir könnten mit dem Kopf sinnvolle Entscheidungen treffen. Das ist Blödsinn, der Kopf kann das gar nicht. Es kommt darauf an, dem Herz dafür mehr Raum zu geben. ■

***Kontakt:** matti.straub@changels.ch*

*Matti Straub-Fischer ist heute Schulleiter der KaosPiloten (www.kaospilots.ch) in Bern und als Coach und Berater in der Geschäftsleitung von changels.*

**TRÖNDLE ANDREAS**
Vom Theologiestudenten zum Tänzer, der die Kirchen füllt

14.7.2012

# *«Ich entdeckte ein Paradies, an dem ich immer vorbeigerannt war»*

*Sein Vater schnitzte Kirchenbänke, seine Mutter schickte ihn ins katholische Internat und erwartete, dass er Priester wird. Doch Andreas Tröndle wandte sich nach dem Theologie-Studium dem Tanz zu, weil er «Spiritualität am eigenen Leib erfahren» wollte. Wenn der 47-Jährige in die Kirche zum 5-Rhythmen-Tanz einlädt, ist der Zuspruch grösser als bei den meisten Gottesdiensten.*

**Herr Tröndle, über Sie hiess es vor einiger Zeit in der «SonntagsZeitung»: «Er füllt Säle und Kirchen, bringt die Traurigen zum Lachen, stimmt die Hadernden versöhnlich.» Erkennen Sie sich in dieser Beschreibung wieder?**

ANDREAS TRÖNDLE: Das ist ziemlich pathetisch formuliert, aber alles in allem trifft es wohl zu. Ich sehe ja, in welcher Verfassung die Leute an meine Tanz-Veranstaltungen kommen. Viele sind gestresst vom Berufsalltag, die Gesichtszüge sind angespannt, der Körper ist steif. Dann geben sie sich zwei Stunden oder länger dem körperlichen Erleben hin, der Kopf kommt zur Ruhe, die Gedanken verschwinden – das allein hat eine ordnende und versöhnliche Wirkung. Am Ende gehen die Teilnehmer sehr aufgeräumt und entspannt nach Hause.

**Ihr Leben steht heute ganz im Zeichen des Tanzens. Haben Sie einen weiten Weg zurückgelegt oder hat sich das früh abgezeichnet?**

Ich bin in einem streng katholischen Umfeld aufgewachsen. Mein Vater war Schreiner und stellte hauptsächlich Kirchenbänke her, meine Mutter war sehr gläubig und erwartete von mir, dass ich Priester werde. Man hat in einer solchen Konstellation drei Möglichkeiten: Man rebelliert, man erfüllt brav die Erwartungen oder man sucht einen dritten Weg. Ich ging aufs katholische Internat, studierte später Theologie und war dann fünf Jahre in der Jugendseelsorge tätig. Ich taugte weder zum Rebellen noch zum angepassten Kirchendiener, aber ich wusste lange Zeit nicht, wie dieser dritte Weg aussehen könnte. Ich interessierte mich für spirituelle Fragen, wollte verstehen, wozu wir da sind, was der Sinn unseres Körpers ist, wie die Welt beschaffen ist. Die Antworten der Theologie waren mir zu theoretisch – ich wollte Spiritualität am eigenen Leib erfahren. Und gleichzeitig war da dieser extreme Bewegungsdrang, ich konnte mich nicht ruhig halten, zappelte, stiess überall an – heute würde man sagen: ADS.

**Haben Sie da schon getanzt?**

Ich ging in Discos und hatte dort wegen meiner Luftsprünge und anderer Tanzausbrüche bald einen zweifelhaften Ruf. Für mich war das ein Ventil, die Energie musste sich irgendwie entladen. Ansonsten habe ich den grössten Teil meines Lebens gegen meinen Körper gekämpft. Ich behandelte ihn wie ein Objekt, was durchaus reizvoll war. So trieb ich teilweise exzessiv Sport, verlangte ihm bei Langstreckenläufen, Bergwanderungen oder Mountainbike-Touren alles ab. Ich brauchte das als Kontrast zum kopflastigen Theologiestudium, aber so hoch ich die Ziele auch steckte, es erfüllte mich nicht, sie zu erreichen. Es blieb etwas Kompensatorisches, und die Sehnsucht, mich zuhause zu fühlen in meinem Körper, blieb ungestillt. Das änderte sich erst, als ich den 5-Rhythmen-Tanz entdeckte. Diese Form enthielt alles, nach dem ich immer gesucht hatte.

**Erzählen Sie von Ihren ersten Erfahrungen damit.**

Ich wusste wenig darüber und ging etwas ängstlich zu diesem ersten Kurs in Deutschland. Ich vermisste klare Anleitungen und insgeheim dachte ich: «Die spinnen doch, was soll das, dieser wilde Tanz?» Beim ersten Rhythmus geht es darum, sich in weiblichen, runden, harmonischen Bewegungen auszudrücken. Das war Neuland für mich, so hätte ich nie freiwillig getanzt, weil ich es für unmännlich hielt. Und plötzlich merkte ich, wie gut mir das tat; es war wie ein Heimkommen, obwohl ich ganz neue Seiten an mir entdeckte. Insgesamt war diese erste Erfahrung mit dem 5-Rhythmen-Tanz gleichzeitig verstörend und befreiend. Man verliert zwar die Koordinaten, an denen man sich immer orientiert hat, aber man spürt im gleichen Moment, dass es viel mehr zu gewinnen gibt. Ich hatte das Gefühl, durch diese Art des Tanzens ein Paradies zu entdecken, an dem ich in meinem Leistungswahn immer vorbeigerannt war.

**Wie wichtig war die spirituelle Komponente?**
Ich habe durchs Tanzen viele Bibelstellen in ganz neuem Licht sehen gelernt. Zum Beispiel das Gebot: «Liebe deinen Nächsten wie dich selbst!» Was heisst das denn? Man kann viel Gescheites darüber sagen, aber die wirkliche Bedeutung von Selbstliebe hat sich mir erst im Tanz erschlossen, als der Verstand ausgeschaltet war. Im Tanz erlebte ich mich und andere Menschen auf eine neue Art, es ist eine andere Form der Wahrnehmung und Begegnung. Wer tanzt, entwickelt ein erweitertes Selbstverständnis und eine tiefere Verbindung mit der Welt. Dadurch kann er sich offener zeigen und muss weniger mit den Waffen des Intellekts um Anerkennung kämpfen.

**Die rotierenden Gedanken, die im Tanz zur Ruhe kommen – ist das der Hauptgrund, dass die Leute für Ihre Tanzkurse vor der Kirche Schlange stehen, während viele Pfarrer vor leeren Bänken predigen?**
Das ist eines meiner wichtigsten Anliegen. Wie gelingt es, den Kopf, der ständig plappert und dabei meistens die gleiche Platte abspielt, zur Ruhe zu bringen, damit der Mensch Neuland betreten kann? Wir sind eine furchtbar kopflastige Gesellschaft. Ich sehe immer wieder zu Beginn meiner Veranstaltungen, wie sich die Leute schwertun, ihren Kopf in Bewegung zu bringen; manche schleppen den ganzen Körper hinter ihrem Kopf her. Deswegen ist es wichtig, an einem friedvollen Ort zusammenzukommen, wo nicht geredet wird und sich alle frei machen können von den Schranken des Denkens. Den Körper

gehen zu lassen und ihm auf dieser Entdeckungstour zu folgen, ist eine sehr befreiende Erfahrung. Sie weitet die Wahrnehmung und das Energiespektrum. Es ist wie eine Expedition in den Dschungel: Man weiss nicht, welchen unheimlichen Pflanzen und wilden Tieren man begegnen wird. Für viele ist es eine sehr emotionale Erfahrung, es tauchen Ängste auf und es fliessen Tränen, weil Gefühle an die Oberfläche kommen, die lange Zeit weggesperrt waren. Aber letztlich werden wir stärker, wenn wir berührbarer werden.

**Man hat Sie auch schon als «tanzenden Prediger» und den 5-Rhythmen-Tanz als neustes Trendprodukt der Esoterik-Branche bezeichnet. Stört Sie das?**
Ja, die Esoterik-Schublade, das ist unvermeidlich. Sagen wir es so: Es gibt viele Suchende, die sich nach einem tieferen Wissen und einer Verbindung zum Göttlichen sehnen, starre Kirchenstrukturen jedoch ablehnen. Manche von ihnen kommen in meine Kurse. Ich selber verspüre keinerlei Bedürfnis, eine Ideologie zu verbreiten oder zu einem Guru zu werden. Vielleicht bin ich tatsächlich eine Art Priester geworden, wenn auch ein ganz anderer, als meine Mutter sich gewünscht hat. Ich will kein Priester sein, der aus einer Machtposition heraus sein Wissen vermittelt, ich sehe mich eher als Diener, der die Menschen zur Spiritualität verführt und sie in einen Raum bringt, wo sie in Verbindung treten können zur tiefsten Wahrheit in ihrem Inneren.

**Zu Ihren Tanzanlässen in Kirchen kommen regelmässig über 100 Leute, viele versuchen vergeblich, einen Platz zu ergattern. Wie reagieren die ehemaligen Studienkollegen darauf, die als Pfarrer keinen vergleichbaren Zuspruch haben?**
Es gibt schon Theologen aus meiner Studienzeit, die mich fragen, wie ich dieses Herumzappeln in Kirchen «Beten» nennen könne. Für mich liegt das auf der Hand. Beten heisst für mich, mit dem Göttlichen in Verbindung zu treten. Das gelingt mir in der Bewegung besser, als wenn ich das «Vaterunser» nachbete. Ich hatte schon als Kind die Vision, dass Menschen in einer Kirche sich irgendwann bewegen und Gefühle zeigen können. Wozu haben wir Gefühle, wenn wir sie zu 99 Prozent unterdrücken? Wozu haben wir einen Körper, wenn wir ihn nicht spüren? Für mich ist der Körper heute ein Gefäss, über das ich die Welt entdecken und mich mitteilen kann. Dies in einer Kirche zu

tun, halte ich für sehr stimmig – auch wenn ich dazu immer als Erstes die Kirchenbänke aus dem Weg räumen muss, die mein Vater gezimmert hat. (Lacht)

**Könnten Sie sich vorstellen, beruflich etwas ganz anderes zu machen?**
Nein, es ist für mich eine Berufung, der ich folgen will und muss. Kürzlich wollte mir ein Versicherungsvertreter eine teure Berufshaftpflichtversicherung verkaufen. Er fragte mich eindringlich: «Was machen Sie denn, wenn Sie nach einem Unfall plötzlich im Rollstuhl sitzen?» Ich weiss es nicht, aber ich würde sicher weiter mit dem Körper arbeiten und vielleicht für behinderte Menschen ein Angebot machen. Ich kann damit nicht einfach aufhören, es ist ein Teil von mir. Darum wird es für mich auch keine Pensionierung geben. Manchmal ist das natürlich auch ein Fluch, wenn man so ganz mit seinem Beruf verschmilzt. Dann wünsche ich mir für Augenblicke einen Job, in dem ich um 17 Uhr den Stift hinlegen könnte. Aber das Positive überwiegt eindeutig. Es ist eine extrem spannende Reise. Vermutlich kenne ich erst ungefähr fünf Prozent der Möglichkeiten, die das Leben bietet – es gibt also noch viel zu entdecken. ■

***Kontakt und Information:** www.tanzdichganz.ch, www.5rhythms.ch*

**WASESCHA MAURA**
Von der Putzfrau
zur Luxusimmobilien-Maklerin

18.8.2012

# *«Mein wichtigstes Startkapital war mein Lachen»*

*Als Putzfrau eroberte die gebürtige Italienerin Maura Wasescha die Herzen der betuchten St. Moritzer Kundschaft – und vermittelte bald erste Wohnungen und Häuser für sie. Heute ist Maura Wasescha eine wichtige Vertrauensperson für jene, die für 40 000 Franken zwei Wochen lang eine Wohnung mieten oder für 50 Millionen Franken ein neues Haus kaufen.*

**Frau Wasescha, Sie kamen als 19-Jährige in die Schweiz und begannen als Kellnerin im Bahnhofbuffet St. Moritz. Später waren Sie alleinerziehende Mutter und verdienten als Putzfrau und Hauswartin den Lebensunterhalt für die Familie. Hätten Sie sich damals träumen lassen, einmal mit Luxusimmobilien zu handeln?**

MAURA WASESCHA: Nein, das war unvorstellbar. Aber ich habe davon geträumt, einmal eine eigene Firma zu haben – allerdings nur im Geheimen, denn ich war ja bloss ein «Tschinggeli» in der reichen Schweiz.

**Immerhin hatten Sie in Italien die Hotelfachschule absolviert und die Matura gemacht.**

Das stimmt, aber das hat mir wenig genützt in der Schweiz. Ich träumte davon, in Mailand Sprachen zu studieren, aber dann kam alles anders. Weil meine Cousine, die als Kellnerin in St. Moritz arbeitete, einen Autounfall hatte und ihre Stelle nur behalten konnte, wenn sie eine Vertretung fand, sprang ich kurzfristig für sie ein. Mein wichtigstes Startkapital war nicht die Ausbildung, sondern mein Lachen und dass ich früh gelernt hatte zu arbeiten. Ich komme aus einer einfachen Familie, mein Vater war Buschauffeur, meine Muttter Schneiderin. Ab meinem elften Lebensjahr arbeitete ich an Samstagen mit ihr in einer Trattoria und bewirtete Hochzeitsgesellschaften. Wir konnten gratis essen und am Abend sogar tanzen, das war wunderbar. Mir war von jungen Jahren an klar: Man muss sich alles hart erarbeiten, es fällt einem nichts in den Schoss.

**Und diese Einstellung hat Ihnen geholfen, als Sie nach dem Scheitern Ihrer ersten Ehe allein für sich und Ihre zwei Kinder sorgen mussten?**

Ich musste in dieser Zeit viele harte Entscheidungen fällen. Zunächst war es für eine nach katholischen Prinzipien erzogene Frau eigentlich undenkbar, den Mann zu verlassen. Ich rang lange mit mir, spürte aber, dass ich mich und meine Kinder schützen musste. Meine Kinder gaben mir viel Kraft in dieser Zeit. Durch die Arbeit als Putzfrau und Hauswartin kam ich mit Bauherren und Eigentümern in Kontakt. Der Umgang mit Menschen fiel mir leicht, das ist mir in die Wiege gelegt worden. Ich lachte viel, auch in diesen schwierigen Zeiten, und machte immer ein bisschen mehr für meine Kunden, als sie erwarteten. Dann las ich, dass die Firma Interhome Eigentümer sucht, die ihre Wohnungen vermieten. Das kam wie gerufen für mich.

**Wie muss man sich Ihre Vermittlungsarbeit vorstellen?**

Ich überzeugte die Eigentümer, ihre Objekte über Interhome auszuschreiben – und erhielt pro Vermittlung 100 Franken Provision. Wenn ich so nach einiger Zeit 500 Franken Cash auf die Hand bekam, war das eine enorme Belohnung für mich. Als Verkäuferin war ich in meinem Element, schon im Service habe ich immer am meisten Trinkgeld erhalten, weil ich die Menschen mochte. Bald machte ich Reinigungsarbeiten für Interhome, später half ich der Chefin bei Übersetzungsarbeiten und der Kommunikation mit italienischen Eigentümern – und bald wurde Interhome-Gründer Bruno Franzen auf mich aufmerksam und begann, mich zu fördern. Dank diesem strengen Mentor lernte ich enorm viel. Nach kurzem war ich die beste Interhome-Verkäuferin in

Europa, nach vier Jahren durfte ich die Verantwortung für die Filiale in St. Moritz übernehmen, wo mich sechs Sekretärinnen unterstützten.

**Warum haben Sie diesen Job wieder aufgegeben?**

Es war eine sehr aufregende, aber auch sehr intensive Zeit. Immer öfter sehnte ich mich nach Ruhe. (Lacht) Statt ins Kloster zu gehen, verliebte ich mich dann aber in einen Kunden aus St. Moritz mit einer Druckerei in Bern, für den ich mehrere Wohnungen vermietete. Und dann ging alles sehr schnell. Sechs Monate nach dem Kennenlernen heirateten wir, kurz darauf wurde ich ungewollt schwanger, obwohl ich nach medizinischer Einschätzung keine Kinder mehr bekommen konnte. Ich wollte nicht, dass unser Kind den Vater nur am Wochenende sieht. So zog ich nach Bern, und aus der hyperaktiven Business-Frau wurde eine Hausfrau und Mutter, die sich bald um zwei Söhne zu kümmern hatte.

**Lange haben Sie das nicht ausgehalten.**

Stimmt. Nach der Geburt meines zweiten Sohnes begann ich, meine eigene Firma aufzubauen. Es kam immer wieder vor, dass langjährige Kunden mich anriefen, obwohl ich schon länger nicht mehr bei Interhome angestellt war. So entstand die Idee, Luxusobjekte für eine sehr anspruchsvolle Kundschaft anzubieten. Die Banken waren nicht überzeugt von meinem Geschäftsmodell, aber mein Mann ermutigte und unterstützte mich. Ich begann ohne grosse Erwartungen und sah jedes neue Mandat als Geschenk an. Bald lief es so gut, dass ich eine AG gründete. Heute haben wir in der Schweiz rund 30 Luxus-Objekte zum Kauf und weitere 30 zur Vermietung im Angebot. Dazu kommen weitere 35 Immobilien an ausgesuchter Lage in Italien, Mallorca und Kroatien. Ich bin sehr wählerisch, weil die Kundschaft unverwechselbare Objekte und eine gehobene Ausstattung wünscht.

**Was lässt sie sich das kosten?**
Die Kaufpreise liegen zwischen 5 und 100 Millionen Schweizer Franken. Die Preise für die Vermietung hängen stark von Objektgrösse und Dauer ab. Eine Faustregel: Für die zweiwöchige Vermietung können Sie den Ansatz eines gehobenen 5-Sterne-Hotels minus 10 bis 20 Prozent rechnen.

**Das ergäbe bei 14 Tagen à 3000 Franken rund 42 000 Franken Mietpreis.**
In dieser Grössenordnung bewegt es sich, ja. Aber entscheidend ist nicht der Preis, sondern das ganze Dienstleistungspaket. Meine Kunden wollen einfach Ferien ohne Stress und Sorgen, sie sollen sich um nichts kümmern müssen. Wenn sie eine Putzfrau, einen Ski- oder Tennislehrer, eine Yoga-Trainerin, einen Privatkoch oder einen Limousinen-Service wünschen, kümmern ich und mein Team uns sofort darum.

**Sie putzen nach wie vor selber?**
Nein, das mache ich heute nicht mehr, auch die Vermietung läuft im Normalfall über mein Team in Bern und St. Moritz. Meine Hauptaufgabe ist es, Kunden beim Kauf oder Verkauf zu beraten. So bin ich viel unterwegs, am Wochenende war ich zum Beispiel in Biarritz. In der Schweiz ist das Immobiliengeschäft sehr kompliziert geworden, es gibt viele neue Gesetze, man braucht Anwälte und Notare. Da ist es wertvoll, jemanden mit Erfahrung an der Seite zu haben, auf dessen Diskretion man zählen kann.

**Laufen die Geschäfte schlechter oder besser seit Ausbruch der Finanzkrise?**
Es ist schwieriger geworden. Die Leute sind verunsichert und dadurch vorsichtiger, auch die sehr vermögenden. Luxusimmobilien sind aber gerade in unsicheren Zeiten eine ideale Investition. Wenn die Lage stimmt, dann verlieren sie nicht an Wert, sofern man es sich leisten kann, auf den guten Moment zum Verkauf zu warten.

**Mal ehrlich: Ist es nicht manchmal ermüdend, dauernd mit Schwerreichen zu tun zu haben, die sich alles leisten können und trotzdem nicht glücklich sind?**
Für mich ist es sehr interessant, gerade weil ich in ganz anderen Verhältnissen aufgewachsen bin. Die meisten sehr vermögenden Menschen sind im Inneren einfach geblieben. Sie sind zugänglich, dankbar und tun viel Gutes, ohne es an die grosse Glocke zu hängen. 98 Prozent meiner Kunden sind wunderbare Leute. Natürlich gibt es Ausnahmen. Ich glaube aber nicht, dass Geld den Charakter verdirbt. Er zeigt sich vielleicht deutlicher, wenn jemand viel Geld hat.

**Was bedeutet Ihnen Wohlstand und Luxus?**
Wissen Sie, was das Wichtigste ist? Sich nicht mit anderen zu vergleichen. Das macht krank. Auch die Superreichen finden immer jemanden, der eine noch grössere Yacht hat. Deshalb ist es so wichtig, sich innerlich reich zu fühlen. Ich bin glücklich, dass wir vor zwölf Jahren aus der Dachwohnung in Schönbühl in ein eigenes Haus in Bremgarten ziehen konnten. Und der grösste Luxus für mich sind Ferien. Seit meinem sechsten Lebensjahr habe ich davon geträumt, einmal durch Kalifornien zu reisen. Meine Mutter hat mich damals nur ausgelacht und gesagt: «Geh besser in die Kirche!» Zu mehr als zwei Wochen Ferien pro Jahr hat es danach nie gereicht. Diesen Sommer nun – 47 Jahre danach – sind wir en famille 7000 Kilometer durch Kalifornien gereist, dreieinhalb Wochen lang. Sie können sich nicht vorstellen, welch grossartiges Erlebnis das für mich war. ■

***Kontakt und Information:** maura.wasescha@maurawasescha.com,*
*www.maurawasescha.com*

**WEBSTER ADRIAN**
Vom Milchmann
zum Motivationsguru
für Topmanager

29.5.2010

# *«Ich will die Qualitäten der Kindheit zurückholen»*

*Der Brite Adrian Webster weiss, was harte Arbeit ist. Sein Vater war Arbeiter in einem Kohlebergwerk, er selber verdiente sich als Polizist und Milchmann die Sporen ab. Heute ist Webster einer der gefragtesten Referenten Englands, bis weit über die Landesgrenzen hinaus. Am Swiss Economic Forum will er Manager an die Träume ihrer Kindheit erinnern.*

**Herr Webster, wie ist es möglich, dass einer, der zuerst Polizist und dann Milchmann war, so namhafte Unternehmen wie IBM oder Procter & Gamble auf der Kundenliste hat?**

ADRIAN WEBSTER: Ja, das war ein weiter Weg. Entscheidend waren vermutlich zwei Dinge: Ich hatte immer viel Spass bei der Arbeit und ich hatte eine Menge Glück. Einen Karriereplan habe ich nie gemacht. Aber ich traf in regelmässigen Abständen Menschen, die mich ermutigten, das Besondere zu versuchen.

**Sie haben tatsächlich alle paar Jahre neue Herausforderungen gesucht. Was hat Sie da angetrieben? Als Kind aus ärmlichen Verhältnissen hätten Sie sich auch damit zufrieden geben können, ein guter Polizist zu sein.**

Mein Vater arbeitete in einem Kohlebergwerk, er schuftete hart, verdiente aber immer zu wenig. Ich hatte daher grossen Respekt vor Menschen, die hart arbeiten, wollte aber unbedingt genug Geld verdienen. Die Arbeit als Polizist in Bristol war spannend, es war ein guter Job in einem sehr turbulenten Umfeld – die Station in Bristol galt als eine der schwierigsten Adressen für Polizisten. Gleichwohl spürte ich, dass das auf Dauer nicht mein Leben war. Ich war der Arbeit zwar gewachsen, konnte meine Talente aber nicht richtig zur Entfaltung bringen. So ging ich ans College, um zu studieren. Die reine Kopfarbeit befriedigte mich aber nicht. Ich habe vermutlich nicht das grösste Gehirn, meine Intelligenz ist bescheiden. So suchte ich bald einen neuen Job.

**Wie kamen Sie auf die Idee, Milch zu verkaufen?**

Die Liebe, die Liebe … Ich war mit einem Mädchen zusammen, dessen Vater Bauer war. Er suchte nach neuen Wegen, die Milch seiner Kühe zu verkaufen. So lancierten wir einen Direktverkaufbetrieb. Ich klopfte als Milchmann an Tausende von Türen und versuchte, Hausfrauen und Ladenbesitzer von unserem Produkt zu überzeugen. Mit der Zeit merkte ich, dass die Leute mich mochten, dass ich überdurchschnittlich gut verkaufte.

**Parallel dazu arbeiteten Sie als Radiomoderator. Und nach den ersten Erfolgen als Milchmann verkauften Sie so ziemlich alles, von Tiefkühlprodukten bis zu Immobilien. Das wirkt, als hätten Sie sich nicht für einen Beruf entscheiden können.**

Ich wollte immer möglichst viel ausprobieren und in allen möglichen Bereichen überdurchschnittliche Resultate erreichen. Es ist doch ein Jammer, wie viele Menschen das Leben nicht auskosten. Sie finden sich früh mit einer Rolle ab und verschieben das schöne Leben auf später. Die meisten sterben, bevor sie es geniessen können.

**Könnte es auch sein, dass die Armut, die Sie im Elternhaus erlebt haben, Sie angetrieben hat, es besonders gut zu machen?**

Darauf hat mich noch niemand angesprochen, aber das ist wohl wahr. In den frühen Jahren rannte ich vermutlich dem Geld hinterher, auch wenn mir das nicht bewusst war. Ich sehe meinen Vater noch heute vor mir, wie er nach Hause kam und den Inhalt seines Geldbeutels auf den Tisch leerte vor den Augen meiner Mutter. Das waren sehr bedrückende Momente, denn meist stellte sich heraus, dass es nicht möglich war, damit die Kosten für Strom und Essen zu bezahlen. Ich wollte nie in eine solche Situation kommen. Deshalb setzte ich alles daran, mich von dieser Geschichte zu befreien.

**Später machten Sie Karriere im IT-Business, wurden zum besten Verkäufer des amerikanischen Modem-Herstellers US-Robotics.**

Das Verkaufen fiel mir immer leicht. Als ich aber die Verantwortung für ein Team übernehmen und dieses führen sollte, tat ich mich vorerst schwer. Ich war es nicht gewohnt, Manager zu sein – zu allem Übel hatte ich ein sehr bescheidenes Budget. So war ich gezwungen, überdurchschnittliche Motivationstechniken einzusetzen. Ich richtete am Morgen, am Mittag und am Abend kurze Ansprachen an mein Team, ermutigte meine Mitarbeiter, gab ihnen Anerkennung. Danach gingen sie jeweils mit geladenen Batterien an die Arbeit. Eines Tages hörte ein Kunde, der gerade im Haus war, meine kleine Ansprache. Er überredete mich, zu seinen Verkäufern zu reden, später zur ganzen Belegschaft. Das wurde rasch zum Selbstläufer und ich galt plötzlich als Motivationsguru.

**Zwölf Jahre machten Sie das neben Ihrem Manager-Beruf, seit 10 Jahren nun sind Sie vollamtlich Referent. Worin unterscheiden Sie sich von Ihren Konkurrenten?**

Manchmal muss ich selber lachen, wenn ich neben Olympiasiegern, Präsidenten und Konzernchefs irgendwo auftrete. Ich kann keine Extremexpeditionen oder Goldmedaillen vorweisen, aber ich kenne den Alltag hart arbeitender Menschen, kenne ihre Sorgen und ihre Träume. Deshalb gelingt es mir meistens, diese Menschen dazu zu inspirieren, das Aussergewöhnliche zu tun, über sich hinauszuwachsen. Im Gegensatz zu anderen Rednern bin ich kein Prediger, sondern einer, der sich den wichtigen Fragen des Lebens gerne mit Humor nähert.

**Ihr Buch «Polar Bear Pirates and their Quest to reach Fat City» erinnert eher an ein Kinderbuch denn an ein Buch für ehrgeizige Berufsleute.**

Sehr schön, genau darum geht es mir. Ich will die Qualitäten der Kindheit in unser Berufsleben zurückholen. Kinder haben vor dem Schuleintritt unendlich viele Fragen und eine enorme Begeisterungsfähigkeit. Ich habe den Weg von vielen erfolgreichen Menschen genauer untersucht und festgestellt: Sie alle haben es geschafft, sich die Träume ihrer Kindheit zu bewahren, sich nicht durch all die Hindernisse und all die Neins bremsen zu lassen. Natürlich reagieren viele Manager skeptisch, wenn sie meinen kleinen Eisbär sehen. Manche fragen sich besorgt: «Was will der Typ hier? Was nimmt der wohl für Drogen?» Wenn sie mir zuhören, begreifen sie rasch, dass es mir darum geht, die vielen schlummernden Talente in den Unternehmen zu wecken. Es ist eminent wichtig, dass alle Mitarbeiter ihre Talente und Leidenschaften an ihrem Arbeitsplatz entfalten können.

**Nun treten Sie nächste Woche am Swiss Economic Forum in Interlaken auf. Welche Botschaft haben Sie für die Schweizer Manager?**
Erst einmal freue ich mich sehr, endlich die Schweiz kennenzulernen. Das Motto des Forums lautet bekanntlich «ReStart!» Das passt sehr gut zu meiner Botschaft, dass wir alles daran setzen sollten, wieder die Energie unserer Kindheit anzuzapfen. Das erlaubt uns, leidenschaftlich und unternehmerisch zu handeln und auch anderen genug Freiraum zu geben, dass sie ihre Träume leben können. Dadurch würden die Unternehmen nicht nur menschlicher, sondern auch viel erfolgreicher. ■

***Kontakt und Information:*** *www.adrianwebster.com*

**WELLERSHOFF KLAUS**
Vom UBS-Chefökonom
zum gefragten Bankenkritiker

28.8.2010

# *«Darum machen alle das Gleiche, auch wenn es noch so falsch ist»*

*Seit einem Jahr ist Klaus Wellershoff, langjähriger Chefökonom der UBS, als Unternehmer mit Wellershoff & Partners auf dem Markt. Den Schritt in die Selbständigkeit hat er nie bereut. Im Interview erzählt er, warum er die UBS verlassen hat und weshalb er die Anlageberatungspraxis vieler Banken für «ungeheuerlich und fahrlässig» hält.*

**Herr Wellershoff, Sie sind seit einem Jahr als Unternehmer mit Wellershoff & Partners unterwegs. War es die richtige Entscheidung, die UBS zugunsten der Selbständigkeit zu verlassen?**

KLAUS WELLERSHOFF: Würde ich – wie man Bankern gemeinhin unterstellt – mit Blick auf mein Lohnkonto antworten, müsste ich klar verneinen. So viel wie bei einer Grossbank verdient man praktisch nirgendwo. Geld und Macht sind aber nicht Dinge, die für mich so wahnsinnig wichtig sind. Mir macht es Freude, mit erstklassigen Partnern die Entwicklung auf der Welt zu ergründen, Schlussfolgerungen zu ziehen und dann zu handeln. Wir sind ein kleines, sehr heterogenes Team – ein Physiker, eine Philosophin und zwei Ökonomen, die sich auf Augenhöhe begegnen. Wir sind nach knapp einem Jahr über Erwarten gut unterwegs und können es uns leisten, nur mit Kunden zusammenzuarbeiten, die wirklich etwas verändern wollen. Für mich war es der richtige Schritt – ich habe ihn aus Loyalität eher zu spät gewagt.

**Was hat Sie veranlasst, die UBS zu verlassen?**
So etwas hat immer viele Gründe. Die Trägheit von grossen Organisationen hat mir zum Beispiel zunehmend Mühe gemacht. Tendenziell beschäftigt man sich mehr mit sich selbst als mit den Kunden oder den Veränderungen in der Umwelt. Ein einschneidendes Erlebnis für mich war zum Beispiel, dass ich es im Jahr 2007 nicht schaffte, mein Umfeld davon zu überzeugen, dass eine Rezession vor uns lag. Es lag alles so klar auf dem Tisch und ich fragte mich: Was braucht es denn noch?

**Dann muss man fragen: Warum gingen Sie nicht früher?**
Das stimmt. Wenn die Wahrscheinlichkeit, dass man in einer Organisation in nützlicher Frist etwas Wichtiges verändern kann, kleiner ist als die Wahrscheinlichkeit, dass dieses Gebilde zusammenbricht, dann muss man eigentlich gehen. Ich hätte es aber für unanständig gehalten, die UBS mitten in der Krise zu verlassen. Ich fühlte mich in der Pflicht gegenüber meinen Kollegen und den Kunden.

**Was hätten Sie denn verändern wollen?**
Die Finanzindustrie ignoriert zum Beispiel konsequent die Forschung und die praktische Erfahrung der letzten zwanzig Jahre, wenn es um die Grundlagen der Vermögensverwaltung geht. Das hat viele Facetten. Nehmen Sie die Wechselkursprognosen. Niemand kann sagen, wo der Euro am Ende des Jahres steht. Wir wissen aber, ob er teuer oder billig ist und was die Tendenz der nächsten zwei bis drei Jahre sein wird. Solche Erkenntnisse haben Implikationen. So ist es heute absolut unsinnig, einem Kunden, der das Risiko scheut und eine moderate Rendite erzielen will, einen Obligationenfonds zu verkaufen. 99 Prozent der Banken machen aber genau das.

**Warum ist es unsinnig und warum tun es die Banken trotzdem?**
Es ist nicht nur unsinnig, sondern ungeheuerlich und fahrlässig. Es gibt kein vernünftiges Szenario, wie ein Kunde beim zu erwartenden Zinsniveau mit

Obligationen nach Steuern und Bankgebühren in den kommenden Jahren eine positive Rendite erzielen könnte. Trotzdem halten nicht nur Privatpersonen, sondern auch Pensionskassen und Lebensversicherungen wegen veralteter Anlagevorschriften einen viel zu hohen Anteil an Obligationen.

**Wollen Sie damit sagen, dass Bankberater wissentlich ihren Kunden die falschen Produkte verkaufen?**

Das glaube ich nicht. Berater müssten ja an langfristigen Beziehungen interessiert sein. Aber Bankberater sind konditioniert und risikoscheu. Würden sie das Risiko mögen, wären sie nicht Banker, sondern Unternehmer geworden. Das grösste Risiko im Banking ist aber nicht, dass der Kunde seine Ziele nicht erreicht, sondern dass man schlechter dasteht als die Konkurrenz. Deswegen machen alle das Gleiche, auch wenn es noch so falsch ist. Diesbezüglich hat kein Umdenken stattgefunden, die Finanzindustrie schläft weiter.

**Einen stärkeren Weckruf als den Wirtschaftseinbruch, den wir erlebt haben, kann man sich kaum vorstellen.**

Das hat seine innere Logik. Nach einer solchen Krise haben alle Angst. Wenn man Angst hat, schafft man nichts Neues, sondern man folgt seinen Abwehrreflexen. Also legten die angeschlagenen Banken Kostensparprogramme auf und fokussierten ganz auf die verbliebenen profitablen Dinge – sie brauchten ja auch dringend Geld, um ihr Eigenkapital zu stärken. Wenn man die Präsentation der Zahlen des zweiten Quartals anschaut, bekommt man als Kunde Angst. So hat zum Beispiel die UBS ihre Margen im Private Banking im letzten halben Jahr deutlich ausweiten können. Höhere Preise, mehr spekulative Kredite, mehr Trading. Das ist gut für die Aktionäre, aber nicht gut für den Kunden.

**Und der einzelne Berater verkauft die Produkte mit guten Absichten?**

Das Problem ist, dass die meisten Banken falsche Erwartungen geweckt haben und weiterhin wecken. Sie signalisieren: «Wir kennen uns aus auf den Märkten und haben daher für jede Situation die richtigen Produkte. Wenns raufgeht an der Börse, profitierst du als Kunde; wenns runtergeht, passiert dir nichts, dann schützt dich die Bank.» Nun hat sich gezeigt, dass diese Versprechen nicht haltbar sind, dass «absolute return» eben nicht heisst, dass alles Geld zurückkommt. Zu befürchten steht nun, dass der Vertrauensverlust der Anleger in die Banken weitergehen wird. Nehmen Sie das Beispiel der Obligationenfonds. Wenn wie zu erwarten wiederum die Kunden enttäuscht werden, wird das für mehr Ärger sorgen als Lehman und Kaupthing zusammen. Dann hat nicht ein Produkt versagt, sondern das System.

**Hatten Sie in all den Jahren nie Lust, etwas anderes zu tun, bei dem Sie nicht dauernd die Märkte beobachten müssen?**
Ich bin Ökonom, mich interessieren primär die Entwicklung von Volkswirtschaften. Den Aktienmarkt finde ich spannend, aber ich liege nicht nächtelang wach und zerbreche mir darüber den Kopf, wo ich die nächsten paar tausend Franken verdienen will. Mein Zugang zur Ökonomie ist ein ganz anderer: Ich leistete meinen Militärdienst bei der Marine. Ich erinnere mich noch gut, wie wir in Freetown, Sierra Leone, eingelaufen sind. Da geht der 19-jährige Matrose Wellershoff in einer der ärmsten Regionen der Welt an Land und wird mit Bildern konfrontiert, die seine Vorstellungskraft übersteigen. Damals war mir klar: Ich will wissen, wie es sein kann, dass Menschen so leben müssen.

**Und was treibt Sie heute an?**
Ich liebe es, Seifenblasen platzen zu lassen. Das gilt für die New-Economy-Blase ebenso wie für die hahnebüchene Diskussion über das angeblich drohende Nullwachstum in der Schweiz oder die Eurokrise. Ich liebe die sorgfältige ökonomische Analyse und die Veränderungsmöglichkeiten, die sich ergeben, wenn man vernünftig und mutig ist. ■

***Kontakt und Information:*** *www.wellershoff.ch*

23.4.2011

# *«Ich hatte Angst, am Rand der Gesellschaft zu bleiben»*

*Christian Wenk ist ein gefragter Referent zum Thema mentale Stärke. Kein Wunder: Der 37-Jährige feiert trotz Querschnittlähmung Erfolge als Arzt und Pianist. Gut zehn Jahre nach seinem folgenschweren Unfall bilanziert er: «Ich bin mutiger geworden und kann heute mehr bewegen als vorher.» Sein erstes Rollstuhltraining in der Stadt wird er aber nie vergessen.*

**Herr Wenk, Sie sind Oberarzt, Pianist, Sportler, Unternehmer und Referent – schaffen Sie dieses beeindruckende Pensum trotz oder wegen Ihrer Behinderung?**

CHRISTIAN WENK: Ich habe vor dem Unfall sehr viel gemacht und mache seither immer noch viel. Als Persönlichkeit habe ich mich nicht verändert. Die Wahrnehmung in der Öffentlichkeit ist eine andere. Die Leute staunen, dass ich als Paraplegiker so viel unter einen Hut bringe. Tatsächlich ist es so, dass alles ein bisschen mehr Antrieb, Zeit und Energie braucht, angefangen beim Aufstehen. Man kann sich aber sehr weit an einen normalen Alltag annähern.

**Stimmt es, dass die Lebenszufriedenheit von Paraplegikern nach einiger Zeit höher ist als vor dem Unfall?**

Es gibt eine Schere. Die einen hadern mit der Situation und leiden, andere schaffen es, ihre Möglichkeiten viel bewusster und dankbarer wahrzunehmen.

Unsere Schwierigkeit ist, dass die Leute zuerst den Rollstuhl wahrnehmen und erst dann allenfalls die Fähigkeiten. Ein Unversehrter gilt als fähig bis zum Beweis des Gegenteils. Ein sichtbar Behinderter muss seine Umgebung mühsam immer neu von seinen Qualitäten überzeugen. Das braucht unendlich Energie. Daran kann man leicht zerbrechen.

**Wie haben Sie die ersten Tage im Rollstuhl erlebt?**

Vor dem Unfall war ich 186 cm gross, ein Athlet, der sich gerne in Menschenmengen bewegte, Blickkontakt suchte ... es kam mir vor wie ein Flirt mit der Menge. Dann war ich plötzlich im Rollstuhl, fühlte mich handicapiert, wertlos. Ich werde nie mein erstes Stadt-Rollstuhltraining vergessen. Wir fuhren durch die Zürcher Innenstadt und ich merkte, wie sich die Passanten abwendeten, wie mir die Leute auswichen. Als wir in einem Café Halt machten, fragte die Kellnerin meine Begleitung, was ich trinken möchte. Das war ein Schock. Ich hatte Angst, am Rand der Gesellschaft zu bleiben. Erst mit der Zeit lernte ich, mich auf meine Stärken zu konzentrieren und mir das Selbstwertgefühl wieder zu erarbeiten.

**Wie schafft man es, sich trotz des Verlusts auf das Positive zu konzentrieren?**

Ich bin überzeugt, dass wir hier eine Aufgabe haben. Unsere Lebensgeschichte macht uns mit allen Stärken und Schwächen zu dem, was wir sind. Das zu wissen, ist in der schwierigsten Situation besonders hilfreich. Wir können das Verlorene beklagen oder das Erlebte dankbar als Teil unseres Lebens annehmen. Ich glaube, dass alles, was uns widerfährt, eine tiefere Bedeutung hat. Dieses Urvertrauen hatte ich schon vorher, es ist durch den Unfall bestärkt worden. Aber ich will nichts beschönigen: Natürlich gibt es Rückschläge und Tränen.

**Sie sagten, Sie seien seit dem Unfall kein anderer als vorher. Hat sich dennoch etwas verändert?**

Ja, ich kenne meine Ressourcen besser und empfinde mehr Dankbarkeit. Erst durch den substanziellen Verlust habe ich gelernt, wie wenig selbstverständlich alles ist, wie sehr das Leben ein Geschenk ist. Natürlich ist die Querschnittlähmung eine Einschränkung – aber das ist bei weitem nicht meine grösste Schwäche.

**Wie meinen Sie das?**

Im Leben geht es doch in erster Linie darum, glücklich zu sein. Bei diesem Unterfangen stehen wir uns oft selber im Weg. Wir sind nicht mutig oder nicht ehrlich genug, bringen zu wenig Energie auf. Ich bin durch den Unfall und die Folgen mutiger geworden und kann dadurch heute mehr bewegen in dieser Gesellschaft. Andere stehen scheinbar auf der Sonnenseite des Lebens, fühlen sich aber elementar behindert. Ich erinnere mich an ein Podiumsgespräch mit drei Top-Managern und drei erfolgreichen körperlich Behinderten. Alle sechs Teilnehmer sprachen über ihre grössten unsichtbaren Behinderungen. Am Ende war im Publikum jedem klar, dass der fehlende Mut, einen Traum zu verwirklichen, oder die fehlende Einsicht, sich im entscheidenden Moment genügend Zeit zu nehmen für Partner oder Kinder, viel schwerer wiegen als die Unfähigkeit zu gehen.

**Sie sind frischverheiratet und scheinen sich überhaupt nicht eingeschränkt zu fühlen. Man liest sogar von einem Fallschirmsprung.**

Wissen Sie, was das grösste Hindernis war auf dem Weg zu meinem Fallschirmsprung? Ich musste mich überwinden, einen Laden zu betreten und mich zu outen, dass ich als Behinderter mit dem Fallschirm abspringen möchte. Alles andere verlief problemlos. In den meisten Fällen behindern wir uns selber.

**Dass Sie im Alltag auf bauliche Hindernisse treffen, ist keine Einbildung, sondern Realität.**

Stimmt. Sogar in Neubauten werden viele unnötige Stufen und Schwellen eingebaut. Ich habe mich so arrangiert, dass ich gut funktionieren kann. Wenn mir eine Treppe im Weg steht, setze ich mich auch mal auf den Hintern und ziehe den Rollstuhl nach. Meine Erfahrung ist: Das Glas ist nie halb leer oder halb voll, es ist immer fast voll. Ich habe einmal mit einem Tetraplegiker die Probe aufs Exempel gemacht: Auf einem ersten Blatt listeten wir Dinge auf, die ausser Reichweite sind; auf einem zweiten diejenigen, die noch möglich sind oder möglich werden könnten. Die zweite Seite war am Ende wesentlich voller. Wenn jemand, der weder Hände noch Füsse brauchen kann, mehr Ressourcen als Einschränkungen hat – wer in unserer Gesellschaft sollte dann mehr Punkte auf der Verlustseite haben?

**Wie kann es gelingen, Menschen mit Behinderung auch im Berufsalltag besser zu integrieren?**

Wir werden es uns nicht mehr lange leisten können, Menschen mit Behinderung auszugrenzen und über den Sozialstaat zu finanzieren. Mein neues Projekt setzt genau hier an. Ich will wissenschaftlich beweisen, dass Menschen mit Behinderung am Arbeitsplatz gleich gut oder häufig sogar besser sind. Mich fragt heute niemand mehr nach meiner Behinderung, wenn ich mich um eine Arztstelle bewerbe. Ich will dazu beitragen, dass andere Menschen mit Behinderung die gleiche Erfahrung machen und Vertrauen geniessen, bevor sie sich bewiesen haben. ■

***Kontakt und Information:*** *www.christianwenk.ch*

***Zur Person:*** *Christian Wenk (37) ist als Oberarzt im interdisziplinären Notfallteam der Klinik St. Anna in Luzern tätig. 2009 bis 2010 arbeitete er im Schweizer Paraplegiker-Zentrum Nottwil. Wenk war international erfolgreicher Duathlet, bevor er im September 2000 beim Radtraining in Japan frontal in ein falsch geparktes Auto fuhr. Seither ist er querschnittgelähmt. Nebenberuflich tritt Wenk als Pianist und Referent auf. Bald wird er eine neue Aufgabe als Landarzt im luzernischen Schenken übernehmen.*

23.4.2011

# *«Clinton schlief in unserem Bett, der Atomkoffer war im Kinderzimmer»*

*Kaum einer hat mehr Mächtigen und Berühmten die Hand geschüttelt als Ernst Wyrsch, der während 15 Jahren als Belvédère-Direktor die wichtigsten Gäste des WEF beherbergte. Zwei Jahre nach seinem überraschenden Abgang darf Wyrsch ein paar Geheimnisse aus dieser Zeit ausplaudern. In seiner neuen Tätigkeit hilft er den Erfolgreichen, nebst Geld und Macht auch noch das Glück zu finden.*

**Herr Wyrsch, Sie waren 15 Jahre lang Hotelier im Grandhotel Belvédère in Davos und damit Gastgeber der Schönen, Mächtigen und Reichen dieser Welt. Spüren Sie noch ein Kribbeln im Januar, wenn ganz Davos sich fürs World Economic Forum wappnet?**

ERNST WYRSCH: Ja und nein. Seit ich im Januar 2011 gekündigt habe, bin ich mit eigenen Projekten beschäftigt, die nichts mit dem WEF zu tun haben. Aber natürlich fehlen mir die vielen Begegnungen mit Politikern, Wirtschaftsführern und Künstlern.

**Vermutlich fehlt Ihnen auch das Rampenlicht – das verbindet den Hotelier mit dem Schauspieler.**

Ich gebe zu, es ist für mich nicht ganz einfach zu sehen, wie andere nun auf dieser Bühne stehen. Ich habe auch diesen Teil meines Berufs genossen: die Gäste zu begrüssen, die beste Adresse in Davos zu repräsentieren. Aber ich habe zum Glück durch meine Referate und Seminare eine neue Bühne gefunden, wenn auch eine kleinere. Hotelier ist und bleibt für mich unabhängig davon der schönste und spannendste Beruf, den es gibt. Ich werde auch im nächsten Leben als Hotelier arbeiten.

**Warum haben Sie eigentlich gekündigt?**

Weil ich mit 50 Jahren noch einmal etwas Neues machen wollte. Ich bin in einem Landgasthof im aargauischen Dottikon als Kind von Wirtsleuten aufgewachsen und war nach der Ausbildung 25 Jahre lang Hotelier. Dadurch habe ich viele wertvolle Beziehungen geknüpft, die ich nun bei der Weiterbildung von Führungskräften nutzen kann.

**Ist denn ein Kontakt noch gleich viel wert, wenn Sie nicht mehr als Direktor eines 5-Stern-Hauses, sondern als Einzelunternehmer anrufen?**

Das ist eben das Missverständnis: Ich spreche nicht von einer Visitenkarten-Sammlung, nicht von Kontakten, sondern von Beziehungen, die auf Sympathie aufgebaut sind und in vielen Fällen zu Freundschaften geworden sind. Ich habe die Menschen dank meiner Person erreicht, nicht dank meiner Funktion – vor allem, weil ich nicht auf die Knie gegangen bin, sondern auch mit sehr einflussreichen Menschen auf Augenhöhe kommuniziert habe. Man darf solche Beziehungen nicht ausnützen, aber wenn es einen echten Anlass gibt, kann ich mich heute sehr einfach mit mächtigen Menschen aus allen Lebensbereichen verbinden.

**Auch mit jemandem wie Bill Clinton?**

Ich werde Ihnen keine Details verraten, das gehört zur Pflege solcher Beziehungen dazu, aber ich kann Ihnen versichern, dass ich auch mit Bill Clinton regelmässig in Kontakt bin.

**Für ihn haben Sie im Jahr 2000 ja sogar Ihre Wohnung geräumt.**

Ja, das war ein sehr abenteuerliches Jahr. Erstmals kam der amerikanische Präsident ans WEF. Wir dachten erst, er könne in der grössten Suite des Belvédère wohnen, aber das war nicht möglich, weil es da einen Schusseinfallswinkel von einem Nachbarhaus aus gegeben hätte. Also räumten wir unsere 230-Quadratmeter-Wohnung im Hotel. Clinton übernachtete in unserem Ehebett, der Atomkoffer, der dem Präsidenten im Notfall sofortigen Zugriff aufs Atomwaffenarsenal erlaubt hätte, wurde im Zimmer meines Sohnes aufbewahrt. Insgesamt wurde Clinton von 1500 Leuten begleitet. Die konnten wir natürlich nicht alle bei uns unterbringen.

**Damals gab es wütende Proteste der Globalisierungsgegner. Wie haben Sie den US-Präsidenten aus der Nähe erlebt?**

Ich muss sagen, Bill Clinton und Tony Blair haben mich enorm beeindruckt. Erstens strahlen sie eine grosse Energie aus und wirken als Leader, wenn sie einen Raum betreten, noch bevor sie ein Wort sagen. Zweitens konnten sie beide über sich lachen, sie nahmen sich nicht so furchtbar ernst, wie man hätte meinen können. Clinton und Blair sind zwei Schlitzohren – im guten Sinn des Wortes; lockere Typen, die in Boxershorts bei Bier und Chips die Lage der Nation und der Welt analysierten.

**Woher wissen Sie das so genau, waren Sie dabei?**

Nein, aber ich habe es von jenen Mitarbeitern erfahren, die jeweils für den Nachschub an Monstein-Bier besorgt waren. Man erfährt viel, wenn man nahe bei den Mitarbeitern ist. Sehr beeindruckt hat mich übrigens auch Gerhard Schröder. Er wird ja bei uns wegen seiner Geschäfte mit Russland negativ dargestellt. Ich habe ihn als sehr warmherzigen Typen kennengelernt, mit dem man lachen, tanzen, trinken und über sehr unterschiedliche Dinge reden möchte. Leider kam es nicht zu einem tieferen Austausch mit ihm. Unvergessen ist auch der Moment, als Lionel Richie, Gilberto Gil, Bono von U2 und Quincy Jones morgens um vier spontan zu einer Jam-Session ansetzten vor 10 Zuhörern. Das ist eines der grössten Geschenke für einen Hotelier: wenn weltberühmte Künstler so entspannt sind, dass solch intime Momente möglich werden.

**Weniger glücklich waren Sie, als die Familie Steigenberger die Hotelgruppe 2009 an den ägyptischen Tourismuskonzern Travco verkaufte. Die neuen Besitzer liessen Ernst Wyrsch nicht mehr als König von Davos walten...**

Als ich 2011 kündigte, ging ich aus Lust, nicht aus Frust. Aber wenn ich jetzt sehe, dass in den letzten 18 Monaten fünf Direktoren im Belvédère tätig waren, dann war es höchste Zeit zu gehen. Wir haben das Belvédère nach 16 defizitären Jahren zu einem der erfolgreichsten Ferienhotels der Schweiz gemacht. Die neuen Besitzer haben die Erfolgsgeschichte ohne Not zerstört, getrieben von Kontrolldenken und Konzeptverliebtheit. Man geht aber nicht zu Konzepten in die Ferien, sondern zu Menschen. Die Kernaufgabe eines Hoteliers ist nicht, seinen Betrieb zu managen, sondern Menschen glücklich zu machen. Er soll sich auf seine Kunden einlassen und er soll seinen Mitarbeitern Vertrauen und Wertschätzung entgegenbringen.

**Da spricht jetzt der Managementberater Ernst Wyrsch.**

Das, was ich im Hotel vorgelebt habe, kann ich jetzt an Führungskräfte weitergeben in Schulungen und Seminaren. Wenn ich vor drei Jahren über werteorientierte Führung referierte, hörten nur die Frauen zu. Jetzt interessieren sich auch die Männer dafür. Am 21. Dezember 2012 ist nicht die Welt untergegangen, aber sie hat sich gewandelt: Die Zeit ist jetzt reif für die Frage, wie wir mit weniger Aufwand mehr Erfolg haben können.

**Sie haben das offenbar schon früh herausgefunden. Während andere Hoteldirektoren nach vier, fünf Jahren so ausgebrannt sind, dass sie eine Auszeit brauchen, waren Sie im Nebenamt noch Präsident des Hockey-Clubs Davos...**

...und ich schaffte auf dem Golf-Platz ein Single-Handicap! Ich fühlte mich nie im Hamsterrad, weil ich stets genügend Ich-Zeit bezog. Das war nur möglich, weil ich mich sehr früh gefragt habe, was ich tun muss, damit die Mitarbeiter mehr leisten, als sie müssten, und gerne für ihren Chef durchs Feuer gehen. Einfache Antwort: Der Chef muss für seine Mitarbeiter da sein und sie mögen. Ich erlaubte zum Beispiel meinen Mitarbeitern, die Wellness-Anlage zu benutzen und die Hotelbar zu besuchen. Dadurch stiegen ihre Motivation und ihr Selbstwertgefühl, was wiederum den Gästen zugute kam. Ich mag es, im Mittelpunkt zu stehen, aber es wäre vermessen zu glauben, ich sei der einzige Vater des Erfolgs. Ohne starke Mitstreiter und glückliche Umstände wäre das nicht möglich gewesen. Gleichwohl bin ich überzeugt, dass es keinen Zufall gibt und man dem Schicksal auf die Sprünge helfen kann.

**Hat folglich jeder im Leben das Glück, das er verdient?**
Ja, das ist meine These, auch wenn das sehr radikal klingt. Die Einstellung eines Menschen manifestiert sich in seinem Verhalten, und dieses Verhalten zieht Glück oder Unglück an. Der Mensch ist mächtig, wenn er sich selber als mächtig empfindet.

**Vor zwei Jahren haben Sie noch 140 Angestellte geführt, nun machen Sie Schulungen und arbeiten als Glückscoach. Es ist schwer vorstellbar, dass Sie das ausfüllt.**
Es war ein harter Einschnitt, aber ich kann mich heute ausschliesslich um Sachen kümmern, die mir Spass machen. 15 Jahre lang war ich Gastgeber für Menschen zwischen 45 und 65, die bezüglich Karriere, Geld und Status alles erreicht hatten, aber dennoch latent unzufrieden waren. Durch die Gründung der Glücksakademie kann ich jene, die daran etwas ändern wollen, professionell begleiten. Viele stellen sich die falschen Fragen oder erhoffen sich von den falschen Dingen Glück. Mein Buch und meine Kurse können Inspiration sein, etwas zu verändern.

**Fiel es Ihnen leicht, aus dem Statusdenken auszusteigen? Konkret: Stört es Sie nicht, heute weniger zu verdienen als in der Zeit als Hoteldirektor?**
Derzeit werde ich für so viele Firmenseminare gebucht, dass ich nicht weniger verdiene, aber das Materielle hat heute nicht mehr die gleiche Bedeutung für mich. Bis vor zwei Jahren wollte ich jedes Jahr der bestbezahlte Hotelier in der Gruppe sein, der Platzhirsch. Heute ist mir vor allem wichtig, was ich bewegen kann.

**Und die Hotel-Branche vermissen Sie nicht?**
Ich bin Verwaltungsratspräsident des Kulm in Arosa und werde am 18. Januar zum Präsidenten von Hotellerie Graubünden gewählt. Als Oberhaupt einer Gemeinschaft von 374 Hotels kann ich meine Passion weiterleben. Mir ist es

ein grosses Anliegen, dass Schweizer Hoteliers wieder vermehrt mit geschwellter Brust auftreten und dass sie die Nähe zum Gast noch mehr verinnerlichen. «Raus aus den Büros und ran an den Gast» – das muss die Devise sein. Ich habe meine Gäste immer derart aufwändig betreut, dass sie unweigerlich von schlechtem Gewissen geplagt worden wären, wenn sie nicht mehr bei mir gebucht hätten. ■

***Kontakt und Information:*** *www.ernstwyrsch.ch*

***Literatur:*** *Ernst Wyrsch ‹Mit Herzblut. Vom Gastgeber zum Glücksbringer›, Wörterseh Verlag, Gockhausen 2012.*

aus steigen

# Teil 3: Lesen ist gut. Tun ist besser.

## Übungen und Tipps für die ersten Schritte

*Marco Zaugg*

um steigen

## Was finden Sie hier?

Vielleicht haben Ihnen einzelne Porträts oder Aussagen im einführenden Text einen Floh ins Ohr gesetzt, und Sie spüren Tatendrang über das Lesen hinaus oder haben Fragen, die Ihnen keine Ruhe mehr lassen. Dann finden Sie hier Anregungen für konkrete erste Schritte. Dies kann für den einen ein erstes Sich-Befassen und Anfreunden mit der Idee einer beruflichen Veränderung sein, für den anderen, dessen innerer Prozess schon viel weiter ist, geht es um Konkretisierung und Planung einer solchen Veränderung; und für den Dritten, der eigentlich schon lange weiss, was er machen möchte, steht die Umsetzung im Vordergrund.

Die nachfolgenden Anregungen und Tipps sind deshalb unterschiedlich. Einige überschneiden sich auch. Suchen Sie sich das heraus, was Sie anspricht!

*Weitere Materialien, Hinweise auf hilfreiche Bücher, Webseiten und professionelle Unterstützung, auch zu Stress und Burn-out, auf* ***www.aussteigen-umsteigen.ch.***

## Zur Einstimmung

### Notizheft

Kaufen Sie sich ein Heft oder ein Notizbuch und notieren Sie regelmässig: Was fällt Ihnen zu Ihrem Leben, Ihrer Berufssituation oder auch sonstwie auf? Was wünschen Sie sich? Wovon fürchten Sie sich? Worüber freuen oder ärgern Sie sich? Vielleicht ist es auch dieses Buch, das Sie zu Gedanken, Ideen usw. angeregt hat. Halten Sie diese schriftlich fest. Tragen Sie die Notizen immer bei sich und ergänzen Sie sie laufend. Indem Sie Ihre Gedanken zu Papier bringen, erhalten diese eine Form und können von aussen betrachtet werden. Das ist ein wichtiger erster Schritt. Nehmen Sie eine beobachtende, neutrale Haltung ein, vergleichbar mit der Haltung eines Journalisten oder Wissenschafters, der einfach feststellt, was er wahrnimmt, ohne es sogleich zu bewerten oder gar zu zensurieren. Seien Sie wohlwollend sich selber gegenüber, wie von Rumi im nachstehenden Gedicht ausgedrückt.

### Das Gasthaus

*Rumi*

Das menschliche Dasein ist ein Gasthaus.
Jeden Morgen ein neuer Gast.

Freude, Depression und Niedertracht –
auch ein kurzer Moment von Bewusstheit
kommt als unverhoffter Besucher.

Begrüsse und bewirte sie alle!
Selbst wenn es eine Schar von Sorgen ist,
die gewaltsam dein Haus
seiner Möbel entledigt,
selbst dann behandle jeden Gast ehrenvoll.
Vielleicht bereitet er dich vor
auf ganz neue Freuden.

Dem dunklen Gedanken, der Scham, der Bosheit –
begegne ihnen lachend an der Tür
und lade sie zu dir ein.

Sei dankbar für jeden, der kommt,
denn alle sind zu deiner Führung
geschickt worden aus einer anderen Welt.

### Ihr Ort

Kennen Sie einen besonderen Rückzugsort, wo Sie zur Ruhe kommen, Energie tanken oder sich ganz einfach daheim fühlen? Er kann in der Natur sein, vielleicht ein Sitzplatz, am Waldrand, am Wasser oder unter einem Baum, aber auch in Ihrer Wohnung, auf einem Balkon oder sonstwo. Entscheidend ist, dass Sie an diesem Ort Ihre Aufmerksamkeit nach innen richten können. Wenn Sie keinen solchen Ort haben, gehen Sie auf die Suche nach ihm oder schaffen Sie sich einen. Suchen Sie ihn regelmässig auf, besonders wenn Sie sich unentschlossen, verwirrt oder ohne Boden unter den Füssen fühlen. Dort müssen Sie nichts tun, niemand sein, sondern dürfen wie ein Zeuge einfach wahrnehmen, was ist und was in Ihnen hochkommt.

## ➔ Hinein in den Veränderungsmodus

### Auf Menschen zugehen

Gehen Sie innerlich Ihre Freunde und Bekannten durch, auch Leute, mit denen Sie beruflich Kontakt hatten, selbst wenn Sie schon lange nichts mehr von ihnen gehört haben. Gibt es jemanden, auf den Sie neugierig sind, von dem Sie wissen möchten, wie es ihm bis anhin ergangen ist? Melden Sie sich, treffen Sie sich oder machen Sie zusammen einen Spaziergang. Vielleicht haben Sie Hemmungen, sich nach langer Zeit ohne äusseren Anlass wieder zu melden? Was könnte er denken? Aber fragen Sie sich getrost: Was riskiere ich eigentlich? Was kann im schlimmsten Fall passieren? Vielleicht hat er tatsächlich keine Zeit oder keine Lust: Das können Sie aushalten. Es ist für Sie besser, in Kontakt zu treten und von jemandem ein Nein zu hören, als dass Sie sich auf ungeprüfte Annahmen gestützt selber eine Absage erteilen. Zudem: Meistens freuen sich die Menschen über solche Kontaktnahmen. Gewöhnen Sie sich an, mutig zu sein, sich selber und anderen gegenüber.

> *Wenn später einmal,*
> *warum nicht jetzt?*
> *Und wenn nicht jetzt,*
> *wie dann später einmal?*
> AUGUSTINUS

### Das Wort «man»

Gehören Sie zu den Leuten, die oft das Wort «man» benützen? Man sagt, man tut, man tut nicht, man denkt, man weiss, man glaubt, man lebt, oder man lebt nicht. Wer oft «man» sagt, wirkt schwammig, denn er versteckt sich hinter einer allgemeinen Aussage, bei der offen bleibt, ob er über sich spricht oder über die anderen. Entscheiden Sie sich dafür, das Wort «man» künftig durch «ich» zu ersetzen. Wenn Sie «man» sehr oft verwenden, wird die Umstellung kaum von einem Tag auf den anderen Tag möglich sein. Der erste Schritt ist, dass Sie es überhaupt merken, wenn Ihnen wieder ein «man» rausgerutscht ist. Sie können auch einen nahestehenden Menschen bitten, Sie darauf aufmerksam zu machen, wenn Sie wiederholt «man» sagen. Der zweite Schritt ist, dass Sie beim Registrieren, dass Sie «man» sagen, einfach umschalten. Nehmen Sie wahr, wie sich für Sie die Bedeutung Ihrer Aussagen verändert und wie Sie sich anders fühlen, wenn Sie «ich» sagen und wie Sie von anderen anders wahrgenommen werden. Was fällt Ihnen dabei auf? Schreiben Sie es nieder.

*Laufe nicht der Vergangenheit nach und verliere dich nicht in der Zukunft. Die Vergangenheit ist nicht mehr. Die Zukunft ist noch nicht gekommen. Das Leben ist hier und jetzt.*
BUDDHA

### Atmung

Es gehört zu unserer nach aussen orientierten und hektischen Lebensweise, dass wir uns kaum Zeit für uns selber nehmen. Dementsprechend atmen wir häufig kurz und flach. Haben Sie schon einmal beobachtet, wie tief und voll ein schlafendes Kind atmet? Nehmen Sie sich vor, Ihrer Atmung künftig Aufmerksamkeit zu schenken. Sie müssen nicht versuchen, immer tief zu atmen. Es genügt, dass Sie sich entscheiden, regelmässig zu beobachten, wie Sie atmen. Dann wird sich Ihre Atmung automatisch verändern. Hilfreich sind auch Erinnerungsstützen, indem Sie zum Beispiel einen Kleber mit einer Zeichnung an Ihren Badezimmerspiegel oder an Ihren PC heften, der Sie ans bewusste Atmen erinnert. Gerade in schwierigen Situationen ist es wichtig, den Atem frei fliessen zu lassen. Bewusstheit beim Atmen hilft uns, präsent zu sein und uns nicht von unseren Gedanken beherrschen zu lassen.

### Kleine Veränderungen

Wenn Sie Angst vor grossen Schritten haben, beginnen Sie mit kleinen. Wichtig ist, überhaupt in Bewegung zu kommen und sich an Veränderungen zu gewöhnen. Nehmen Sie einfach mal einen anderen Weg, wenn Sie immer einen bestimmten Weg zum Einkaufen oder Arbeiten gehen. Essen Sie einmal im «Sternen», wenn Sie sonst immer im «Kreuz» essen. Gehen Sie bewusst an einen Anlass, wo Sie sonst nicht hingehen würden – auch in einen Film oder an ein Konzert –, und lassen Sie sich überraschen. Lesen Sie ein Buch, bei dem Sie weder die Thematik noch den Autor kennen. Bitten Sie jemanden, Ihnen von seinen Anliegen zu erzählen. Wenn Sie überzeugt sind, ohne Kaffee nicht wach sein zu können, nehmen Sie einmal während einer Woche Tee und schauen Sie, was tatsächlich passiert. Überraschen Sie sich und andere mit Unerwartetem und gehen Sie Ihrer Neugierde nach. Täglich treffen wir Dutzende von Entscheidungen, die uns gar nicht bewusst sind. Meistens sind es unbewusste Entscheide für das Gewohnte. Wie wollen Sie etwas Grosses verändern, wenn Sie nicht mal in der Lage sind, Ihre kleinen alltäglichen Automatismen und Gewohnheiten zu durchbrechen? Ihre neue Haltung stärkt auch Ihre Willenskraft: Sie haben es in der Hand, Entscheidungen zu fällen und diese durchzuziehen. Üben Sie spielerisch im Kleinen!

> *Wege entstehen dadurch, dass wir sie gehen.*
>
> FRANZ KAFKA

### Persönliche Entwicklungsaufgabe

Schreiben Sie in die linke obere Ecke des untenstehenden Rechtecks ein «Talent» von Ihnen, wie Tatkraft, Offenheit, Spontaneität oder Einfühlsamkeit. Überlegen Sie dann, wohin sich diese (positive) Eigenschaft entwickelt, wenn man sie übertreibt: Wie heisst die Eigenschaft, wenn gewissermassen «zu viel des Guten» da ist? Vielleicht haben Sie von nahestehenden Menschen auch schon den Satz «Nun tu doch nicht so, übertreib doch nicht so!» gehört. Tragen Sie diese Eigenschaft in die rechte obere Ecke («Karikatur») ein. Tatkraft kann zum Beispiel in Aktivismus ausarten, Offenheit in Beliebigkeit, Spontaneität in Sprunghaftigkeit, Einfühlsamkeit in Angepasstheit. Überlegen Sie als Nächstes, bei welchen Eigenschaften anderer Menschen

Sie allergisch reagieren. Tragen Sie diese unten links bei «Allergie» ein, z. B. Apathie, Rechthaberei, Opportunismus, Sturheit. Dann überlegen Sie sich, was der positive Kern dieser Eigenschaft sein könnte, die Sie rot sehen lässt. Stellen Sie sich vor, Sie nehmen all das Zuviel, das Übertriebene weg, so dass nur der positive Kern bleibt. Von Apathie könnte das Geduld sein, von Rechthaberei Position beziehen, von Opportunismus Flexibilität und von Sturheit Durchsetzungskraft. Tragen Sie diese Eigenschaft in die rechte untere Ecke bei «Ihre Entwicklungsaufgabe» ein. Entwicklungsaufgabe und Karikatur sind interessanterweise meist Gegensätze, genauso wie Talent und Allergie

Haben Sie Ideen, wie Sie diese Eigenschaft bei Ihnen im Alltag verstärken könnten? Wenn Ihnen nichts einfällt: Vielleicht kommen Ihnen Situationen in den Sinn, in denen Sie immer wieder in Ihre automatisierten Reaktionsmuster verfallen und gerade die fragliche Eigenschaft die angemessene Reaktionsweise wäre. Probieren Sie diese neue Eigenschaft bei nächster Gelegenheit aus. Zeigen Sie sich beispielsweise ambitioniert, wenn Sie zur Bescheidenheit neigen.

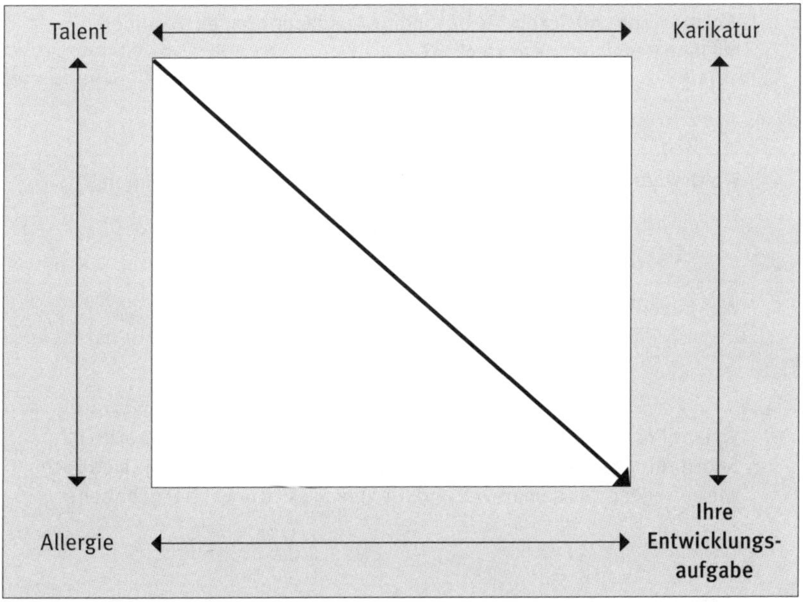


(NACH ANNEMARIE VAN DER MEER)

### Ihre Erfolge

Bevor Sie sich auf Neues einlassen, schlagen wir Ihnen einen wohlwollenden Blick zurück auf das bisher Erreichte vor. Da werden Ihnen einige Trouvaillen begegnen, die sich lohnt, auch in die Zukunft mitzunehmen. Nehmen Sie sich einen Moment Zeit und schreiben Sie auf, was Ihnen zu den einzelnen Fragen einfällt, unabhängig davon, ob die Erinnerungen aus der Kindheit, aus der Adoleszenz oder aus dem Erwachsenenalter stammen.

| |
|---|
| 1. Welche Momente des Erfolges, der Überwindung alter Grenzen, welche Erfahrungen des Gelingens sind in Ihnen als Erinnerung gespeichert?<br>..............................<br>.............................. |
| 2. Was sind Ihre Stärken, Ihre besonderen Fähigkeiten? Bei welchen Tätigkeiten, in welchen Situationen fühlen Sie sich wohl und sind mit sich und der Welt im Reinen?<br>..............................<br>.............................. |
| 3. Wo und wann entwickeln Sie besondere Ausdauer, können Sie andere mit Ihrer Begeisterung anstecken?<br>..............................<br>.............................. |
| 4. Wofür wurden Sie gelobt, wofür erhielten Sie besondere Anerkennung?<br>..............................<br>.............................. |
| 5. Was haben Sie gelernt?<br>..............................<br>.............................. |
| 6. Welche Prüfungen haben Sie schon bestanden? (Hier können Sie auch Ihre Sportprüfungen oder Ihre Führerprüfung eintragen – erinnern Sie sich noch, wie aufregend das damals war und wie sehr Sie sich angestrengt haben?)<br>..............................<br>.............................. |

7. Was haben Sie schon zustande gebracht, geleistet?

.......................................................................................................

.......................................................................................................

8. Was schätzen andere an Ihnen?

.......................................................................................................

.......................................................................................................

9. Was wurde Ihnen geschenkt? (Eigenschaften, Qualitäten, Talente usw.)

.......................................................................................................

.......................................................................................................

10. Gibt es den einen oder anderen Augenblick, auf den Sie stolz sein können?
Sind Sie in einer gefährlichen Situation mutig gewesen?
Haben Sie Zivilcourage bewiesen?

.......................................................................................................

.......................................................................................................

11. Ist mal ein Wunder geschehen, haben Sie ein (vielleicht sogar unverdientes) Glück genossen?

.......................................................................................................

.......................................................................................................

12. Welche Glücksmomente hat es in Ihrem Leben gegeben?

.......................................................................................................

.......................................................................................................

13. Gibt es besondere Stärken, Talente, angeborene oder früh erworbene Fähigkeiten, auf die Sie ohne Anstrengungen zurückgreifen können, die Ihnen in bestimmten Bereichen des Lebens eine beruhigende Sicherheit vermitteln?

.......................................................................................................

.......................................................................................................

(NACH GERHARD HUHN / HENDRIK BACKERRA, VGL. S. 320)

**Haben Sie eine aktive oder eine reaktive Grundhaltung?**

Wie nehmen Sie die Welt wahr? Haben Sie sich schon einmal gefragt, ob Sie eine aktive oder eine reaktive Grundhaltung haben? Fühlen Sie sich als Regisseur oder als Statist? Viele Leute sehen sich als Statist, als Opfer der äusseren Bedingungen. Das ist bequem, aber unbefriedigend. Kennen Sie Sätze wie «Da kann man sowieso nichts machen», «Ich möchte schon, aber man lässt mich nicht» oder «Die haben doch alle keine Ahnung!» Wer eine aktive Grundhaltung hat, fragt sich in Situationen, die ihm nicht passen: Was kann ich tun, damit es mir besser geht? Welche Handlungsmöglichkeiten habe ich, auch wenn die Bedingungen schwierig sind? Wie kann ich sie am besten nutzen?

| Reaktive Grundhaltung | Aktive Grundhaltung |
|---|---|
| Ich orientiere mich in erster Linie an dem, was ich kann. Was ich gern möchte, ist nicht wichtig. | Zuvorderst steht für mich die Frage, was ich tun will und wo ich hinwill. |
| Ich kann nur wenig, vor allem ist es das, was ich bei meiner jetzigen Arbeit anwende. | Ich habe viele Fähigkeiten und Talente, nur ein Teil hat mit meiner jetzigen Arbeit zu tun. |
| Mir ist wichtig, was andere von mir denken und erwarten. | Mir ist wichtig, ob ich mit mir im Reinen bin. |
| Entscheidend ist, was auf dem Arbeitsmarkt gerade gefragt ist: Dort versuche ich, einen Platz zu finden. | Was möchte ich tun? Dafür suche ich den passenden Arbeitsplatz. |
| Ich verstehe mich als Arbeit-Nehmer. | Ich bin mein eigener Laufbahnexperte/manager. |
| Arbeit ist ein knappes Gut. | Ich kann immer arbeiten. |
| Solange es einigermassen geht, bleibe ich, wo ich bin. | Ich überprüfe immer wieder, ob mein Job für mich noch stimmt. |
| Ich muss es meinem Arbeitgeber recht machen. | Mein Arbeitgeber ist mein Geschäftspartner auf Augenhöhe. |

Das ist eine grundsätzlich andere Art, die Welt wahrzunehmen. Der Blick ist auf mögliche Lösungen und nicht auf die Probleme gerichtet. Wer eine aktive Grundhaltung hat, tut sich leichter mit einer beruflichen Veränderung. Es ist deshalb sinnvoll, dass Sie sich bewusst werden, mit welcher Haltung Sie die Welt wahrnehmen. Anhand der nachfolgenden Aussagen können Sie selber herausfinden, ob Sie eher zum Statisten oder zum Regisseur neigen. Daraus ergibt sich zwangsläufig die Frage, wie es auch anders sein könnte, und daraus folgen erste Schritte zu einer neuen, aktiveren Haltung.

*Du bist deine eigene Grenze. Erhebe dich darüber.*

HAFIS

| Reaktive Grundhaltung | Aktive Grundhaltung |
|---|---|
| Wahre Qualität wird irgendwann anerkannt und belohnt. | Ich sorge dafür, dass meine Qualitäten gesehen werden. |
| Arbeit findet man in Stellenanzeigern und Jobbörsen. | Wenn ich weiss, was ich tun will, suche ich möglichst breit.<br>Wichtig ist mir der persönliche Kontakt zu Unternehmen, Menschen und Märkten.<br>Im Mittelpunkt stehen für mich Beziehungen und Netzwerke. |
| Ein lückenloser Lebenslauf ist extrem wichtig. | Wichtig ist, dass «meine Geschichte» und meine Motivation verstanden werden. |
| Ich streue möglichst viele und formell perfekte Bewerbungen. | Meine Bewerbung ist mein Portfolio, das von mir, meinen Zielen und Stärken berichtet.<br>Ich streue sie gezielt. |
| Experten sollen mir sagen, was ich kann und welcher Job zu mir passt. | Ich kann nur selber entscheiden, was ich beruflich tun möchte. |

(NACH THOMAS DIESBROCK, VGL. S. 320)

**Treffen Sie konkrete Abmachungen mit sich selber!**

Welche Leute tun Ihnen gut? Welche Dinge tun Ihnen gut? Und umgekehrt: Wer oder was tut Ihnen nicht gut? Entscheiden Sie sich, sich vermehrt mit Leuten abzugeben, die Ihnen guttun und die Sie inspirieren. Wenn Sie sich zu neuen Ufern aufmachen wollen, macht es wenig Sinn, darüber mit Leuten zu diskutieren, die immer nur jammern und sich gelähmt und voller Angst an dem festklammern, was sie haben. Suchen Sie den Kontakt zu Leuten, die Ihnen Mut machen und Kraft geben, die sich vielleicht auch mit ähnlichen Themen befassen wie Sie oder die gar schon weiter sind als Sie. Das Gleiche mit Tätigkeiten: Beobachten Sie genau, was Ihnen guttut und was zwar angenehm zerstreut, aber eher in die Kategorie Zeit- und Energiefresser fällt. Wenn es Ihnen guttut, Velo zu fahren oder tanzen zu gehen, tun Sie es. Vielleicht reizt Sie auch etwas, das Sie noch nicht kennen. Überlegen Sie nicht lange, sondern probieren Sie es aus. Sie merken dann sehr schnell, ob es zu Ihnen passt oder nicht. Die entscheidende Frage lautet: Ist jemand oder eine Tätigkeit für Ihre Entwicklung förderlich oder hinderlich? Wenn Sie sich dieser Frage stellen, beginnen Sie, Verantwortung für sich zu übernehmen und Ihr Leben in die eigenen Hände zu nehmen. Sie werden vom Opfer der Umstände zum Unternehmer in eigener Sache.

Es geht bei diesen Dingen nicht um Entscheidungen fürs Leben. Treffen Sie Abmachungen mit sich: «Ich werde das während eines Monats machen und schauen, wie es mir dabei geht. Nach einem Monat ziehe ich Bilanz und entscheide, ob ich das Experiment weiterführe oder ob ich es abbreche und etwas anderes ausprobiere.» Folgen Sie Ihrer Neugierde und gewöhnen Sie sich eine spielerische Haltung des Trial-and-error an: Probieren geht über Studieren.

*Die Gegenwart ist*
*die einzige Zeit,*
*die uns wirklich gehört.*

BLAISE PASCAL

**Entrümpelungsaktion**

Haben sich in Ihren Schränken, im Schreibtisch, im Keller oder im Estrich viele Dinge angesammelt, mit denen Sie eigentlich nichts mehr anfangen können? Durchkämmen Sie Ihre Kleider, Ihre Unterlagen, all die kleinen Sachen und Sächelchen, die Sie aufbewahren, weil Sie sie vielleicht einmal gebrauchen könnten. Bringen Sie alles Unnütze ins Brockenhaus, verschenken Sie es und entsorgen Sie das Unbrauchbare.

Indem wir uns von Sachen trennen, trennen wir uns auch von Gewohnheiten und schaffen Raum für Neues. Nicht von ungefähr empfiehlt *Fredmund Malik* Unternehmen und Führungspersonen, regelmässig einen Tag der systematischen Müllentsorgung durchzuführen. Nach dem Gesetz der Leere übt freier Raum eine Sogwirkung auf Neues aus (vgl. Gedicht auf *www.aussteigen-umsteigen.ch*). Indem Sie sich von Altem trennen, signalisieren Sie Ihrem Gehirn Offenheit für Neues. Wer sich Neuem öffnen will, muss deshalb erst mal Raum schaffen.

## ➔ Wie ticken Sie?

### Wie gehen Sie mit sich selber um?

Wie gehen Sie in den verschiedensten Lebensbereichen mit sich selber um? Eine Standortbestimmung kann Ihnen interessante Hinweise für Ihre Neuorientierung geben. Machen Sie bei denjenigen Aussagen ein Kreuz, die für Sie im Grossen und Ganzen zutreffen. Auf den Leerzeilen können Sie Ergänzungen machen. Überlegen Sie beim Ankreuzen nicht lange, sondern lassen Sie sich von Ihrem Gefühl und Ihrer Intuition leiten.

> *Überall geht ein frühes Ahnen dem späteren Wissen voraus.*
> ALEXANDER VON HUMBOLDT

**1. Gefühle**

- ☐ Wenn ich mit etwas nicht einverstanden bin, kann ich das auch ausdrücken.
- ☐ Meist ist mir bewusst, was ich gerade fühle und empfinde.
- ☐ Ich fühle mich frei, andern meine Gefühle mitzuteilen.
- ☐ Für mich ist es in Ordnung, sowohl heiter und fröhlich als auch ängstlich, traurig und verärgert zu sein.
- ☐ Ich kann anderen verständlich machen, was ich empfinde.
- ☐ Es beunruhigt mich nicht, wenn ich manchmal auch heftige Gefühle habe.
- ☐ Ich freue mich über Zuwendung, Anerkennung und Lob von anderen.
- ☐ Ich lache oft und gerne.
- ☐ Wenn ich traurig bin, gestatte ich mir, zu weinen.
- ☐ Ich nehme wahr, wenn andere bedrückt sind.
- ☐ Meine Ansichten und Interessen kann ich auch Menschen gegenüber vertreten, die sehr sicher auftreten.
- ☐ Ich kann Sexualität und Intimität geniessen.
- ☐ Wenn ich Hilfe brauche, bitte ich andere darum.
- ☐ Für mich sind Gefühle wichtig, auch wenn sie mich manchmal daran hindern, die Dinge «nüchtern» zu betrachten.
- ☐ Wenn ich verärgert oder zornig bin, fresse ich das nicht in mich hinein, sondern drücke meine Gefühle aus.
- ☐ Ich weiche Auseinandersetzungen nicht «um des lieben Friedens willen» aus.
- ☐ ............................................................
  ............................................................

## 2. Kreativität

- ☐ Ich habe Freude, mich durch Kunst, Tanz, Musik, Theaterspielen, Schreiben und Ähnliches auszudrücken.
- ☐ Ich habe oft Ideen und Einfälle, die aus mir selber kommen und in denen ich niemanden nachahme.
- ☐ Ich verbringe gerne täglich einige Zeit ohne Planung und Strukturierung.
- ☐ Es macht mir Spass, mich manchmal mit ungewöhnlichen Ideen zu beschäftigen und sie mit anderen auszutauschen.
- ☐ Spielen bereitet mir Freude.
- ☐ Ich interessiere mich für meine Träume und für das, was sie mir sagen könnten.
- ☐ ..............................................................................................................

  ..............................................................................................................

## 3. Entspannung und Schlaf

- ☐ Ich fühle mich selten müde und ausgelaugt (ausser nach einer anstrengenden Arbeit oder nach einer körperlichen Anstrengung).
- ☐ Ich schlafe abends leicht ein.
- ☐ Wenn ich aufgeweckt werde, fällt es mir normalerweise leicht, wieder einzuschlafen.
- ☐ Ich bekomme meist genug Schlaf und fühle mich morgens ausgeruht.
- ☐ Es gibt Zeiten, in denen ich gerne allein bin.
- ☐ Ich nehme mir regelmässig Zeit, um einem Hobby nachzugehen.
- ☐ Ich habe nicht ständig «etwas um die Ohren».
- ☐ Wenn es nicht möglich ist, ein Problem sofort zu lösen, kann ich es auch ruhen lassen.
- ☐ Ich meditiere täglich mindestens fünfzehn bis zwanzig Minuten oder entspanne mich auf andere Weise bewusst.
- ☐ Ich habe öfter ein Gefühl von innerer Ruhe und Frieden.
- ☐ ..............................................................................................................

  ..............................................................................................................

## 4. Körperliche Aktivität

- ☐ Ich fühle mich entsprechend meinem Alter fit.
- ☐ Ich steige häufig Treppen, statt den Lift zu benützen.
- ☐ Meine täglichen Aktivitäten schliessen mittlere Anstrengungen wie Gartenpflege oder Fusswege während der Arbeit ein.

- ☐ Ich gehe täglich mindestens zwei Kilometer.
- ☐ Mindestens drei Mal pro Woche laufe ich mindestens 30 Minuten oder übe eine andere Ausdauersportart an der frischen Luft aus.
- ☐ Einmal pro Tag mache ich fünfzehn bis zwanzig Minuten Yoga oder führe andere Dehn-, Streck- oder Entspannungsübungen durch.
- ☐ Ich mache fast täglich Gymnastik.
- ☐ Ich gehe ein- bis zweimal im Monat in die Sauna.
- ☐ ..............................................................................................................

  ..............................................................................................................

## 5. Körperliche Fürsorge

- ☐ Meinen Gesundheitszustand lasse ich jährlich einmal genau prüfen.
- ☐ Ich rauche nicht.
- ☐ Ich sorge dafür, dass ich mich so wenig wie möglich Abgasen, chemischen Dämpfen oder extremem Lärm aussetze.
- ☐ Ich nehme Änderungen in meinem körperlichen, seelischen und geistigen Befinden bewusst wahr und suche fachliche Hilfe bei auffälligen Symptomen.
- ☐ Medikamente nehme ich nur selten.
- ☐ Bei Unwohlsein verwende ich natürliche Heilmittel aus meiner «Hausapotheke».
- ☐ Ich sorge dafür, dass ich regelmässig ausreichend Schlaf bekomme.
- ☐ Ich verwöhne mich, zum Beispiel durch Massagen, Nichtstun usw., ohne mich schuldig zu fühlen.
- ☐ ..............................................................................................................

  ..............................................................................................................

## 6. Ernährung

- ☐ Ich esse vorwiegend dann, wenn ich Hunger habe.
- ☐ Ich bevorzuge rückstandsarme Nahrung ohne chemische Zusätze.
- ☐ Ich esse selten raffinierte Nahrung wie Zucker.
- ☐ Ich lege Wert darauf, natürliche Lebensmittel zu essen.
- ☐ Abends nehme ich in der Regel eine leichte Mahlzeit zu mir.
- ☐ Täglich trinke ich mindestens zwei Liter Flüssigkeit.
- ☐ Ich trinke höchstens zwei Tassen Kaffee oder Schwarztee pro Tag.
- ☐ Ich konsumiere an mindestens drei Tagen pro Woche keine alkoholischen Getränke.

- ☐ Mein Körpergewicht ist normal.
- ☐ Ich nehme mir Zeit und Ruhe für meine Mahlzeiten.
- ☐ Ich lasse mir nach dem Essen fünf Minuten Zeit, bevor ich wieder aktiv werde.
- ☐ ..............................................................................................................

..............................................................................................................

## 7. Arbeit

- ☐ Meine berufliche Tätigkeit macht mir Spass.
- ☐ Ich verrichte meine Arbeit in einer angenehmen Umgebung.
- ☐ Ich arbeite gerne mit meinen Mitarbeitenden zusammen.
- ☐ Ich fühle mich selten in unangemessener Weise bewertet und kontrolliert.
- ☐ Mein Arbeitsplatz gefährdet mich nicht (durch Chemikalien, giftige Gase, Strahlen, Staub, schlechte Luft, extreme Temperaturen, Lärm, grosse Unfallgefahr und Ähnliches).
- ☐ Ich fühle mich selten unter Druck oder gehetzt.
- ☐ Ich fühle mich nicht häufig überfordert.
- ☐ Wenn ich Spannungen mit Vorgesetzten oder Mitarbeitenden habe, finden wir meist Lösungsmöglichkeiten.
- ☐ Ich kann meine Arbeit grösstenteils selber einteilen.
- ☐ Während der Arbeit habe ich genügend Pausen.
- ☐ Ich empfinde meine Arbeit als sinnvoll und anregend.
- ☐ Finanziell fühle ich mich sicher.
- ☐ ..............................................................................................................

..............................................................................................................

## 8. Wohnen

- ☐ Ich bin mit meiner Wohnsituation zufrieden.
- ☐ Ich fühle mich in meiner Wohnung zu Hause.
- ☐ Ich habe guten Kontakt zu Mitbewohnern und Nachbarn.
- ☐ Ich mag die Strasse und die Umgebung, in der ich wohne.
- ☐ Die Wohnbedingungen (Grösse der Wohnung, Grünflächen, frische Luft, Geschäfte) sind genau richtig für mich.
- ☐ ..............................................................................................................

..............................................................................................................

### 9. Zwischenmenschliche Beziehungen und soziales Interesse

- ☐ Ich erlebe im Alltag häufig offene, vertrauensvolle Gespräche.
- ☐ Das Zusammensein mit Freunden geniesse ich.
- ☐ Mit meinem Sexualleben bin ich zufrieden.
- ☐ Ich informiere mich über lokale, nationale und internationale Entwicklungen.
- ☐ Ich habe Interesse an gesellschaftlichen Problemen und unterstütze Personen und Gruppen meiner Wahl.
- ☐ Ich investiere Zeit und gebe Geld für Ziele aus, die mir wichtig sind.
- ☐ Ich bin Mitglied einer oder mehrerer Gruppen (Club, soziale/wirtschaftliche Organisation, Verein oder Ähnliches).
- ☐ Ich finde ein gutes Gleichgewicht zwischen Rücksichtnahme und Durchsetzung eigener Interessen in Alltagssituationen.
- ☐ Ich berühre andere Menschen, wenn ich das Bedürfnis danach habe.
- ☐ ich habe soziale Beziehungen, die mich auch in schwierigen Situationen tragen.
- ☐ ..........................................................................................

  ..........................................................................................

### 10. Leben

- ☐ Mein persönliches Dasein erscheint mir sinnvoll.
- ☐ Mein tägliches Leben ist oft voller Freude und Befriedigung.
- ☐ Es macht mir keine Angst, alt zu werden.
- ☐ Wenn ich an den Tod denke, dann fühle ich mich vorbereitet und ohne Angst.
- ☐ Wenn ich heute sterben müsste, dann hätte ich das Gefühl, dass mein Leben einen Wert hatte.
- ☐ Auch die schweren Zeiten in meinem Leben haben für mich Bedeutung und Sinn.
- ☐ Die Art, wie ich die Menschen, die Welt und meine Existenz sehe, gibt mir Kraft.
- ☐ Ich habe ein Grundvertrauen in das Leben.
- ☐ Ich bewahre im Alltag trotz aller Tagesaufgaben den Blick auf meine Lebensziele.
- ☐ Auch wenn manche Situationen schwierig sind, macht es mir Freude, zu leben.
- ☐ Veränderungen in meinem Leben machen mir keine Angst.
- ☐ ..........................................................................................

  ..........................................................................................

(NACH FRAUKE TEEGEN)

**Auswertung**

| Bereich | 0 % = −2 | 25 % = −1 | 50 % = 0 | 75 % = +1 | 100 % = +2 |
|---|---|---|---|---|---|
| 1. Gefühle | | | | | |
| 2. Kreativität | | | | | |
| 3. Entspannung | | | | | |
| 4. Körperliche Aktivität | | | | | |
| 5. Körperliche Fürsorge | | | | | |
| 6. Ernährung | | | | | |
| 7. Arbeit | | | | | |
| 8. Wohnen | | | | | |
| 9. Zwischenmenschliches | | | | | |
| 10. Leben | | | | | |
| **Gesamtwert** | | | | | |

**Vorgehen**

- Addieren Sie für jeden Bereich die Kreuze.
- Bilden Sie für jeden Bereich folgenden Bruch: Anzahl Kreuze/höchstmögliche Anzahl Kreuze. Die Leerzeile zählen Sie nur, wenn Sie etwas ergänzt haben.
- Rechnen Sie die Brüche in Prozentzahlen um und kreuzen Sie denjenigen Wert an, welcher der jeweiligen Prozentzahl am nächsten steht.
- Beispiel: Angenommen, Sie haben in einem Bereich von 16 möglichen Kreuzen 11 Kreuze gemacht. Das ergibt einen Bruch von 11/16. Umgerechnet in Prozent ergibt dies gerundet 75 %. Sie kreuzen also in der Auswertungstabelle +1 an.
- Den Gesamtwert errechnen Sie, indem Sie alle Kreuze ins Verhältnis zur höchstmöglichen Punktzahl setzen (diese liegt bei 97, wenn Sie keine Leerzeilen ergänzt haben).

Der Auswertungstabelle können Sie nun auf einen Blick entnehmen, in welchen Bereichen Veränderungen anstehen: In allen Bereichen, in denen Sie einen Wert von −2, −1 oder 0 haben, lässt sich Ihr Umgang mit sich selber verbessern.

**Wie funktionieren Sie?**

Das nachfolgende Schema hilft Ihnen, sich ein Bild davon zu machen, wie Sie funktionieren. Die vier Achsen des Schemas benennen die vier menschlichen Grundausrichtungen (Verhaltensorientierung nach *Fritz Riemann*). Auf jeder Zeile der vier Achsen ist jeweils eine Grundeigenschaft benannt, wobei links der positive Kern und rechts die Übertreibung derselben Eigenschaft steht («zu viel des Guten»), z. B. «exakt» und «pingelig». Kreuzen Sie die Eigenschaften an, die für Sie eine wichtige Rolle spielen. Sie haben dafür insgesamt 20 Kreuze zur Verfügung. Entscheiden Sie sich für diejenigen, welche für Sie am meisten zutreffen. Dabei spielt es für die Auswertung keine Rolle, ob Sie das Kreuz beim positiven Kern, bei der Übertreibung oder in der Mitte der Zeile machen.

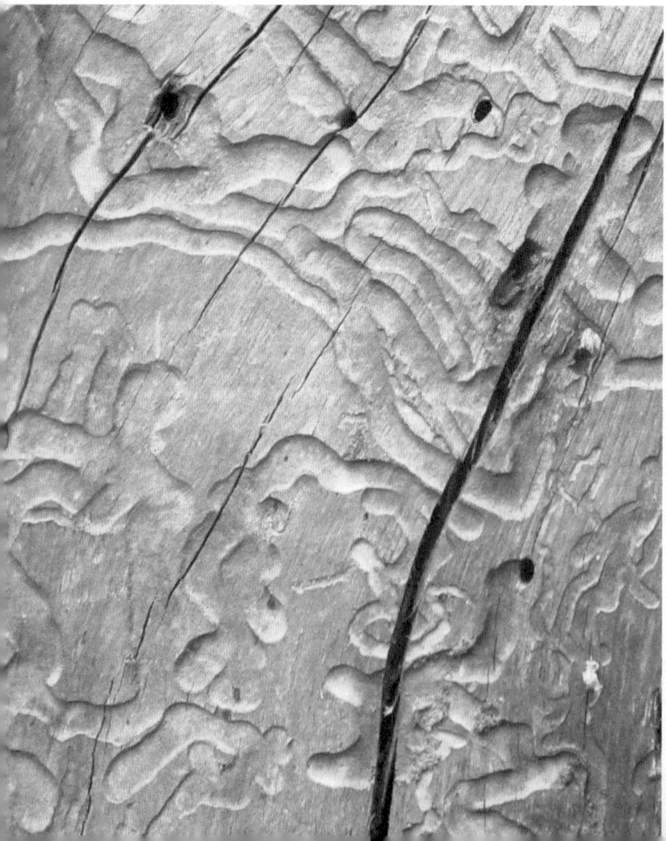

**Ich / Autonomie**

selbstsicher – gleichgültig gegen andere
konsequent – unnachgiebig
distanzierungsfähig – kontaktschwach
entscheidungsfreudig – einsame Entschlüsse
unbeirrbar – störrisch
kritisch – misstrauisch
eigenständig – eigenbrötlerisch
skeptisch – menschenfeindlich
zielstrebig – unsensibel für andere
unabhängig – stur, losgelöst

**Ordnung / Sicherheit**

exakt – pingelig
pünktlich – pedantisch
systematisch – starr
ausdauernd – verbissen
fleissig – streberhaft
zuverlässig – langweilig
sauber – putzwütig
verlässlich – bieder
vorsichtig – kleinlich
planend – unflexibel

**Freiheit / Bewegung**

spontan – chaotisch
gewandt – oberflächlich
flexibel – sprunghaft
situationssensibel – ablenkbar
risikofreudig – leichtsinnig
innovationsfreudig – unstet
mitreissend – launisch
beweglich – flatterhaft
grosszügig – flüchtig
abenteuerfreudig – unzuverlässig

**Du / Resonanz**

resonanzfähig – resonanzabhängig
einfühlsam – nachgiebig
kameradschaftlich – kumpelhaft
hilfsbereit – aufdringlich
verstehend – lästig
beratend – sich selber überfordernd
empfindsam – empfindlich
zugewandt – klettenhaft
kooperativ – unselbständig
vertrauend – resignierend

Zeichnen Sie nun das nachfolgende leere Profil ohne das gestrichelte Rechteck ab (Sie finden unter *www.aussteigen-umsteigen.ch* auch ein leeres Profil zum Ausdrucken). Addieren Sie dann die Anzahl Kreuze für jede der vier Achsen und tragen Sie diese auf dem Profil ein. Verbinden Sie dann die vier Punkte zu einem Rechteck (siehe gestrichelte Linie als Beispiel).

Auf dem Bild, das sich daraus ergibt, sehen Sie, welche der vier menschlichen Grundausrichtungen bei Ihnen stark und welche schwächer ausgeprägt sind. Gehen Sie jetzt die Eigenschaften bei denjenigen Achsen nochmals einzeln durch, die bei Ihnen wenig ausgeprägt sind. Vielleicht ertappen Sie sich dabei, dass Sie die Tendenz haben, andere Personen, die bei diesen Achsen stark ausgeprägt sind, durch die Brille der Übertreibung zu sehen. Konzentrieren Sie sich nun auf die linke Seite der jeweiligen Eigenschaft (positiver Kern) und überlegen Sie sich, wo und wie Sie in Ihrem Leben für sich diesen Eigenschaften konkret auch mehr Raum geben könnten. Oft sind nämlich gerade die Eigenschaften, die uns bei anderen Personen ärgern, diejenigen, die wir für uns selber stärker entwickeln sollten (siehe auch Übung S. 274–275).

*Man weiss nie, was daraus wird,*
*wenn die Dinge verändert werden.*
*Aber weiss man denn, was daraus wird,*
*wenn sie nicht verändert werden?*
ELIAS CANETTI

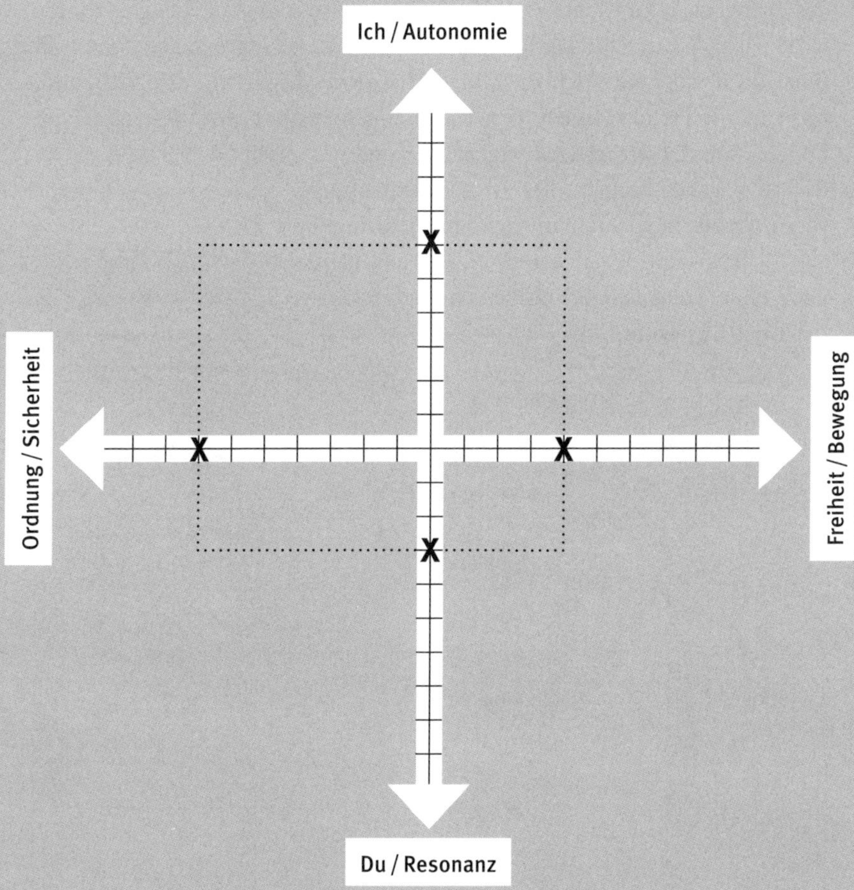


(NACH FRITZ RIEMANN, VGL. S. 320)

### Dringlichkeit

Wir neigen im Alltag oft dazu, uns einzig nach dem Dringlichen zu orientieren. Dabei ist es durchaus richtig, Dringliches dann zuerst zu erledigen, wenn es wichtig ist. Oft erledigen wir aber unter dem Deckmäntelchen des Dringlichen Unwichtiges und häufig geben wir uns mit Dingen ab, die weder dringlich noch wichtig sind. Der sich daraus ergebende Zeitmangel führt dazu, dass wir wichtige Dinge, die nicht gleichzeitig dringlich sind, nicht an die Hand nehmen. Es ist jedoch gerade diese letzte Kategorie von Dingen, mit der wir unserem eigenen Leben oder unserer Arbeit eine andere Richtung geben können. Die Art der Einteilung von Aufgaben in wichtige/unwichtige und dringliche/nicht dringliche ist als Eisenhower-Prinzip, nach dem früheren US-Präsidenten und Alliierten-General, bekannt.

*Es ist nicht wenig Zeit, die wir haben, sondern es ist viel Zeit, die wir nicht nutzen.*
SENECA

**Eisenhower-Quadrant**

| | wichtig | nicht wichtig |
|---|---|---|
| dringend | Notwendigkeit | Täuschung |
| nicht dringend | Qualität | Verschwendung |

Nehmen Sie sich einen Moment Zeit, um über folgende Fragen nachzudenken (nach Stephen R. Covey):

- Welche Tätigkeit hätte Ihres Wissens mehr als alle anderen bedeutende positive Auswirkungen für Ihr Privatleben, wenn Sie sie richtig und konsequent ausüben würden (beispielsweise ein altes Ihnen liebes Hobby wieder von Zeit zu Zeit pflegen, regelmässig allein spazieren gehen oder mit Ihrer Partnerin oder Ihrem Partner periodisch gemeinsam etwas unternehmen)?
- Welche Tätigkeit hätte Ihres Wissens mehr als alle anderen bedeutende positive Auswirkungen für Ihr Berufsleben, wenn Sie sie richtig und konsequent ausüben würden (beispielsweise die wichtigen aber nicht dringenden Aufgaben auflisten und für diese in Ihrer Agenda Zeit reservieren)?
- Gehen Sie die Tätigkeiten, die Sie regelmässig erledigen, durch: Welche sind weder wichtig noch dringend? Welche sind zwar dringend aber nicht wichtig? Wie wäre es, wenn Sie solche Tätigkeiten künftig einfach liegenlassen und damit Raum für die wirklich wichtigen Tätigkeiten schaffen?

Auch wer sich diese Fragen nicht stellt, entscheidet. Allerdings ist diese Entscheidung unbewusst.

> *Nur eine bewusste Entscheidung für das Wichtige verhindert eine unbewusste Entscheidung für das Unwichtige.*
> STEPHEN R. COVEY

## Woher kommen Sie und wo stehen Sie?

### Warum wollen Sie weg?

Was genau sind die Gründe, dass es Ihnen da, wo Sie jetzt sind, nicht mehr passt? Warum wollen Sie weg?

Sammeln Sie auf einem Blatt Papier mit der Mindmapping-Technik alles, was Ihnen an Ihrem Job missfällt (eine Anleitung zur Mindmapping-Technik finden Sie unter *www.aussteigen-umsteigen.ch*). Zensurieren Sie sich nicht, es kann Wichtiges, weniger Wichtiges, Grosses und Kleines sein. Trauen Sie sich, subjektiv zu sein. Dann versuchen Sie das, was Sie aufgeschrieben haben, möglichst genau und konkret zu fassen. Wenn Sie zum Beispiel schreiben, Ihre Arbeit sei langweilig: Gilt das wirklich für alle Tätigkeiten? Für welche gilt es besonders? Welche sind ganz in Ordnung? Liegt das nur an der Tätigkeit an sich oder auch an Ihnen? Ûberlegen Sie sich bei jedem Punkt, welchen Anteil Sie möglicherweise daran haben, dass es so ist, wie es ist? Wenn Ihr Chef Ihnen immer nur die langweiligsten Arbeiten gibt: Woran könnte das liegen? Was haben Sie bisher getan, um das zu ändern oder damit das so ist? Schreiben Sie Hypothesen und Vermutungen auf. Betrachten Sie nun jeden Punkt, der Ihnen nicht passt, und fragen Sie sich, was Sie in Zukunft brauchen und tun können, um in dieser Hinsicht zufrieden zu sein.

> *Die Arbeit soll dein Pferd sein, nicht dein Reiter.*
> PERSISCHES SPRICHWORT

## Fragen zu Ihrer Herkunftsfamilie

1. In welchem beruflichen Milieu sind Sie aufgewachsen?
   (Akademiker, Handwerker, Arbeiter, Künstler, Lehrer usw.)

   ..............................................................................................................

   ..............................................................................................................

   ..............................................................................................................

2. Welche Berufe haben Ihre Eltern ausgeübt?

   Vater ..............................................................................................

   Mutter ............................................................................................

3. Welche ungelebten beruflichen Träume hatten Ihre Eltern?

   Vater ..............................................................................................

   Mutter ............................................................................................

4. Welche Berufe kommen in der erweiterten Familie
   (Grosseltern, Onkel, Tanten, Cousins, Geschwister usw.) vor?

   ..............................................................................................................

   ..............................................................................................................

   ..............................................................................................................

5. Wenn im Wohnzimmer Ihrer Eltern das Motto für ihre Einstellung zur Arbeit hängen würde, wie würde es lauten?

   ..............................................................................................................

   ..............................................................................................................

   ..............................................................................................................

6. Welche Wünsche gab es in Ihrer Herkunftsfamilie in Bezug auf Ihre berufliche Entwicklung?

   ..............................................................................................................

   ..............................................................................................................

   ..............................................................................................................

| |
|---|
| 7. Gab es in Ihrer Familie «Prophezeiungen» zu Ihrer beruflichen Laufbahn? (z. B.: Du wirst sicher mal Künstler. Aus dir wird eh nichts Rechtes! Du wirst sicher mal Chef!) Von wem stammen sie?<br>……………………………………<br>……………………………………<br>…………………………………… |
| 8. Mit welchem Berufswunsch hätten Sie Ihre Eltern vor den Kopf gestossen?<br>……………………………………<br>……………………………………<br>…………………………………… |
| 9. Betrachten Sie nun das Gesamtbild, das sich ergibt: Sehen Sie Parallelen zwischen den Einstellungen und Glaubenssätzen in Ihrer Familie und der Situation, in der Sie sich aktuell befinden? Was fällt Ihnen auf? Welche Fragen tauchen auf?<br>……………………………………<br>……………………………………<br>…………………………………… |

(NACH THOMAS DIENER, VGL. S. 320)

Betrachten Sie nun das Gesamtbild, das sich ergibt: Sehen Sie Parallelen zwischen den Einstellungen und Glaubenssätzen in Ihrer Familie und der Situation, in der Sie sich aktuell befinden? Was fällt Ihnen auf? Welche Fragen tauchen auf?

> *Die Allerweltsweisheit lehrt,*
> *dass es besser für das Ansehen ist,*
> *auf konventionelle Art zu versagen,*
> *als auf ungewöhnliche Art*
> *Erfolg zu haben.*
> GILBERT KEITH CHESTERTON

### Der rote Faden Ihrer Laufbahn

Die nachfolgenden Fragen helfen Ihnen, den roten Faden, der sich durch Ihre bisherige Laufbahn zieht, zu erkennen. Dabei können Ihnen jene Botschaften, Ereignisse, Umstände und inneren Programme bewusst werden, die Ihre Einstellungen, Ihr Denken, Handeln und Fühlen in Bezug auf Ihre Laufbahn geprägt haben. Nehmen Sie sich Zeit und beantworten Sie die Fragen schriftlich:

| |
|---|
| 1. Was fällt Ihnen ein, wenn Sie das Wort «Karriere» hören?<br>……………………………………………………<br>…………………………………………………… |
| 2. Haben Sie eine gute Arbeitssituation? Wie ist es dazu gekommen?<br>……………………………………………………<br>…………………………………………………… |
| 3. Was haben Sie bisher getan, um dahin zu gelangen, wo Sie jetzt stehen? Was haben Sie nicht getan? Wie haben Sie Ihre eigene Karriere geplant?<br>……………………………………………………<br>…………………………………………………… |
| 4. Befinden Sie sich zurzeit eher in einer Phase der Stagnation oder der Weiterentwicklung?<br>……………………………………………………<br>…………………………………………………… |
| 5. Sind Sie irgendwelchen Botschaften oder Erwartungen von aussen gefolgt? Wie lauten diese? Woher stammen sie?<br>……………………………………………………<br>…………………………………………………… |
| 6. Gibt es Dinge, die Ihnen gewissermassen in den Schoss gelegt wurden, die Ihnen immer leicht fielen? Welche?<br>……………………………………………………<br>…………………………………………………… |

7. Wo hatten Sie zu kämpfen, welche Dinge wurden Ihnen nicht geschenkt?

........................................................................................................................

........................................................................................................................

8. Sind Sie auf Ihrem Berufsweg einem bestimmten Leitspruch gefolgt? Wie lautet er und woher stammt er?

........................................................................................................................

........................................................................................................................

9. Was wollten Sie eigentlich immer tun, haben es aber nie getan?

........................................................................................................................

........................................................................................................................

10. Was war Ihnen in Ihrem Berufsleben immer sehr wichtig?

........................................................................................................................

........................................................................................................................

11. Worauf hätten (oder haben) Sie verzichtet, um Ihre Karriere zu verwirklichen?

........................................................................................................................

........................................................................................................................

12. Was hätten Sie auf keinen Fall zurückgelassen oder aufgegeben?

........................................................................................................................

........................................................................................................................

13. Wer hat Ihnen in Ihrer bisherigen Laufbahn am meisten geholfen? Wodurch?

........................................................................................................................

........................................................................................................................

14. Welche Bedeutung haben Geld, Rang und Titel in Ihrem Leben?

........................................................................................................................

........................................................................................................................

15. Welche Ihrer Eigenschaften oder Talente haben Ihnen bisher am meisten geholfen?

........................................................................................................................

........................................................................................................................

| |
|---|
| 16. Gibt es zwischen den Betrieben und Organisationen, in denen Sie gearbeitet haben, Ähnlichkeiten? Wenn ja, welche? Wenn nein, welches sind die wesentlichen Unterschiede?<br>……………………………………<br>…………………………………… |
| 17. Was ist für Sie in Ihrem Berufsleben erstrebenswert?<br>……………………………………<br>…………………………………… |
| 18. Was ist für Sie in Ihrem Privatleben erstrebenswert?<br>……………………………………<br>…………………………………… |
| 19. Wie gut gelingt es Ihnen, Ihr Berufs- und Ihr Privatleben zu vereinbaren? Was gelingt Ihnen besser? Was gelingt Ihnen weniger gut?<br>……………………………………<br>…………………………………… |
| 20. Haben sich Ihre bisherigen Investitionen an Zeit und Kraft rückblickend gelohnt?<br>……………………………………<br>…………………………………… |
| 21. Würden Sie denselben Berufsweg nochmals beschreiten? Wenn nein, was würden Sie aus heutiger Sicht anders machen?<br>……………………………………<br>…………………………………… |
| 22. In welche Richtung zielt momentan Ihre berufliche Weiterentwicklung?<br>……………………………………<br>…………………………………… |
| 23. Welche Anstrengungen werden Sie unternehmen, um Ihre jetzige berufliche Situation weiterzuentwickeln?<br>……………………………………<br>…………………………………… |

24. Welche Erwartungen haben Sie an Ihren Partner, an Ihre Kinder?

........................................................................................................................

........................................................................................................................

25. Welche Eigenschaften und Fähigkeiten machen in Ihren Augen eine erfolgreiche Führungskraft/Fachkraft aus?

........................................................................................................................

........................................................................................................................

26. Wenn Sie sich Ihre Antworten ansehen: Würden Sie einen Bewerber, von dem Sie genau die gleichen Antworten erhalten, als Mitarbeiter/Führungskraft in Ihrer Organisation einstellen?

........................................................................................................................

........................................................................................................................

(NACH HANS-GEORG HAUSER)

Gehen Sie nun Ihre Antworten nochmals durch: Was haben Sie durch die Beantwortung der Fragen über sich erfahren? Wie fühlen Sie sich? Was kommt in Ihnen hoch? Bei welchen Antworten stellen Sie sich Fragen? Wo steht bei Ihnen etwas an? Welche Ideen haben Sie für Ihre Weiterentwicklung gewonnen? – Vielleicht haben Sie auch Lust, diese Fragen gemeinsam mit einem guten Freund oder einem Gesprächspartner, der gut zuhören kann, zu vertiefen.

*Wenn du entdeckst, dass du ein totes Pferd reitest, steig ab.*
INDIANISCHES SPRICHWORT

**Lebensrad**

Die Grafik widerspiegelt die verschiedenen Lebensbereiche. Fünf Felder sind bereits benannt. Für die zwei letzten Felder können Sie frei zwei weitere für Sie wichtige Bereiche wählen, zum Beispiel Gesundheit und Fitness, Sicherheit, Spiritualität, persönliche Weiterentwicklung oder irgendeinen Lebensbereich, der für Sie neben den fünf genannten besonders wichtig ist.

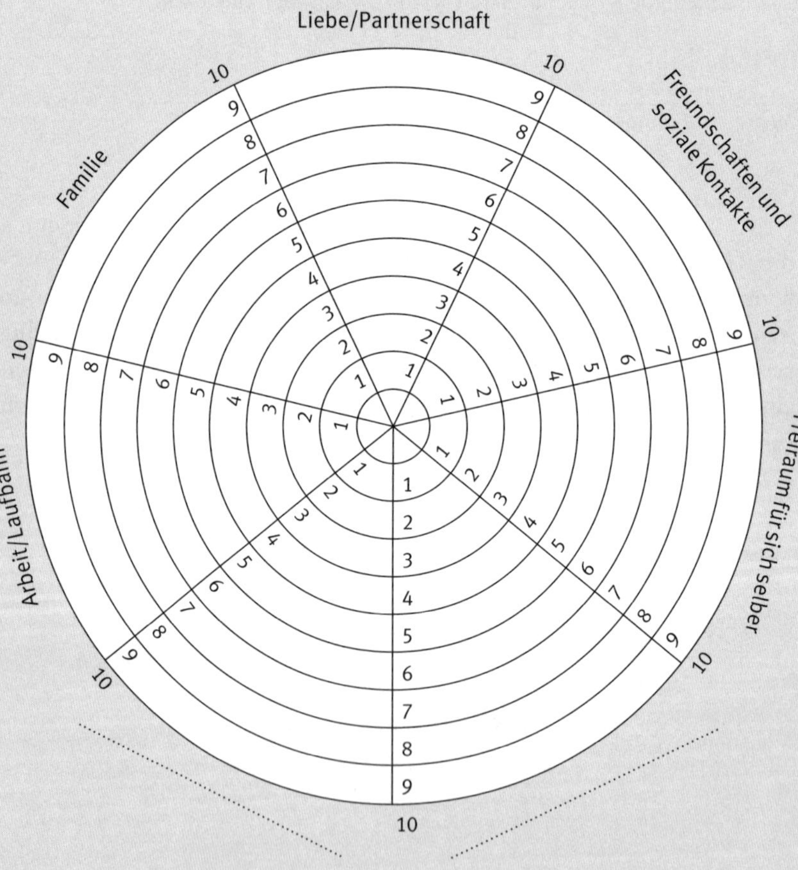

Beantworten Sie jetzt (auf einer Skala von 1 bis 10) zu jedem Bereich die Frage: Wie zufrieden bin ich in diesem Bereich? Überlegen Sie nicht lange. Die allererste Idee, die Ihnen durch den Kopf geht, ist die momentan richtige. Fällt Ihnen zum Beispiel bei Arbeit/Laufbahn eine Vier ein, malen Sie das entsprechende Kreissegment bis zur Vier aus. Dann bearbeiten Sie alle weiteren Segmente entsprechend.

Als Nächstes konzentrieren Sie sich auf das, was weiss geblieben ist. Sie sehen das Ungleichgewicht im Lebensrad auf einen Blick. Widmen Sie sich nun den weissen Bereichen in jedem Feld. Folgende und weitere Fragen können Ihnen dabei weiterhelfen:

- Wie kommt es, dass ich unzufrieden bin?
- Was möchte ich verbessern?
- Habe ich Ideen, wie das konkret umzusetzen ist?
- Was will ich nicht mehr und was will ich stattdessen?
- Wie viel Zeit wende ich heute in diesem Bereich auf, und wie viel Zeit will ich künftig dafür einsetzen?

*Das Glück deines Lebens hängt von der Beschaffenheit deiner Gedanken ab.*
MARK AUREL

Sie können nun die Wirkung der gewünschten Veränderungen testen, indem Sie sich vorstellen, an einem Mischpult mit einem Schieberegler zu sitzen: Wenn Sie einen Bereich hoch regeln, müssen Sie einen andern tiefer einstellen. Denn Sie haben zwar für jeden Bereich 100 % zur Verfügung, aber gesamthaft haben Sie nicht mehr als Ihre Lebenszeit zur Verfügung, und die ist bekanntlich begrenzt.

Es geht allerdings nicht darum, die Zeit jetzt rechnerisch auf alle Bereiche gleichmässig verteilen zu wollen. Je nach Lebensphase nehmen gewisse Bereiche gegenüber den anderen mehr oder weniger Zeit in Anspruch. Wenn Sie eine neue Führungsposition übernehmen oder einen Betrieb gründen, ist das zeitintensiv. Aber es geht darum, jedem Bereich, der für Sie wichtig ist, auch im praktischen Leben ein spürbares Gewicht zu geben. Entscheidend ist, wie zufrieden Sie in Bezug auf den jeweiligen Bereich sind.

### Ihre Werte

Denken Sie in aller Ruhe darüber nach, welche Werte oder Bedürfnisse in Ihrem Leben für Sie wichtig sind: Wonach streben Sie? Was wollen Sie leben und erleben? Was treibt Sie an? Was lässt Sie Dinge so tun, wie Sie sie tun? Was wünschen Sie sich, damit Ihr Leben lebenswert ist oder bleibt? Was ist es, was das Leben für Sie sinnvoll macht? Was macht Sie zufrieden? Was muss für Sie gegeben sein, damit sich ein Gefühl der Freude, der Gelassenheit oder des inneren Friedens einstellt? Solche Werte sind beispielsweise Unabhängigkeit, Gesundheit, Anerkennung, Liebe, Wohlstand, Freundschaft, Vertrauen, persönliche Entwicklung, Spiritualität, Fürsorge, Nächstenliebe, Kommunikation oder Sexualität. Aber es gibt noch viele andere (eine erweiterte Liste mit oft genannten Werten und Bedürfnissen finden Sie als Anregung unter *www.aussteigen-umsteigen.ch*). Nehmen Sie sich Zeit! Vielleicht gibt es auch Werte oder Bedürfnisse, die Sie anderen Menschen oder sich selber nur schwer oder gar nicht eingestehen wollen. Wie gehen Sie mit den Werten oder Bedürfnissen um, die Sie sich nicht erlauben? Wie fühlt sich Ihr Körper an, wenn in Ihnen ein Bedürfnis unterdrückt wird? Welche Ideen haben Sie, um in Zukunft mit Ihren Werten und Bedürfnissen anders umzugehen? Schreiben Sie die Werte und Bedürfnisse auf, die Ihnen einfallen, ohne Zensur. Erst wenn Sie sicher sind, dass Sie nichts vergessen haben, ordnen Sie die aufgeschriebenen Begriffe nach ihrer Wichtigkeit der nachstehenden Pyramide zu.

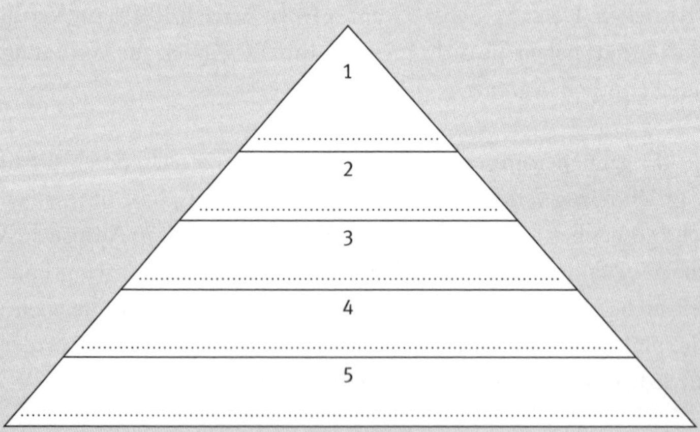

Tragen Sie die drei für Sie wichtigsten Werte in die linke Spalte der nachstehenden Tabelle ein und überlegen Sie anhand von vier Fragen, was dieser Wert für Sie konkret bedeutet. Tragen Sie die Antworten auf der rechten Spalte ein.

Am Beispiel des Wertes «Vertrauen» würden die vier Fragen wie folgt lauten:

- Wie vertraue ich?
- Was heisst Vertrauen für mich?
- Wann vertraue ich?
- Wo vertraue ich?

| Wert | Bedeutung |
|---|---|
| 1. ............................................ | Wie? ............................................................... |
| ..................................................... | Was? ............................................................... |
| ..................................................... | Wann? ............................................................... |
| ..................................................... | Wo? ............................................................... |
| 2. ............................................ | Wie? ............................................................... |
| ..................................................... | Was? ............................................................... |
| ..................................................... | Wann? ............................................................... |
| ..................................................... | Wo? ............................................................... |
| 3. ............................................ | Wie? ............................................................... |
| ..................................................... | Was? ............................................................... |
| ..................................................... | Wann? ............................................................... |
| ..................................................... | Wo? ............................................................... |

Ein Bewusstsein darüber, welches Ihre Werte sind und was diese für Sie bedeuten, ist die Voraussetzung dafür, dass Sie tragfähige persönliche Ziele formulieren können. Damit Sie ein klares und attraktives Ziel formulieren können, müssen Sie nämlich zuerst wissen, was Sie mit dem Ziel letztlich erreichen wollen.

### «Love it, leave it or change it»

Den Satz «Love it, leave it or change it!» (Liebe es, verlasse es oder ändere es!) haben Sie sicher schon gehört. Er enthält eine tiefe Wahrheit: Wenn mich eine Sache stört, dann habe ich nur genau drei Möglichkeiten: Ich lerne, sie zu mögen, ich verlasse sie oder ich ändere sie, wobei Letzteres auch heissen kann, dass ich mich und meine Einstellung ändere. Auch das «Verlassen» hat zwei Seiten: Ich kann eine Stelle kündigen, aber ich kann sie auch innerlich verlassen. Man nennt das «innere Kündigung.»

Zwischen diesen drei Möglichkeiten können wir uns entscheiden. Andere Möglichkeiten gibt es nicht. Wenn wir uns nicht bewusst entscheiden und einfach weiterfunktionieren, indem wir bloss jammern, haben wir uns unbewusst bereits für die Untervariante innere Kündigung entschieden. Denn wer sich nicht entscheidet, entscheidet sich für die Fortsetzung des aktuellen Zustandes.

Haben Sie eine Sache oder eine Situation, die Sie auf die Palme bringt? Schreiben Sie sie auf. Dann fragen Sie sich, ob diese Sache oder Situation auch gute Seiten hat. Was ist das Positive dran? Gibt es Möglichkeiten, die Situation für sich erträglicher zu machen? Kommen Ihnen Ideen, wie Sie es anstellen müssten, vermehrt das Positive zu sehen und anders mit der Situation umzugehen.

Oder wollen Sie die Sache oder Situation verlassen? Welche Schritte wären dazu notwendig? Welches Risiko und welcher Verlust wären damit verbunden? Worauf müssten Sie verzichten? Was würden Sie dann tun?

Vielleicht könnten Sie auch etwas an der Sache oder Situation ändern? Was könnten Sie konkret ändern, damit es besser wird? Könnten Sie auch etwas an sich ändern, an Ihrer Einstellung? Was müssten Sie lernen, damit Sie sich wieder wohler fühlen? Wie könnten Sie dabei genau vorgehen? Etwas paradox können Sie sich auch fragen, was Sie tun müssten, damit es vollends unmöglich für Sie wird, Dann wissen Sie zumindest klar, was es in Zukunft zu vermeiden gilt.

*Wenn du eine Entscheidung treffen musst und du triffst sie nicht, ist das auch eine Entscheidung.*
WILLIAM JAMES

## Wohin wollen Sie?

### In fünf, zehn, fünfzehn Jahren

Wenn es mit Ihrem Leben gleich weitergeht, wie es aktuell läuft, und sich nichts wirklich ändert: Was wird in fünf, in zehn, in fünfzehn, in zwanzig oder mehr Jahren sein? Beschreiben Sie es und malen Sie es sich aus. Stellen Sie sich vor, Sie stehen am Ende ihres Lebens und schauen zurück: Was haben Sie gelebt? Was haben Sie nicht gelebt? Was von dem, was Sie nicht gelebt haben, hätten Sie gerne gelebt? Was könnte auf Ihrem Grabstein als Motto Ihres Lebens stehen? Wie fühlen Sie sich dabei? Schreiben Sie alles auf, was Ihnen einfällt.

*Nicht den Tod sollte man fürchten, sondern, dass man nie beginnen wird, zu leben.*
UNBEKANNT

### Vorbilder

Fallen Ihnen Menschen aus Ihrer Herkunftsfamilie, aus dem Bekanntenkreis oder auch weitere Personen ein, welche Sie bewundern, weil die etwas aus ihrem Leben gemacht haben? Für welche Fähigkeiten oder Qualitäten bewundern Sie diese Menschen? Vielleicht gibt es auch Leute, auf die Sie neidisch sind. Auf welche ihrer Qualitäten oder Fähigkeiten sind Sie neidisch? Suchen Sie nach einer Fähigkeit, nach etwas, was die betreffende Person gut kann, womit sie Wirkung erzielt. Es kann sein, dass Sie Mühe mit dieser Qualität haben oder sie sogar ablehnen. Möglicherweise fallen Ihnen auch Menschen ein, die für Sie Antibilder sind: So will ich auf keinen Fall werden. Welche Fähigkeiten oder Qualitäten zeichnen diese Antibilder aus? Was machen oder können diese Menschen, das Sie nicht so gut können? Schreiben Sie alles auf, was Ihnen zu diesen Fragen einfällt (vgl. auch ‹Entwicklungsaufgabe›, S. 275).

## Ihre Stärken

Welches sind Ihre Stärken? Dazu gehören Talente, Begabungen und besondere Fähigkeiten. Bei welchen Aufgaben und Tätigkeiten fühlen Sie sich wie ein Fisch im Wasser? Was gelingt Ihnen mit links? Bei welchen Aktivitäten vergessen Sie die Zeit? Es geht also um Dinge, die bei Ihnen schon immer vorhanden sind und die Sie ohne Anstrengung einsetzen können. Hinweise auf Talente sind auch Bemerkungen von Kollegen oder Freunden wie «So was hätte ich nicht hingekriegt» oder «Wie hast du das bloss geschafft?» Worum beneidet man Sie? Was fällt Ihnen leichter als anderen Menschen?

Nehmen Sie sich Zeit und fragen Sie auch Ihnen nahestehende Personen, welche Talente diese in Ihnen sehen. Es fällt uns nämlich viel leichter, das wahrzunehmen, was uns Schwierigkeiten bereitet, als das, was mühelos gelingt. Mit den eigenen Talenten ist man viel zu vertraut, um sie überhaupt noch wahrzunehmen. Schreiben Sie alles auf, was Ihnen zu diesen Fragen einfällt.

## Ihre Wünsche

Was würden Sie tun, wenn alles möglich wäre? Es geht hier um Ihre tiefsten Wünsche. Viele werden vielleicht spontan sagen: Dann würde ich auf eine Insel in der Südsee ziehen. Aber wenn Sie sich das dann wirklich vorzustellen versuchen, merken Sie, dass es vielleicht doch nicht das wäre, was Sie wirklich wollen.

Was würden Sie tun, wenn Geld, Alter und alle äusseren und inneren Abhängigkeiten, in denen Sie sich befinden, keine Rolle spielen würden? Dazu gehören auch einschränkende Ideen darüber, was sich gehört und was nicht, was normal und was nicht normal ist. Schreiben Sie die Ideen auf, mögen sie noch so verrückt und unrealistisch klingen, ganz ohne Zensur. Dann fragen Sie sich in einem zweiten Schritt, was das tiefe Bedürfnis hinter all diesen Wunschträumen sein könnte (vgl. auch ‹Meine Werte›, S. 304). Schreiben Sie alles auf, was Ihnen einfällt, auch alle weiteren Assoziationen, die Ihnen bei dieser Übung in den Sinn kommen.

*Trenne dich nicht von deinen Träumen. Wenn sie verschwunden sind, wirst du weiter existieren, aber aufgehört haben zu leben.*

MARK TWAIN

### Ihre Zukunft

Schauen Sie in die von Ihnen gewünschte Zukunft und einigen Sie sich auf eine Jahreszahl. Sie sollte mindestens 10 bis 20 Jahre vor Ihnen liegen. Schreiben Sie zum Beispiel auf: «Es ist 2025 und ich bin heute x Jahre alt.» Lassen Sie Ihre Gedanken schweifen. Schauen Sie auf Ihr Leben als Ganzes. Registrieren Sie, was Ihnen einfällt, und schreiben Sie es auf. Es geht nicht um konkrete äussere Fakten, sondern um alles, was Ihnen in den Sinn kommt. Vielleicht fallen Ihnen Bilder dazu, Orte, Gegenstände, Geschichten ein. Sie dürfen auch zeichnen, Farben benutzen. Wo sind Sie? Beschreiben Sie den Ort. Was tun Sie? Wie sieht Ihre Umgebung aus? Welche Jahreszeit und welche Tageszeit ist es? Wie ist das Wetter? Sind Menschen, Tiere oder Pflanzen in Ihrer Nähe? Wenn ja, welche? Riechen Sie etwas? Wie ist die Luft? Hören Sie Geräusche oder Töne? Wie sind Sie gekleidet? Wie fühlen Sie sich in Ihrem Körper? Halten Sie alles fest, was Ihnen einfällt.

### Kriterienliste

Tragen Sie nun die Ergebnisse der bisherigen Übungen, die in einem Zusammenhang mit Ihrer beruflichen Neuausrichtung stehen, in einer Kriterienliste zusammen, und zwar wie folgt: Gehen Sie nochmals die Liste der Punkte durch, wegen denen Sie sich verändern möchten, aber auch alle Punkte, die Ihnen in Bezug auf Ihre Zukunft eingefallen sind, und formulieren Sie daraus Anforderungen an eine künftige Tätigkeit.

Fragen Sie sich bei jedem Punkt, ob er für Ihre berufliche Zukunft besonders wichtig ist, und markieren Sie die wichtigen. Sie können sich bei jedem Punkt fragen: Kann ich mir vorstellen, eine befriedigende Arbeit zu machen, die dieses Kriterium nicht erfüllt? Wichtig ist, dass Sie nicht unpersönlich formulieren, sondern bezogen auf sich selber, zum Beispiel: «Für mich ist wichtig, dass …», «Ich will das und das …», «Für mich ist unverzichtbar, dass …». Zudem sollten alle Formulierungen positiv und möglichst konkret sein, sonst kann die Formulierung ihre Sogkraft nicht entfalten, also anstatt: «Ich will nicht auf ein Familienleben verzichten» zum Beispiel «Ich will die Abende, die Wochenenden und die Ferien mit meiner Familie verbringen.»

## Landkarte

Entwerfen Sie nun aufgrund des vielfältigen Materials der bisherigen Übungen eine Landkarte Ihrer Neigungen, Interessen und Talente. Notieren Sie sich auf einem Blatt alles, was Ihnen einfällt, am besten mit der Mindmapping-Technik (vgl. *www.aussteigen-umsteigen.ch*). Die einzige Regel: Punkte, die mit bereits genannten in Zusammenhang stehen, sollten Sie in deren Nähe platzieren.

> *Früher hätte ich tatsächlich gesagt: Ich schaffe es einfach nicht, mich zu entscheiden. Heute sage ich: Meine Stärke ist genau das, dass sich bei mir verschiedene Fähigkeiten und Interessen zu einem Puzzle zusammenfügen.*
> MONA PETRI, SCHAUSPIELERIN

## Interessenbiografie

Gehen Sie Ihr Leben in Gedanken durch. Nehmen Sie ein Blatt und unterteilen Sie dieses in Abschnitte: Vorschulzeit, Grundschule, Pubertät, Oberstufe/Lehre, Studium, erster Job und so weiter.

Fragen Sie sich nun für jeden Zeitabschnitt: Was war für mich in jener Zeit besonders wichtig?

Was wollte ich werden? Wovon habe ich geträumt? Welche Personen in meiner weiteren Familie habe ich bewundert? Was wollte ich alles verwirklichen? Was gab mir Freude? Was begeisterte mich? Was erregte meine Neugier? Bei welchen Tätigkeiten, Situationen strahlte ich? Bei welchen Tätigkeiten vergass ich Zeit und Raum? Was liebte ich? Wofür schämte ich mich? Was beschämte mich? Wie/was versuchte ich zu sein? Um wessen Liebe und Anerkennung kämpfte ich? Was akzeptierten andere an mir oder meiner Familie nicht? Wie wurde ich durch andere behandelt? Durch wen? Wie wollte ich leben? Wo wollte ich leben? Wie hatte ich mir die Zukunft erträumt? Was hat mich an diesen Bildern fasziniert, was waren damals meine Überlegungen? Was von all dem, was ich mir erträumt habe, hat sich verwirklicht und was nicht? Ist die eine oder andere Idee in mir immer noch lebendig? «Was wäre, wenn …?»

In Bezug auf die Vorschulzeit können Sie sich zum Beispiel folgende Fragen stellen: Womit habe ich am liebsten gespielt? Welches waren meine Lieblingsfiguren in Märchen und Geschichten? Wer waren die Helden, wem habe ich nachgeeifert? Für die späteren Phasen: Womit habe ich mich am liebsten abgegeben? Welche Hobbys hatte ich? Welche Bücher, Filme, Menschen und Figuren fand ich spannend? Worüber habe ich mir am meisten Gedanken gemacht?

Schreiben Sie ungefiltert alles auf, was Ihnen einfällt.

Fragen Sie abschliessend drei verschiedene Personen Ihrer Wahl, welches ihrer Meinung nach wichtige Interessen von Ihnen sind. Möglicherweise kommen da Sachen zum Vorschein, die Ihnen noch gar nicht eingefallen sind. Nehmen Sie drei Personen aus verschiedenen Bereichen wie Familie, Freunde, Kollegen.

Tragen Sie jetzt all die Punkte, die zusätzlich aufgetaucht sind, in die Landkarte ein.

Wichtig: Es ist normal, dass Ihnen bei dieser Arbeit auch Bedenken, Ängste, Einwände usw. einfallen. Wir empfehlen Ihnen, diese zur Kenntnis zu nehmen und in die Bedenkenliste einzutragen (vgl. nächste Seite), aber lassen Sie sich nicht vom offenen und kreativen Zusammentragen Ihrer Interessen und Neigungen abbringen.

### Innere Ideenkonferenz

Diese Methode können Sie bei den meisten Übungen in diesem Abschnitt anwenden, besonders, wenn Sie nicht weiterkommen, aber auch, wenn Sie ganz einfach den Blick noch etwas weiten möchten. Sie finden als Anleitung ein Audiofile unter *www.aussteigen-umsteigen.ch*.

### Innere Fantasiereise

Mit dieser Methode können Sie einen gewünschten Zustand innerlich hervorrufen und in allen seinen Qualitäten ausmalen. Ein Ziel entfaltet seine Wirkung erst, wenn es attraktiv ist. Zur Attraktivität müssen Sie es mit allen Ihren Sinnen wahrnehmen können. Sie finden ein entsprechendes Audiofile unter *www.aussteigen-umsteigen.ch*.

## Was tun gegen Blockaden?

### Bedenkenliste

Wenn Sie sich verändern wollen, ist es ganz normal, dass in Ihnen auch Ängste, Bedenken und Kritik hochsteigen. Normalerweise reagieren wir auf diese Bedenken, indem wir uns von ihnen entweder beherrschen lassen oder indem wir sie zu verdrängen versuchen. Tun Sie künftig weder das eine noch das andere, sondern etwas Drittes: Führen Sie in Bezug auf Ihr Vorhaben eine Bedenkenliste. Sobald in Ihnen Ängste, Bedenken oder Kritik hochkommen, tun Sie nichts weiter, als diese einfach zu formulieren und aufzuschreiben. Vereinbaren Sie mit sich, sich mit diesen Bedenken auseinanderzusetzen, aber nicht im Moment. Kehren Sie zu Ihrem Vorhaben zurück. Sie können die Bedenkenliste später angehen (siehe zum Beispiel ‹Innere Konfliktbereinigung› in *www.aussteigen-umsteigen.ch*).

### Glaubenssätze

Welches sind Ihre negativen Glaubenssätze? Diese können sich auf Sie selber beziehen, auf das eigene Potenzial, das Leben schlechthin, aber auch auf die Menschen oder bestimmte Menschen, die Arbeit, Erfolg, Misserfolg, die Veränderbarkeit oder Unveränderbarkeit von Situationen und vieles mehr. Glaubenssätze enthalten oft Worte wie die folgenden:

| | | | | |
|---|---|---|---|---|
| sowieso | immer | | nie | |
| | nirgends | überall | entweder oder | eigentlich |
| | | jedes Mal | alles | |
| nichts | man | | niemals | |
| | | ich – die anderen | | halt |

*Ob du glaubst, dass du etwas kannst*
*oder glaubst es nicht zu können –*
*du hast immer recht!*
CHINESISCHES SPRICHWORT

Glaubenssätze sind meistens Verallgemeinerungen und Rundumschläge. Sie tönen für uns aber so selbstverständlich und «natürlich», dass wir sie als Wahrheiten nehmen. Wir sind dann wie in Trance. Oft kommen sie in der Gestalt einer Pseudo-Logik daher, die dann die Oberhand über unser Denken und Fühlen gewinnt (siehe nachstehende Beispiele).

Egal was ich tue, es reicht nie.

Glück ist nicht für mich da, nur für die anderen.

Arbeit ist sowieso mühsam.

Ich muss etwas leisten, damit man mich mag.

Mich nimmt man nicht wahr. Ich werde immer übergangen.

Ich kann nichts.

Alles steht und fällt mit den Noten und dem lückenlosen Lebenslauf.

Mir gelingt nichts.

Ich finde niemals einen Job, der mir entspricht.

Ich bin sowieso zu alt.

Ich kann eigentlich nichts richtig.

Anderen geht es noch schlechter als mir.

Ich bin halt bequem.

Nehmen Sie die auf Seite 313 genannten einzelnen Wörter (wie z. B. «sowieso» …) und schreiben Sie ausgehend davon Sätze auf, die Ihnen einfallen. Vielleicht auch Sätze, welche diese Worte nicht enthalten. Notieren Sie sofort, spontan, ohne nachzudenken. Nehmen Sie innerlich wahr, welchen Einfluss diese Glaubenssätze auf Sie im Alltag haben und wie einschränkend diese Pseudo-Logik ist. Wie und wann erkennen Sie, dass Sie einem dieser Glaubenssätze auf den Leim gegangen sind? Wie wirken diese, wenn Sie sie von aussen betrachten? In welchen Alltagssituationen funktionieren Sie nach dieser Logik? Welche Gefühle tauchen dabei auf? Welche Gefühle oder Ideen könnten die Blockade in Ihnen aufweichen und andere Lösungen ermöglichen? Welche Menschen fallen Ihnen ein, für die diese Pseudo-Logik offenbar keine Wirkung hat? Was würden wohl diese Menschen dazu sagen? Welche neuen Lösungen können Sie sich in diesen Alltagssituationen vorstellen? Was spricht dafür? Was dagegen? Wie könnte aus heutiger Sicht eine Neubeurteilung aussehen?

*Wer nicht wagt, aus der Rolle zu fallen, wird auch nicht aus der Falle rollen!*
LUISA FRANCIA

### Zaubersprüche

Kennen Sie persönliche «Zaubersprüche» in der Art «Ich kann einfach nicht anders», «Aller Anfang ist schwer», «Ich fühle mich klein, schwach und hilflos wie ein Kind», «Ich frage mich manchmal, was das alles mit mir zu tun hat.» Schreiben Sie Ihre eigenen Zaubersprüche auf. Zu Zaubersprüchen gibt es immer auch einen Gegenzauber. Zum Beispiel zu den obgenannten Zaubersprüchen: «Heute kann ich mal ganz anders», «Jedem Anfang wohnt ein Zauber inne», «Heute bin ich erwachsen und habe ganz andere Möglichkeiten als damals» oder «Dies hier ist ein so guter Film, dass nur ich ihn erfunden haben kann.» Schreiben Sie jetzt Ihre eigenen Zaubersprüche auf. Nehmen Sie sich dann Zeit und suchen Sie nach dem wirksamen Gegenzauber. Schreiben Sie diesen auf! Wenn Sie nicht weiterkommen, können Sie die ‹Innere Ideenkonferenz› einberufen, vgl. *www.aussteigen-umsteigen.ch.*

### Antreiber

Antreiber sind innere Programme, mit denen wir unter Stress unweigerlich vom Regen in die Traufe geraten. Ausgebildet haben wir sie, um von unseren Eltern und anderen Personen, von denen wir abhängig waren, geschätzt und geliebt zu werden. Die fünf wichtigsten sind:

Welche dieser Antreiber klingen in Ihnen an? Machen Sie eine Selbsteinschätzung: Welcher dieser Antreiber ist bei Ihnen sehr stark, stark, schwach, sehr schwach ausgebildet?

> *Eine Person, die nie einen Fehler gemacht hat, hat nie etwas Neues probiert.*
> ALBERT EINSTEIN

Formulieren Sie nun für die Antreibersätze, die bei Ihnen sehr stark oder stark ausgebildet sind, Erlaubnissätze. Das sind Gegenprogramme, die ähnlich wirken wie ein Gegenzauber gegen einen Zauberspruch. Sobald wir sie zu uns sagen und sie innerlich wirken lassen, entspannen wir uns. Das ist die Voraussetzung dafür, dass wir wieder mehr Handlungsmöglichkeiten sehen, als wenn wir uns in der Problemtrance befinden. Erlaubnissätze beginnen mit «Ich darf…» und enthalten eine positive Formulierung, die inhaltlich und emotional stimmig ist. Für einen Perfektionisten ist deshalb «Ich darf auch Fehler machen» als Erlaubnissatz ungeeignet. Besser passen «Ich darf den Fünfer grad sein lassen» oder «Ich darf auch mal einen Punkt machen». Für den Antreiber «Machs den anderen recht» könnte ein Erlaubnissatz lauten: «Ich darf auch meine Bedürfnisse und Wünsche wahrnehmen und äussern.» Oder «Ich darf darauf schauen, dass es auch für mich stimmt.» Wichtig ist, solange zu suchen, bis Sie die Formulierung finden, die für Sie hundertprozentig stimmt. Schreiben Sie sich Ihre Erlaubnissätze auf und kleben Sie sie als Erinnerungsstütze beispielswese an den PC-Bildschirm oder auf das Telefon.

*Es ist egal, wenn du*
*eine falsche Note gespielt hast.*
*Es ist die nächste Note,*
*die darüber entscheidet,*
*ob es sich zum Guten*
*oder zum Schlechten wendet.*
MILES DAVIS

**Perspektivenwechsel**

Passiert es Ihnen, dass Sie Entscheide lange vor sich herschieben, auch wenn Sie sowohl Pro als auch Kontra sorgfältig abgewogen haben? Folgende Übung kann Ihnen zu Klarheit verhelfen. Allerdings braucht es eine Fragestellung, die klar mit Ja oder Nein beantwortet werden kann. Soll ich das Job-Angebot annehmen? Soll ich meinen Job kündigen? Soll ich meine Meinung klar äussern? Soll ich das Haus kaufen? Wenn Sie die Fragestellung formuliert haben, beantworten Sie folgende Fragen (nach *Suzy Welch*):

- Welche Auswirkung hat mein Entscheid auf die nächsten 10 Minuten?
- Wie wirkt sich mein Entscheid auf die nächsten 10 Monate aus?
- Welche Konsequenzen hat mein Entscheid für die nächsten 10 Jahre?

Schreiben Sie Ihre Antworten auf ein Blatt Papier und registrieren Sie die Gedanken, Ideen und Gefühle, welche die Fragen und Ihre Antworten in Ihnen wachgerufen haben. Notieren Sie auch diese.

### Willenskraft

Gehören Sie zu den Leuten, die sich sagen, dass sie schon wüssten, was sie möchten, dass ihnen aber der Wille dazu fehlt? Vielleicht kennen Sie Menschen, die Sie für willensstark halten, sich selber halten Sie aber für willensschwach. Der Wille hat viele Aspekte. Es kann gut sein, dass einige Aspekte bei Ihnen schwach entwickelt sind. Meist ist es aber so, dass andere Aspekte dafür umso stärker ausgeprägt sind, nur sind diese uns nicht bewusst. Der italienische Psychotherapeut Roberto Assagioli hat die verschiedenen Teilaspekte des Willens mit vielen anschaulichen Beispielen beschrieben (vgl. ‹Buchhinweis› auf S. 320):

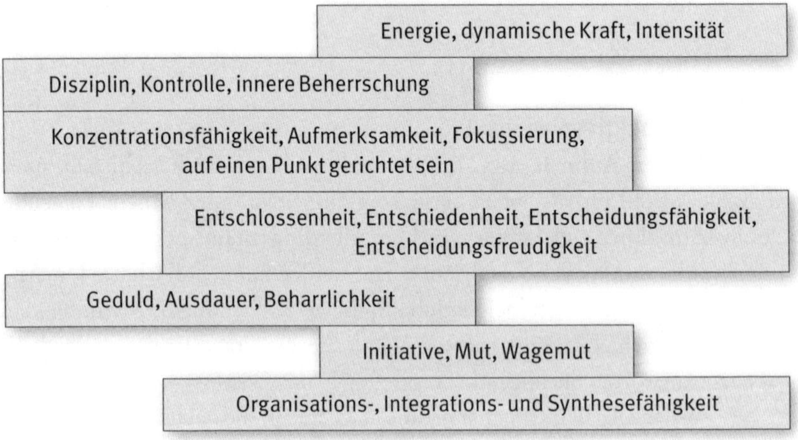


Überlegen Sie sich, indem Sie für jeden Aspekt eine Skala von 1 bis 10 zeichnen, wie stark bei Ihnen die einzelnen Aspekte entwickelt sind, wobei 1 praktisch inexistent und 10 sehr stark und sichtbar bedeuten. Sie werden vermutlich mit Staunen feststellen, dass das Bild Ihres Willens viel differenzierter ist, als Sie erwartet haben. Das bedeutet auch, dass Sie die schwächer ausgebildeten mit den stärker entwickelten Aspekten ausgleichen können.

### Sich belohnen

Es tut gut, sich ab und zu selber zu belohnen, sei es, wenn Ihnen etwas gelungen ist, sei es, wenn Sie etwas durchgezogen haben, manchmal aber ganz einfach so, ohne speziellen Grund. Wer sich im Leben etwas gönnt, wer kleinere und grössere Erfolge auch feiern kann, akzeptiert sich, so wie er ist und kräftigt sich dadurch.

*Sie finden eine Belohnungsliste mit vielen Ideen, die Sie persönlich ergänzen können, auf* ***www.aussteigen-umsteigen.ch.***

*An irgendeinem Punkt muss man den Sprung ins Ungewisse wagen. Erstens, weil selbst die richtige Entscheidung falsch ist, wenn sie zu spät erfolgt. Zweitens, weil es in den meisten Fällen so etwas wie eine Gewissheit gar nicht gibt.*

LEE IACOCCA

## Weiterführende Informationen

### Bücher


- Roberto Assagioli, ‹Die Schulung des Willens›, Junfermann
- Thomas Diener, ‹Essenz der Arbeit› – die Alchemie der Berufsnavigation, Arbor
- Thomas Diesbrock, ‹Jetzt mal Butter bei die Fische!› – Das Selbstcoaching-Programm für Ihre berufliche Neuorientierung, Campus
- Tim Gallwey, ‹Inner Game Coaching›, Warum Erfahrungen der beste Lehrmeister sind, allesimfluss
- Gerhard Huhn/Hendrik Backerra, ‹Selbstmotivation›, Flow – statt Stress oder Langweile, Hanser
- Gerald Hüther, ‹Bedienungsanleitung für ein menschliches Gehirn›, Vandenhoek & Ruprecht
- Gerald Hüther, ‹Die Macht der inneren Bilder› – Wie Visionen das Gehirn, den Menschen und die Welt verändern, Vandenhoek & Ruprecht
- Manfred Lütz, ‹Bluff!› Die Fälschung der Welt, Droemer
- Fredmund Malik, ‹Führen, Leisten, Leben›, Heyne Business
- Mathias Morgenthaler, ‹Beruf–Berufung›, Zytglogge
- Fritz Riemann, ‹Grundformen der Angst›, Reinhardt
- Paul Watzlawick, ‹Anleitung zum Unglücklichsein›, Piper


*Weitere Übungen sowie Audiofiles, Druckvorlagen, Internetlinks sowie Hinweise auf weitere Bücher und auf professionelle Unterstützung, auch zu Stress und Burn-out, finden Sie unter:* ***www.aussteigen-umsteigen.ch.***